中等职业教育"十一五"规划教材

中职中专旅游类教材系列

旅行社经营管理

张君升　张宝星　主编

科学出版社

北　京

内 容 简 介

　　本书是讲述旅行社经营管理方面的教材。全书共分11章,主要包括旅行社的概论、设立、产品开发设计管理、市场营销管理、协作网络建设管理、接待管理、服务质量管理、人力资源管理、财务管理、风险与危机管理,以及旅行社的发展趋势等。

　　本书适合作为中等职业院校旅游及相关专业的教材,也可供相关从业人员参考。

图书在版编目(CIP)数据

旅行社经营管理/张君升,张宝星主编. —北京:科学出版社,2008
(中等职业教育"十一五"规划教材·中职中专旅游类教材系列)

ISBN 978-7-03-022590-0

Ⅰ.旅… Ⅱ.张… Ⅲ.旅行社-企业管理-专业学校-教材　Ⅳ.F590.63

中国版本图书馆 CIP 数据核字(2008)第 111832 号

责任编辑:丁　波/责任校对:柏连海
责任印制:吕春珉/封面设计:山鹰工作室

斜 学 出 版 社 出版
北京东黄城根北街 16 号
邮政编码:100717
http://www.sciencep.com

铭浩彩色印装有限公司印刷
科学出版社发行　各地新华书店经销
*
2008年 9 月第 一 版　　开本:787×1092 1/16
2019年 8 月第六次印刷　　印张:13
字数:300 000
定价:33.00元
(如有印装质量问题,我社负责调换〈铭浩〉)
销售部电话 010-62136488　编辑部电话 010-62138978-8205

前　言

　　旅游行业是一个由有着共同利益或彼此互惠的企业组成的产业群体,而旅行社则是旅游活动的组织者,它与旅游饭店和旅游交通部门并称为旅游业的三大支柱。

　　自世界第一家旅行社创办至今,世界旅行社的发展已有一个半世纪的历史。而在我国,旅行社的大规模发展始于 20 世纪 80 年代末期,我国的旅游业起步虽然晚,但发展的速度很快,2007 年,我国继续保持全球第四大入境旅游接待国、亚洲最大出境旅游客源国的地位,有旅行社 19 000 家、星级饭店 14 000 家,直接从业人员达 1100 万。

　　随着我国加入 WTO,旅游业将会进入一个崭新的发展阶段,而旅行社行业亦将成为受加入 WTO 后影响最大的一个领域。如何面对外资旅行社的竞争,如何调整我国本土旅行社的经营战略才能在瞬息万变的市场当中稳步发展,是越来越多的旅行社经营者需要面对及考虑的问题。

　　为了推进我国旅行社的现代化管理水平,为了培养旅行社经营管理人才,我们根据多年来从事管理、教学和实践的经验,同时吸收国内外的研究成果,编写成本书。本书在强调旅行社经营管理实践性的同时,重视对旅行社经营管理理论系统的建立,以利于提高学习者的理论素养,增强管理人员的创造性思维能力,切实提高旅行社经营管理能力。

　　本书以旅行社概述为起点,以旅行社发展趋势为终点,重点介绍了我国旅行社的设立、产品的开发与设计管理、市场销售管理、协作网络建设管理、接待管理、服务质量管理、人力资源管理、财务管理、风险与危机管理等内容。此外,本书重应用与实践,突出了适应性与技能性,并加入了实际案例进行分析说明,做到了“深浅结合”。

　　本书由陕西省旅游学校的副校长张君升和西安市旅游职业中专的高级讲师张宝星负责基本框架与大纲的设计以及后期稿件统纂工作。参加本书具体编写的人员分工如下:张君升负责编写第一章,张宝星负责编写第二、第八章,无锡旅游商贸职业学校的刘琴负责编写第三章,陕西省旅游学校的张均汝负责编写第四章,镇江市旅游学校的吴玮负责编写第五章,无锡旅游商贸职业学校的蒋红负责编写第六章,长安大学的席岳婷负责编写第七章,陕西省旅游学校的王珣负责编写第九章,无锡旅游商贸职业学校的顾跃峰负责编写第十章,无锡旅游商贸职业学校的杨慧芳负责编写第十一章。

　　由于编者水平和编写时间所限,不妥之处在所难免,诚请广大读者批评指正,以便今后修订和完善。

目　　录

第一章 旅行社概论

旅行社的产生是经济、科技和社会分工发展的直接结果,毫无疑问,它的产生与人类的旅游活动是紧密相关的。但这并不是说当有了人类最早的旅游活动以后便有了旅行社,因为事实上,旅行社是在人类旅行活动经历了一个漫长的年代以后直至近代才产生的。

第一节 旅行社的产生和发展

一、外国旅行社的产生和发展

1. 旅行社的产生

无论在中国还是在外国,古代的旅游者都是极少数的人,其目的也较为单一,如狩猎、宗教、商贸往来等,乘坐的交通工具也是十分简陋,游程也很有限,从严格意义上来说,这还不能称之为真正的旅游。到了18世纪中叶,发生在英国的工业革命使整个世界经济和社会结构产生了巨大的变化,同时也改变了世界范围内旅行和旅游的发展方向。首先,工业革命提高了生产效率,有产阶级的规模日趋扩大,大量的资金流向了新兴的资产阶级,使他们具有了旅游所需要的经济条件;其次,产业革命带来了科学技术的进步,1769年瓦特发明的蒸汽机技术被应用到了交通工具的制造上,出现了蒸汽火车及轮船,为人们大规模、远距离的流动提供了可能;再次,工业革命加速了城市化的进程,城市生活的紧张节奏、拥挤嘈杂的环境压力更易使人们产生回归自然、向往田园生活的愿望。此外,工业革命也改变了人们的工作性质,枯燥、重复性的工业劳动也使人们产生了强烈的度假要求。在这种背景下,世界上第一位专职的旅游代理商——托马斯·库克登上了历史的舞台,而世界上第一家旅行社——托马斯·库克父子公司也由此成立。

1841年7月5日,英国人托马斯·库克包租了一列火车,载运540人从莱斯特到拉夫伯勒参加禁酒大会,全程1英里,每人收费1先令,完成了一次有组织的短途旅行。此后,他又多次组织类似的铁路旅行,并从中看到了巨大的商机。于是,1845年,托马斯·库克在莱斯特正式成立了托马斯·库克旅行社,开始专门从事旅游代理业务,从而成为世界上第一位专职的旅行代理商。此后,托马斯·库克的业务经营范围和影响不断扩大。1855年,他以包价的形式组织了赴法国的旅行;1865年,托马斯·库克与其儿子约翰·梅森·库克联合在原有公司的基础上创办了托马斯·库克父子公司(又名通济隆旅行社),并将营业地址迁往伦敦。以后他们又相继在北美洲、非洲和亚洲设立分公司,1872年托马斯·库克亲自担任导游,组织了9人环球旅游,这是旅游史上的第一次环球旅游,也因此使得托马斯·库克和他的旅行社声名显赫,而托马斯·库克也成为了旅游的代名词,到了1939年,托马斯·库克父子公司已经在世界各地设立了50余家分社。

2. 旅行社的发展

托马斯·库克开创了旅行社早期的经营模式,继他之后,越来越多的效仿者在世界各地迅速发展起来,1850年,以经营运输业务为主的美国运通公司开始兼营旅行代理业务,并于1891年发售了旅行支票;1857年英国成立登山俱乐部,1885年又成立了帐篷俱乐部;1890年法国、德国分别成立了观光俱乐部。到了20世纪初叶,英国的托马斯·库克旅游公司、美国运通公司和比利时的铁路卧车公司成为当时世界旅行社行业的三大巨头。今天,随着世界经济的快速发展,人口数量的急剧增加,在安定和平的条件下,人们想要旅游的愿望越来越强烈,而旅行社也因此进入到了一个高速发展的时期。

二、中国旅行社的产生和发展

1. 旅行社的产生

旅游作为一项活动,在我国早已有之:早期如大禹治水足迹遍及四海,秦始皇巡游御辇行遍九州;两汉之时,亦有张骞开辟丝路、出使西域;魏晋南北朝时的谢灵运、陶渊明寄情于山水,游历天下;唐代玄奘法师不远万里到天竺求经;明代有郑和的七次远洋航行;清代亦有乾隆皇帝六下江南,诸如此类的旅游活动不胜枚举。不过早期的旅游活动并没能产生出旅行社,随着鸦片战争的开始,中国被迫签订了一系列的不平等条约,包括开放各个贸易口岸。于是大量的外国传教士、留学生、商人以各种目的来到了中国,而中国很多的仁人志士及爱国学生也纷纷走出国门寻找一条救国之路。

通商口岸的开辟,公路、铁路的兴建为我国早期旅行社的产生提供了一定的物质条件。不过在当时的中国,旅游业务仅为少数洋商所办的旅行机构所垄断,它们主要以西方侨民为服务对象,中国旅客常遭歧视,出了高价买气受的情况时有发生,就连上海商业储蓄银行的创始人陈光甫先生也曾遭到冷落,这引起了他的深思,考虑再三,他决定创办中国人自己的旅行社。1923年8月5日,陈光甫先生在他担任总经理的上海商业储蓄银行内开设了旅行部。1927年6月1日,旅行部与银行分离,正式命名为中国旅行社,这是中国人自己创办的第一家旅行社。陈光甫创办中国旅行社的动机,一是他的爱国热忱,以求让外国人及本国人更好地了解中国悠久的历史文化和美丽的风景名胜,挽回一些中国的利权,减少中国人在旅行中受到的歧视;二是为了替众多的旅行者提供方便,使他们免受旅途之苦。当然,陈光甫作为一个金融家和企业家,创办旅行机构自然也带有经济色彩及商业目的。旅行部创立之初先是附设于上海银行国外部,后又迁往四川路独立门户,一个月后,即在杭州设立分部,5年之间,在全国共设立分部11处。旅行社早期经营的业务较为简单,仅以代售铁路、轮船客票为主。以后随着经营范围的扩展,业务逐渐发展为代售飞机票、发行旅游支票、代办邮政电报、代理保险业务、代办出国手续、运输行李、开办招待所等。为了开拓海外市场,1926年春,旅行部首次办理日本观樱团,参加者有20余人,到日本后以两周时间遍游长崎、京都、东京、大阪等地;1933年,中国伊斯兰教信徒组织麦加朝圣团,凡出国手续、票务及行前指导均由中国旅行社办理,当年参加者为60人,1936年达126人。为了更好地服务旅游者、普及旅游知识,中国旅行社还出版了有关旅游的书刊。1932年,为方便学生留学美国,中国旅行社出版了《游美手续提要》一书,同年又出版了该社最早的旅游书籍《游川须知》。而早在1927年创刊的《旅行杂志》更是由于其图文并茂,深受读者欢迎而闻名中外。至1937年中国旅行社先后在西安、广州等处设立了56个分支社及办事处,还在香港和新加坡设有分社。

继中国旅行社之后,1954年,中国国际旅行社在北京成立,1980年中国青年旅行社正式成立,至此在我国形成了中国国际旅行社、中国旅行社、中国青年旅行社三足鼎立的局面。

2. 旅行社的发展

(1)初期阶段的发展(1978～1989年)

20世纪80年代,中国的旅游业相继迎来了三个发展高峰:80年代初期旅游车的大量进口迎来了旅游交通的发展高峰,80年代中期大量饭店的建设迎来了旅游饭店的发展高峰,80年代末期大量旅行社的成立迎来了旅行社业的发展高峰。这三个高峰提高了我国旅游业的综合接待能力,为我国旅游业的进一步发展奠定了坚实的基础。1980年,随着中国青年旅行社的成立,中国国际旅行社、中国旅行社、中国青年旅行社三大旅行社三足鼎立的局面也正式形成。这三家旅行社在各地都有自己的分、支社,但客源招徕都基本由三个总社垄断,各地分、支社主要负责接待。为了加速我国旅游业的发展,适应我国旅游业新的形势,中华人民共和国国家旅游局(以下简称国家旅游局)于1984年将旅游外联权下放,允许更多的企业经营旅游业务并参与竞争,同时将旅行社由原有的行政或事业单位改为企业,并在1985年颁布了《旅行社管理暂行条例》,将我国旅行社的性质确定为"依法设立并具有法人资格,从事招徕、接待旅游者,组织旅游活动,实行独立核算的企业"。同时,《旅行社管理暂行条例》还按照业务范围将我国的旅行社划分为了三类(早期的一类社、二类社、三类社,现在则只分为国际社和国内社),这些举措皆对我国旅行社的发展起到了积极的促进作用,旅行社业务在全国范围内迅速地发展起来。到了 1988 年底,我国旅行社猛增至 1573 家,彻底打破了三大社的垄断局面。

(2)增长时期的发展(1990~1994 年)

1990 年,我国开办了出国探亲旅游,使我国成为亚洲的较大旅游客源产生地。对旅行社而言,这不仅仅意味着具有了更为广阔的客源市场,同时它也提高了我国旅行社在过去国际旅游合作中的地位和影响力,有利于我国旅行社同旅游客源产生地旅行社合作关系的巩固和发展。总之,出、入境旅游业务的发展,有力地促进了旅行社行业的发展。至 2002 年底,全国有国际旅行社 1358 家,国内旅行社 10 257 家,共计 11 615 家。至 2004 年底,我国旅行社的数量已达 15 339 家。至 2005 年底,全国共有旅行社 16 846 家,其中国内社 15 256 家。至 2007 年,中国继续保持全球第四大入境旅游接待国、亚洲最大出境旅游客源国的地位,有旅行社 19 000 家、星级饭店 14 000 家,直接从业人员达 1100 万,具体见表 1.1。

表 1.1 1999~2005 年我国旅行社的数量及其增长比率

年 份	全国总数/家	新增数量/家	增长比率/%
1999	7 355	995	15.64
2000	8 993	1638	22.27
2001	10 716	1723	19.16
2002	11 615	899	8.39
2003	13 361	1746	15.03
2004	15 339	1978	14.80
2005	16 846	1507	8.95

(3)调整阶段的发展(1995 年至今)

在我国旅行社业蓬勃发展的同时,也出现了许多问题,为了保证旅行社行业健康的发展及维护消费者的合法权益,国家旅游局自 1995 年 1 月 1 日起,开始依照国际惯例实行旅行社质量保证金制度,并先后颁布实施了《旅行社质量保证金暂行规定》《旅行社质量保证金暂行规定实施细则》《旅行社质量保证金赔偿暂行办法》与《旅行社质量保证金赔偿试行标准》。保证金是用于保障旅游者权益的专用款项,当旅游者的权益因旅行社的过错而造成损害,旅行社不承担或无力承担赔偿责任时,旅游管理部门就会以此款项对旅游者进行赔偿。保证金的实施使许多中小旅行社因无力缴纳规定的数额而退出经营,改善了旅行社行业混乱的市场秩序。在我国旅行社行业逐渐适应国际旅游标准化管理的同时,中华人民共和国国务院(以下简称国务院)于 1996 年 10 月颁布了《旅行社管理条例》对我国的旅行社在分类、注册资金、分社的设立条件、质量保证金合法化、旅游行政管理部门行政处罚权等方面做出了重大的调整,而这些调整对于提高旅行社的素质、质量、信誉起到了积极的促进作用。

第二节　旅行社的性质与职能

一、旅行社的性质

旅行社是为人们旅行提供服务的专门机构,在不同的国家及地区对它的解释也各不相同。

在欧美地区,旅行社只是简单地被分为旅游经营商(tour operator)和旅游代理商(travel agent)。旅游经营商也叫旅游批发商,主要从事组织和批发包价旅游业务。他们与饭店、交通运输部门、旅游景点及包价旅游所涉及的其他部门签订协议,预先购买这些服务项目,并根据消费者的不同要求将其组装成包价旅游产品,由自己下属的销售处或旅游代理商将产品销售给团体或个体消费者。其产品利润主要来自于佣金和各项服务成本基础上的加价。旅游代理商亦称旅游零售商,是旅游经营商与消费者之间的纽带,它向公众提供有关旅行、住宿、交通等方面信息,并接受旅游经营商的委托向消费者出售旅游产品及接待服务。旅游经营商按售出旅游产品总金额的比例向代理商支付佣金。

在日本,人们习惯上称旅行社为旅行业。日本的《旅行业法》将其国内的旅行社划分为一般旅行业、国内旅行业、旅行业代理店。它规定了:旅行业是指收取报酬经营的事业,其经营的范围主要包括为旅客提供运输、住宿服务、代理签证、媒介或介绍等行为。

至于我国,则在1996年国务院颁布的《旅行社管理条例》中对旅行社的性质作出了明确的规定:旅行社是指以营利为目的的,从事旅游事业的企业。同时《旅行社管理条例》也对旅游业务的含义作出了明确的规定:旅游业务是指为旅游者代办出、入境和签证手续,招徕、接待旅游者旅游,为旅游者安排食宿等有偿服务的经营活动。

从《旅行社管理条例》的有关规定中我们可以总结出:尽管国家和地区对旅行社的性质有不尽相同的规定,但其中都包含了以下两个共同特征:

1)以营利为目的决定了旅行社的企业性质。

2)提供与旅行游览有关的服务是旅行社的主要职能。

二、旅行社的职能

作为为旅游者提供旅行服务的专门机构,旅行社一般都具有以下5种基本职能(当然,不同类型的旅行社在其职能方面亦会有个别的差异):

1. 生产职能

旅行社的生产职能也可以称为组装职能。在我国,旅行社大都会以低于市场的价格向饭店、旅游交通及其他旅游相关部门批量购买旅游者所需的各项旅游服务项目,然后将这些服务项目加以组合,并在其中融入旅行社的特色服务使之成为一件完整的旅游产品。对消费者而言,他们所购买的是旅行社的整体旅游产品,而非组成旅游产品的零散部件,其他相关部门的服务实际上就是旅行社在生产产品当中的"生产原料",就这种意义而言,旅行社具有生产职能。

2. 销售职能

众所周知,旅游产品具有无形性及生产与消费的同步性的特点,这样的特点使得旅游产品的销售比物质产品的销售更为复杂,同时也使得旅游产品的销售对销售渠道的依赖性更强。如果没有方便的销售渠道,消费者就要在对目的地一无所知或知之甚少的情况下自己去搜寻有关旅游的信息,办理各种繁琐的旅游手续。如果消费者所选择的旅游产品还具有跨地域性、文化性的特点时,就更会影响消费者的消费需求。生产的社会化分工就需要有这样一个组织,能够将消费者所需要的产品进行整合,能广泛地储存各种有效信息,并能及时地将这些信息通过便捷的方式传递给消费者,使他们的旅游愿望得以实现,方便其购买旅游产品。而旅行社就恰好适应了这种社会需求,承担起沟通买卖双方的任务,使旅游产品顺利地进入到了消费领域,因此旅行社也具有了销售职能。

3. 组织协调职能

旅行社是一个综合性的企业,因为消费者的旅游需求所以旅行社的经营会涉及食、住、行、游、购、娱等众多方面。旅行社想要保障消费者旅游活动的顺利进行,就离不开旅游业各部门之间的合作和支持。旅行社是旅游产品的终端销售商并直接面对消费者,但这并不是说它具有对其他部门的管辖指挥权,相反,它为了保证旅游行程的顺利进行,就必须进行大量的组织与协调工作,在确保各合作方都能实现各自利益的条件下,完成消费者在旅游活动过程中的落实与衔接,从而达到相互依存、互惠互利的合作关系。因此,组织协调职能也是旅行社的又一项基本职能。

4. 分配职能

在包价旅游的情况下,消费者会一次性向旅行社支付此次旅游活动当中所需要的全部或部分费用,而旅游者在旅游过程当中其消费愿望是多种多样的,因此,这就需要旅行社根据旅游者的要求,合理地安排、分配旅游者在各项旅游活动中的支出,既要最大限度地满足旅游者的需求,又要使旅行社获得应有的收益回报,这就是旅行社的分配职能。

5. 提供信息职能

旅行社工作为旅游业的重要销售渠道,其提供信息等职能主要表现在两个方面:第一,将旅游者的需求变化和市场动态传递给旅游经营部门、管理部门,促使相关部门及时地调整经营方针、努力提高服务质量、改善服务环境;第二,及时、准确、全面地将旅游目的地各相关部门最新的发展和变化情况传递到旅游市场上,以便于促使旅游者购买。

第三节 旅行社的业务

尽管不同地域的旅行社其名称、类别、规模各有不同,但按其操作流程来看,基本业务却都由以下几个方面构成:

一、产品的设计与开发

旅行社的重要工作是以旅游产品为媒介,为旅游者提供旅游服务,满足旅游者多种多样的旅游需求。因此,开发设计出适销对路的旅游产品是旅行社为旅游者提供服务的前提。旅行社应在充分的市场调研基础上,结合自身的优势,设计出既符合市场需求又能为旅行社带来满意收益的旅游产品。一般情况下,旅行社的产品设计与开发业务分为四项内容:产品设计、产品试产与试销、产品投放市场和产品效果检验评估。

二、旅游服务采购

由于旅行社经营的产品具有很强的综合性,涉及到旅游者在食、住、行、游、购、娱等各个方面,而这些服务项目又都是旅行社本身所不具有的,因此就需要旅行社通过单项的采购将其重新组合,以适应旅游者的需要。除此以外对于组团旅行社来讲,地接旅行社的选择也是采购服务中的一项重要内容。采购单项旅游产品的价格高低、质量好坏会直接影响旅行社产品价格的高低及旅游者对旅游产品的满意程度。因此,旅游服务的采购工作成为旅行社的一项重要业务。

三、产品销售

对于旅行社来讲,其根本目的是卖出产品,因此,在经过了产品的开发与设计、旅游服务采购这两项业务环节以后,销售便显得格外重要了。旅行社的销售业务主要包括制定产品的价格、明确销售目标、选择销售渠道、制定促销策略及做好售后服务这几项工作。产品价格的制定在很大程度上依赖于产品原材料的采购价格,因为采购价格的高低直接决定了旅行社产品的成本价格及利润空间。同时旅行社的产品价格还应与旅行社的销售目标及销售渠道保持一致,而各种不同的促销手段则可以激发旅游者的购买愿望,帮助旅行社获得良好的销售业绩。

四、旅游接待

当销售人员通过各种促销手段招徕客源以后,旅行社的另一项工作就是负责为其安排或提供向导、讲解、住宿、交通等一系列与旅游活动有关的接待服务。对旅游者而言,接待服务是旅游者购买产品后的消费体现,对旅行社而言,接待服务则是旅行社产品生产的过程。接待服务的好坏直接影响到旅游者对旅行活动的满意程度及旅行社的声誉,一般情况下,旅行社的接待工作可分为团体接待服务和散客接待服务。

第四节 旅行社的地位与作用

旅行社是旅游发展的产物,随着世界范围旅游业的不断发展和繁荣,旅行社与旅游交通和旅游饭店共同构成旅游业的三大支柱,它在旅游业中起着媒介和经纪人的作用,是把旅游服务供应部门与其他相关部门联系在一起纽带,是促进旅游向大众化方向发展的重要因素。

一、旅行社的地位

旅行社在旅游业中所处的地位非常独特,它将旅游交通、饭店、餐馆、旅游景点、文化娱乐等单位的单项旅游产品统一采购并进行优化组合,使之成为各具特色的旅游线路。同时通过旅游者对线路的购买,旅行社也能产生收益及效益。

旅行社通过自身的经济合作带动了旅游业其他部门的发展,因此,旅行社从某种意义上可以称为旅游业的"龙头"。其重要地位主要表现在以下两点:

1. 旅行社是聚集旅游服务供应部门的中心

旅游者在参团旅游过程当中,需要旅游交通、饭店、餐馆、旅游景点、文化娱乐等一系列单位所提供的单项旅游产品,而这些单位相互之间没有直接的联系。旅行社通过其中间服务,将与旅游者的旅游需求密切相关的各个组成部分加工组合成完整的旅游产品,然后再销售给旅游者。使原本相对松散、繁杂的旅游服务供应部门以旅行社为中心变得紧密有序。

2. 旅行社是连接旅游者与旅游服务供应部门中心的纽带

因为旅游产品具有生产与消费同步的特点,这就决定了旅游产品的销售是以人的流动为核心。也就是说旅游者必须从客源地到旅游目的地,才能达到旅游的目的。对于大部分旅游者而言,很多人对旅游目的地的情况一无所知或知之甚少,而旅游目的地的旅游资源信息也很难直接面对旅游者,因此,旅游市场需要有这样一个中介可以成为旅游者及旅游目的地之间的联系纽带。一方面,旅行社通过旅游咨询可以及时、准确、全面地将旅游目的地各相关部门最新的发展变化情况传递给旅游者,使旅游者对其能够更加了解并产生购买欲望;另一方面,旅行社通过在旅游市场上的销售活动,把旅游者组织起来送往旅游目的地,使旅行社就此成为连接旅游者与旅游服务供应部门之间的一条纽带。

二、旅行社的作用

旅行社作为旅游业的龙头企业,在旅游业中所起的作用十分重要,它是旅游服务供应部门的重要销售渠道,为旅游服务部门及企业带来了可观的营业收入,同时,旅行社通过向旅游者提供各种旅游服务产品,帮助旅游者实现其旅游的愿望,使更多的人加入到旅游的队伍当中。此外,旅游活动还能增进旅游客源地与目的地之间人们的相互了解,平衡两地之间的经济发展,对不同国家及地区之间的科学文化交流起到了积极的促进作用。

1. 有利于旅游服务产品等销售

对于大部分的旅游服务供应部门来说,旅行社不光是旅游信息的传递者,同时还是旅游服务供应部门重要的旅游产品销售渠道,旅行社通过对旅游单项产品的组合,帮助了其产品服务供应部门在销售方面的困难,扩大了他们的客源,减少了销售成本,增强了企业的效益。

例如,饭店经常会因为地理位置、星级评定、配套设施、旅游淡季等原因影响饭店的客人入住率,而旅游者又分布较广且不同的旅游者对于饭店的需求亦不相同,饭店的企业规模决定了它很难像航空、铁路等部门用设立售票站的方式来招徕客源,但缺少客源却会造成销售量的大幅下降,甚至于会使企业出现亏损的局面。旅行社在这方面恰好能够帮助饭店解决这个难题。

首先,旅行社因为直接面对旅游者,所以它能够准确地知道旅游者的住宿需求与标准,可以借助自身的销售网络,帮助饭店进行产品的销售。其次,旅行社组织旅游团队旅游,需要为客人提供住宿服务,所以它本身就是饭店的客户,同时旅行社在旅游淡季组织团队旅游,又可以帮助饭店解决淡季因旅游者入住率不足的问题。再次,旅行社组织团队的旅游活动事先要经过较长时间的安排和调整,所以需要提前向饭店或其他的旅游产品供应部门进行预订,而对饭店来说可以准确地预知未来时间段当中住房率的多少,以便提前针对此情况作出相应的销售措施。当然,除了饭店以外,旅行社还充当了铁路、航空、餐馆、游览景点、娱乐场所等旅游服务部门和企业的销售渠道,帮助他们更多地获取旅游收益,增加自身的收入来源。

2. 帮助旅游者实现旅游消费愿望

旅行社帮助旅游者实现旅游消费愿望主要表现在以下 3 个方面:

(1)保证旅游活动的顺利进行

作为个体的旅游者如果依靠个人的力量由不同的旅游服务供应部门或企业那里购买整个旅游过程中所需要的每一项单项旅游服务产品,那么,对于旅游者而言是一件十分辛苦且具有风险的事情,尤其是对一些初次前往旅游目的地的旅游者而言,困难就更大了。因为在旅游过程当中,旅游者需要将大量的时间及精力放在每一件与旅游活动相关的事情上,继而忽略了游览当中的乐趣。而旅行社作为经营旅游业务的专门企业,它可以将旅游过程中所需要的多种服务集中起来,一次性地销售给旅游者,从而极大地方便了旅游者,为他们节省了大量的时间,使旅游者可以放心地旅游,为旅游活动的顺利进行提供了可靠的保证。

(2)减轻旅游者的经济负担

因为旅游者作为个人很难以批量购买的方式从旅游服务供应部门或企业获得优惠的价格,所以,当旅游者以个人的身份购买旅游产品的时候,所付出的费用往往是一个较高的市场价格,而旅行社却可以把不同的旅游者的分散购买量集中起来,形成较大的采购量,通过有力的谈判争取到优惠折扣,并可将其中部分的优惠折扣以降低旅游产品价格的形式转让给旅游者,从而使旅游者的旅游费用支出减少,减轻旅游者的经济负担,使更多的旅游者参加旅行社组织的旅游活动。

（3）提高旅游服务质量、丰富旅游产品

旅行社长期从事旅游业务,善于组织各种旅游活动,了解旅游供需双方的实际情况和特点,能够妥善地安排旅游线路和活动日程,选择推出适当的旅游服务产品。同时为了在市场上击败竞争对手,保持和扩大市场占有额度,旅行社更要不断地努力提高旅游服务的质量,开发更多的旅游产品种类,让旅游者能够在旅游活动中感到更加的方便、舒适和安全。

3. 促进旅游目的地经济的发展

旅行社在经营活动中,尽管能够获取得的收益是微不足道的,但通过其产品销售,使相关企业获利,从而产生的综合经济效益却是巨大的,具体作用体现在以下4个方面:

（1）增加经济收入和外汇收入

旅行社从国内和国外招徕旅游者前往旅游目的地观光游览或度假。这些旅游者在履行过程中会需要乘坐飞机、火车、汽车、轮船等交通工具,抵达目的地后还需要入住当地的饭店,同时还会品尝当地的餐饮美食,游览当地的名胜古迹,购买当地的旅游纪念品或其他商品,而这些都会为旅游目的地的国家及地区带来可观的经济收入及外汇收入。

（2）增加就业机会

因为旅游活动的顺利完成离不开每一个旅游环节的相互配合,而每一个旅游环节又几乎离不开人员服务,因此,旅行社需要招徕及聘用大量的从业人员投身于旅游的队伍当中,这就为当地居民提供了许多的就业机会,这些就业的岗位既有直接为旅游者提供服务的导游人员、旅游咨询人员、销售人员、管理人员。亦有因为旅游者的消费活动而产生的服务供应部门。

（3）增加政府税收

旅行社在扩大旅游目的地政府税源、增加政府部门收入等方面同样起着显著的作用。旅行社的经营活动提供的税源包括:

1）旅行社交纳的营业税、所得税等。

2）各种旅游服务供应部门和企业因旅游者的消费而增加的营业收入和经营利润部门征收的营业税、营业所得等。

3）当地相关行业印象旅游者提供产品和服务而扩大业务量、增加了营业收入、政府可以从中获得更多的税收。

4）国际旅游者前往旅游目的地时需向当地政府缴纳的入境签证费、商品海关税、机场税等。

（4）平衡地区经济发展

旅行社的经营有利于平衡地区经济的发展,成为旅游目的地新的经济增长点。在许多经济不发达的地区,发展旅游业是摆脱贫困、发展经济的一条捷径,例如,我国西部的一些贫困地区,由于资金、技术、自然资源、地理位置等条件的限制,难以通过发展工业或种植业迅速发展起来,而这些地区往往拥有许多得天独厚的自然景观资源和人文景观资源。旅行社通过促销活动,将大量国内外的旅游者吸引到这些地区旅游度假,使这些旅游资源得到充分的开发和利用,为当地经济增长提供大量的资金,从而促进当地经济的发展。

4. 增进旅游客源地与旅游目的地人们之间的了解

旅行社组织本国或本地区的旅游者外出旅游、招徕及接待其他国家和地区的旅游者来本国或本地区旅游,都能够起到增进旅游客源地与旅游目的地人们之间相互了解的作用。旅游者来自不同的国家和地区,都有各自不同的风俗习惯、宗教信仰和生活方式,相互之间的了解并不充分。尽管现代社会通信发达,新闻媒体每天都在进行大量的宣传报道,但是由于各种客观因素和某些主观因素的限制和干扰,不同国家和地区的人与人之间仍会存在某些误解。旅游是一种人与人之间直接交往的方式,人们在旅游过程中,对旅游目的地的情况耳闻目睹或亲身体验,能够作出客观的评价。另外,旅游目的地的居民通过与外来旅游者的直接交往,也能够加深对其他国家或地区情况的了解。从这个意义上来说,旅行社组织的旅游活动有助于人们减少和消除彼此之间的误会,增进相互之间的了解和交往,促进不同国家和地区人们之间的友谊。

5. 推动各国和各地区之间的科学文化交流

旅行社在经营旅游业务的过程当中,还起到推动各国和各地区科学文化交流的作用。旅行社招徕或接待的旅游者来自不同国家或地区,他们在本国或本地区从事不同的职业,具有不同行业或专业的知识和经验,其中不乏在某个领域造诣颇深的人士。这些人以旅游者的身份来到旅游目的地,一方面游览观光或度假休闲,另一方面也会与同行业人士进行学术交流和讨论。他们的这种做法在客观上起到了传播和交流科学技术与文化知识的作用。另外,不少旅行社招徕和接待各种旅游团体,组织各种专业旅游活动,对各国或各地区科学技术和文化交流无疑会起到促进作用,例如,考察团、投资团、学术交流团等。

由以上的几点我们不难看出,旅行社作为旅游行业的"龙头",对当地旅游业的发展起着重要的推动作用,对于促进当地经济发展和旅游目的地人们与旅游客源地人们之间的交往也发挥着不可估量的作用。

案 例

常规游、主题游、个性游三足鼎立

2005年春节临近,广东各大旅行社出境游报名进入尾声,国内游全面"开盘"。从各大旅行社返回的信息来看,在 2005 年春节游价格创下历史最小增幅之际,由于竞争的加剧,旅行社在产品设计方面更贴近市场和消费需求,常规旅游(观光)、主题旅游(特色、休闲)、个性旅游(自由行)三足鼎立,旅游超市的货架越来越丰富。除东南亚未能如预期外,各大旅行社对春节形势均表示乐观。

2004 年 9 月以来,继欧洲申报国际旅游签证的全面放开,境外航空公司与境内航空公司出境航班频频增加,为今年春节出境游的升温创造了利好前景。

首先是价格趋向平稳,不少线路创历年新低。由于出境旅游目的地可选择范围日趋扩大,今年春节市场一改以往无序涨价的攀高局面。可以说,今年春节出境游市场是近年来总体涨价幅度最小的一年。受海啸影响,除塞班岛、澳大利亚等线路出现千元左右的涨幅外,欧洲线不升反降,日、韩、文莱、沙巴、新马、南非等价格与平时基本接近。

其次是欧洲游由多国游向深度游发展。欧洲五国、九国游走马看花的老面孔换成了法国与意大利、西班牙与葡萄牙、奥地利与瑞士、法国一地、希腊一地等分别游的新面孔。

另外,游客的休闲需求首度超过了观光需求,体现出都市人旅游需求的层次变化。春节期间,适应旅游需求的住要四星五星、食要当地特色、玩要自由选择的游线,如尼泊尔的普卡拉、菲律宾的老沃、澳大利亚的珀斯、太平洋上的塞班天宁岛、东马来西亚的沙巴和文莱等休闲型线路颇受青睐。

由于黄金周均衡效应继续发挥作用,春节国内游价格升幅也是历来最低。据了解,春节国内游价格比往年降低 15% 左右,北京、华东、九寨沟、云南等线路价格都有大幅下降。

海啸后,由于风景和价格的可替代性,加之手续方便,海南获得了相当一批分流多源,加上日、韩和俄罗斯高端游客增多,其市价因此水涨船高。随着春节的临近,房价、机票和地接费等一切有关海南旅游的费用都在飘升,引起春节海南游价格迅速上涨。

旅游市场的成熟,促使旅行社着力研究不同消费群的体验需求,在产品设计上推陈出新。在各大旅行社春节"菜单"上,春节国内游产品主题、卖点、特色增多,消费者选择增多。

更多自由行产品走向市场,"自己做主"、"想怎么玩就怎么玩"的自助游等个性旅游的升温,也带动了旅行社继续推出春节"机票+酒店"自由行产品,产品之多前所未有。

资料来源:王坚.南方日报.2005-1-26

思考与练习

1. 请回答世界第一家旅行社的产生时间及地点。
2. 简述旅行社的产生原因。
3. 简述中国旅行社发展的三个时期。
4. 旅行社有何性质与特征?
5. 旅行社的职能有哪些?
6. 旅行社的基本业务由哪些方面构成?
7. 简述旅行社在旅游业中的地位和作用。

第二章 旅行社的设立

为保证旅游者的合法权益,维护旅行社行业的正常经营秩序,我国对旅行社的进入方式设置了一定的条件,以使设立的旅行社符合国家的有关规章制度,便于接受国家及旅游管理部门的行政监督。

第一节　旅行社设立的条件

2001年12月11日,国务院修改了1996年10月15日颁布的《旅行社管理条例》,自2002年1月1日实施。该条例对我国旅行社的设立条件做出了相关的法律规定。《旅行社管理条例》第六条对设立旅行社应当具备的条件规定为四个方面:有固定的营业场所,有必要的营业设施,有经培训并持有省、自治区、直辖市以上人民政府旅游行政管理部门颁发的资格证书的经营人员,有符合本条例第七条、第八条规定的注册资本和质量保证金。具体条件如下:

一、设立旅行社的营业场所条件

营业场所是旅行社经营活动的基本条件。固定的营业场所是指在较长的一段时间内能够为旅行社所拥有或使用,而不是频繁变动的营业场所。国家旅游局在《旅行社管理条例》和《旅行社管理条例实施细则》中明确要求,无论是国际旅行社还是国内旅行社都必须拥有固定的营业场所和足够的营业用房,其目的是为了经营活动的正常运作及便于有关部门对企业的监督管理。

二、设立旅行社的经营设施条件

国家旅游局在《旅行社管理条例实施细则》第十三条和第十四条中对国际旅行社和国内旅行社的经营设施都提出了同样的具体要求,即都必须拥有传真机、有线电话、计算机等开展旅游业务经营活动所需的现代办公设备,还必须具备与旅游行政管理部门联网的条件,以提高旅行社与行政管理部门之间的办事效率,便于旅游行政管理部门对企业经营活动的监督与管理。在此基础上,第十三条还要求国际旅行社具备业务用汽车等经营设施,以适应国际旅行社经营范围大、业务量较大的特点,保证其旅游业务活动的顺利进行。

三、设立旅行社的经营管理人员条件

由于旅行社属于脑力劳动密集型行业,其从业人员应具有广博的文化知识和较高的文化素质,所以,我国对旅行社经营管理人员任职资格作了较为严格的要求,特别是对旅行社经营管理人员任职资格进行限制,即担任旅行社高级管理人员和中层管理人员都必须经过培训考核,并持有省级以上人民政府管理部门颁发的资格证书方可上岗。国务院颁布的《旅行社管理条例》第六条第三款中明确规定:设立旅行社应当有经培训并持有省、自治区、直辖市以上人民政府旅游行政管理部门颁发的资格证书的经营人员。在国家旅游局颁布的《旅行社管理条例实施细则》中,对旅行社经营管理人员的持证要求和持证人数都作了具体规定。

1. 设立国际旅行社,应当具有下列任职资格的经营管理人员

1)持有国家旅游局颁发的《旅行社经理资格证书》的总经理1名。
2)持有国家旅游局颁发的《旅行社经理资格证书》的部门经理至少3名。
3)取得会计师以上职称的专职财会人员。

2. 设立国内旅行社,应当具有下列任职资格的经营管理人员

1)持有国家旅游局颁发的《旅行社经理资格证书》的总经理1名。
2)持有国家旅游局颁发的《旅行社经理资格证书》的部门经理至少2名。
3)取得助理会计师以上职称的专职财会人员。

四、设立旅行社的资金条件——注册资本和质量保证金

旅行社应有符合《旅行社管理条例》规定数额的注册资本和质量保证金,从而保证旅行社经营管理活动的正常运作和保护旅游消费者的合法权益。

1. 注册资本

注册资本又称额定资本、核定资本、名义资本等,是指旅行社成立时所填报的财产总额,包括旅行社的固定资金和流动资金。注册资本是旅行社承担债务的一般担保财产。确定注册资本的目的,一方面是为了便于旅行社在政府企业登记主管部门登记注册;另一方面是为了在设立旅行社时公开申明其资本数额,以便公众了解其目前和今后可能达到的规模,便于债权人和社会公众在与该旅行社交往中正确决策,减少风险。《旅行社管

理条例》规定的注册资本是旅行社设立时必须拥有的法定的最低限额的资本,可以高出该限额,但不得低于该限额。

注册资本是旅行社用于正常经营活动的流动资金和固定资金的总和,既是旅行社向国家有关行政管理部门申请营业许可的重要依据,又是旅行社开展旅游经营活动正常运作的物质保障。我国《旅行社管理条例》对各类旅行社的注册资本数额作了明确的规定:①设立国际旅行社,注册资本不得少于 150 万元人民币;②设立国内旅行社,注册资本不得少于 30 万元人民币;③国际旅行社每设立一个分社,应当增加注册资本 75 万元人民币;④国内旅行社每设立一个分社,应当增加注册资本 15 万元人民币;⑤中外合资经营旅行社的注册资本最低限额为 400 万元人民币。国家旅游局宣布,自 2007 年 7 月 1 日起,取消对外商投资旅行社设立分支机构的限制,并对外资旅行社的注册资本实行国民待遇,提前兑现入世的所有承诺。

2. 质量保证金

(1)质量保证金的性质

旅行社质量保证金是指由旅行社缴纳,旅游行政管理部门管理,用于保障旅游者权益的专用款项。

质量保证金属于缴纳的旅行社所有,但它和该旅行社的其他财产不同,是必须由旅游行政管理部门管理的专用款项。专用款项必须专款专用,不能任意支取或挪作他用。其目的就是为了进一步确保旅游者的合法权益,促进旅行社提高服务质量,规范旅游市场。

因为质量保证金是专用款项,为了确保它的专款专用,旅游行政管理部门应采取如下监督检查的措施:

1)制定管理办法。国家旅游局按照《旅行社质量保证金暂行规定》及《旅行社质量保证金暂行规定实施细则》制定保证金财务管理办法。各级旅游行政管理部门必须将质量保证金纳入财务部门管理,并严格执行质量保证金财务管理办法,任何单位和个人无权支取、挪用质量保证金。

2)定期检查。上一级旅游行政管理部门要定期检查下一级旅游行政管理部门对质量保证金的收支和管理情况。下一级旅游行政管理部门应于每年 1 月 31 日以前将上一年质量保证金的有关情况报送上一级旅游行政管理部门。

3)定期公告。旅游行政管理部门应将质量保证金的收支和管理情况纳入每年的财务检查或审计,并采取公告形式,定期公布质量保证金的缴纳和支付情况,使质量保证金的有关情况与群众见面,供旅行社及有关部门查询,以接受监督。各旅行社有权向旅游行政管理部门查询本旅行社的质量保证金支付和管理情况。

质量保证金是我国旅游业的一项重要改革措施。为了加强对旅行社服务质量的监督和管理、保障旅游者的合法权益、保障旅行社规范经营、维护我国旅游业的声誉,国家旅游局根据《中华人民共和国消费者权益保护法》(1993 年 10 月颁布)、《中华人民共和国反不正当竞争法》(1993 年 9 月颁布)等有关法律、法规的规定,按照旅行社的经营特点,参照国际惯例,经国务院批准,对旅行社实行质量保证金制度。1995 年 1 月,国家旅游局发布了《旅行社质量保证金暂行规定》及《旅行社质量保证金暂行规定实施细则》,确定了实行质量保证金制度。以后,国家旅游局又先后颁布了《旅行社管理条例》(1996 年 10 月)、《旅行社管理条例实施细则》(1996 年 11 月)、《旅行社质量保证金赔偿暂行办法》(1997 年 3 月)和《旅行社质量保证金赔偿试行标准》(1997 年 3 月),从而使质量保证金制度进一步得到完善。质量保证金制度要求旅行社必须缴纳规定数额的质量保证金,作为质量和风险的抵押,这是我国旅游行业管理的一项重要变革,它将多年来靠行政手段管理、监督旅行社工作服务质量,转变为靠经济手段管理、监督,成为比较规范的、具有较强操作性的一项管理制度。缴纳了质量保证金的旅行社,质量意识普遍提高,经营更为规范,服务正在不断改善。

(2)质量保证金的缴纳和退还

1)缴纳质量保证金的作用。

旅行社实行质量保证金制度是我国旅游业的一次重要改革。国家旅游局于 1995 年 3 月颁布的《旅行社质量保证金暂行规定》和《旅行社质量保证金暂行规定实施细则》中明确规定:"各类旅行社须向旅游行政管理部门缴纳质量保证金。"按照《旅行社管理条例》规定,申请成立旅行社必须如数缴纳质量保证金,才能颁发旅行社业务经营许可证,然后申请人持旅行社业务经营许可证向工商行政管理机关领取营业执照,才能开始从事旅游业务。旅行社在没有缴纳质量保证金以前,是不能取得旅行社业务经营许可证的,即不能从事旅游业务。

质量保证金实行"统一制度、统一标准、分级管理"的原则,由国家旅游局统一制定质量保证金的制度、标准和具体办法,在全国统一实行、分级管理,使各级旅游行政管理部门按照规定的权限对质量保证金实施管理。

2)缴纳质量保证金的规定。

旅行社必须一次性用现金缴纳质量保证金。申办人在申请成立旅行社时,需要先填写好《缴纳旅行社质量保证金承诺书》,送交旅游行政管理部门,经审查合格后才能缴纳质量保证金,在缴纳质量保证金后,才能颁发旅行社业务经营许可证。

办理缴纳质量旅行社保证金时,要注意两点:一是必须一次性缴纳质量保证金;二是必须以现金缴纳质量保证金,用其他任何有价证券缴纳都是无效的。

旅行社根据自身的类别和经营范围缴纳质量保证金。缴纳质量保证金的具体金额,根据旅行社不同的类别和经营范围,具体规定如下:

· 经营国际旅游业务的旅行社缴纳 60 万元人民币。

· 特许经营出国(出境)旅游业务的国际旅行社在已缴 60 万元人民币的基础上再缴 100 万元人民币。

· 经营国内旅游业务的旅行社缴纳 10 万元人民币。

旅行社在如数缴纳质量保证金后,在从事旅游业务中,如果因旅行社的故意或过失使服务质量未达到约定或者国家行业标准或规定的其他情况,以致旅游者的合法权益受到损害而向旅游行政管理部门进行投诉时,有关旅游行政管理部门可以在规定的权限内,依据有关法规、规章和程序,作出用质量保证金赔偿的决定。在支付赔偿后,质量保证金必须保持满额,其不足部分,旅行社必须在 60 天内补足。逾期不补缴质量保证金差额者,将视情节轻重,给予不同的处分。

3)质量保证金利息的处理。

质量保证金虽然由旅游行政管理部门管理,但是属于缴纳的旅行社所有。在旅游行政管理部门管理期间,质量保证金所产生的利息也应属于旅行社所有。质量保证金的利息每年按中国人民银行规定的单位活期存款利率计算。每年结算后,将 1/3 的利息一次性退还给旅行社,其余部分的处理是:① 旅游行政管理部门按规定的比例从其利息中提取作为管理费用;② 用于处理旅游投诉和理赔过程中的相关支出。

4)退还质量保证金。

质量保证金是旅行社经营业务中保证质量的专用款项,它和旅行社的业务经营是并存的,只要旅行社在经营业务,就必须以质量保证金作为优质服务的保证。但是,当旅行社终止经营时,缴纳质量保证金就无实际意义,旅游行政管理机关将按照《旅行社质量保证金暂行规定》第八条的规定,退还其保证金。又因为质量保证金属缴纳的旅行社所有,所以当旅行社发生合并、解散、转让、破产等情况时,质量保证金应作为旅行社企业财产的一部分,按有关法律规定处置。

5)不缴纳质量保证金将受处分。

旅行社如果不遵守此项规定,逾期不缴纳质量保证金,或者质量保证金在旅游行政管理部门支付以后 60 天内,不将不足额部分补足,旅游行政管理部门将视其情节轻重,分别给予警告、整顿或吊销旅行社业务经营许可证的处分。并且还规定,受到吊销旅行社业务经营许可证处分的,该旅行社的行政主管单位和法定代表人在 3 年内不得再申办旅行社。

(3)质量保证金的赔偿

1)质量保证金的赔偿范围。

根据《旅行社质量保证金暂行规定》,出现以下四种情形而旅行社不承担或无力承担赔偿责任时,以质量保证金对旅游者进行赔偿:

· 旅行社因故意或过失而未达到合同约定的服务质量标准从而造成旅游者的经济权益损失。

· 旅行社的服务未达到国家或行业规定的标准而造成旅游者的经济权益损失。

· 因旅行社歇业、解散、破产或合并而造成旅游者预交旅行费损失。

· 国家旅游局认定的其他应该用质量保证金赔偿的情形。

旅行社由于上述原因而造成旅游者合法权益损失时,旅游者有权向质量监督部门投诉。质量监督部门在接到旅游者投诉后,应及时查明事实,确因旅行社的过错而使旅游者合法权益受到损害的,应当根据旅游者的损失程度,依照规定的理赔原则及程序提出处理意见,报经旅游行政管理部门核准,责令旅行社给予赔偿。旅行社如果拒不承担或无力承担赔偿责任时,应当从该旅行社的质量保证金中划拨赔偿费用。

下列情况不适用质量保证金赔偿案件的审理:

· 旅行社因不可抗力而不能履行合同的。

· 旅游者在旅游期间发生人身、财物意外事故的。

· 适用保证金赔偿情形之外的其他经济纠纷。

· 超过规定时效和期间的。

· 司法机关已受理的。

2)质量保证金的赔偿标准。

为了规范旅行社质量保证金赔偿工作,维护旅游者的合法利益,提高旅行社的服务质量,国家旅游局根据《旅行社管理条例》、《旅行社质量保证金赔偿暂行办法》及有关法律、法规,于 1995 年 7 月 1 日和 1997 年 3 月 27 日先后两次制定了《旅行社质量保证金赔偿试行标准》,该标准从旅行社、导游人员及相关部门(餐厅、交通工具、观光景点等)三个方面对在旅游过程中损害旅游者合法权益的赔偿标准分别作了具体、明确的规定。

因旅行社的故意或过失,未达到合同约定的服务,造成旅游者经济损失的,旅行社应承担赔偿责任。

旅行社收取旅游者预付款后,因旅行社的原因不能成行,应提前 3 天(出境旅游应提前 7 天)通知旅游者,否则应承担违约责任,并赔偿旅游者已交预付款 10% 的违约金。

因旅行社的过错造成旅游者误机、误车或误船,旅行社应赔偿旅游者的直接经济损失,并赔偿经济损失 10% 的违约金。

旅行社安排的旅游活动及服务档次与协议合同不符,造成旅游者经济损失的,旅行社应退还旅游者合同金额与实际花费的差额,并赔偿同额违约金。

因导游人员的故意或过失,未达到合同约定的服务质量,损害旅游者合法权益的,旅行社应承担赔偿责任。

导游人员未按照国家或旅游行业对客人服务标准的要求提供导游服务的,旅行社应赔偿旅游者所付导游费用的 2 倍。

导游人员违反旅行社与旅游者的合同约定,损害了旅游者的合法权益,旅行社应对旅游者进行赔偿:擅自改变活动日程,减少或变更参观项目,旅行社应退还景点门票费、导游服务费,并赔偿同额违约金;违反约定,擅自增加用餐、娱乐、医疗、保健等项目,旅行社承担旅游者的全部费用;违反合同或旅程计划,擅自增加购物次数,每次退还旅游者购物价款的 20%;擅自安排旅游者到非旅游部门指定商店购物,所购商品系假冒伪劣商品,旅行社应赔偿旅游者的全部损失;私自兜售商品,旅行社应全额退还旅游者财物价款;索要小费的,旅行社应赔偿被索要小费的 2 倍。

导游人员在旅游行程期间,擅自离开旅游团队,造成旅游者无人负责,旅行社应承担旅游者滞留期间所支出的食宿费等直接费用,并赔偿全部旅游费用 30% 的违约金。

在旅游过程中,因相关部门的原因发生质量问题,组团社应先行赔偿旅游者的损失。

旅行社安排的餐厅,因餐厅原因发生质价不符的,旅行社应赔偿旅游者所付餐费的 20%。

旅行社安排的饭店，因饭店原因低于合同约定的等级档次，旅行社应退还旅游者所付房费与实际房费的差额，并赔偿差额 20% 的违约金。

旅行社安排的交通工具，因交通部门的原因低于合同约定的等级档次，旅行社应退还旅游者所付交通费与实际费用的差额，并赔偿差额 20% 的违约金。

旅行社安排的观光景点因景点原因不能游览，旅行社应退还景点门票费、导游费，并赔偿退还费用 20% 的违约金。

除了上述的旅行社、导游人员、相关部门三个方面的情形外，其他损害旅游者合法权益的，并且国家法律、法规已作规定的，按有关法律、法规处理。

从上述旅行社、导游人员、相关部门三个方面看来，无论是哪一方面出现了问题，损害了旅游者的合法权益，都应由旅行社承担责任、赔偿损失费用和违约金。因此，旅行社的责任是重大的，其在组团旅游的全过程，都必须认真负责、保证质量，不能有丝毫的松懈麻痹。从旅行社本身讲，要加强计划性、改善工作方法、提高服务质量。

根据《旅行社质量保证金赔偿暂行办法》，请求人向质量监督部门请求用保证金赔偿的时效期限为 90 天。时效期限以请求人受侵害事实发生时计算。对超过时效的请求，质量监督部门可以不予受理。

质量保证金的索赔时限与一般旅游投诉时效期不同。一般旅游投诉，投诉人向旅游投诉管理机关请求保护合法权益的投诉有效时间为 60 天。投诉时效期间，从投诉者知道或者应当知道权益被侵害起算（对特殊情况，旅游投诉机关可以延长投诉时效期间）。

五、设立旅行社的其他条件

开办一家旅行社，除了具有以上法律规定的必要条件外，还应具备一些条件。

1. 设立旅行社要符合当地旅游业发展的需要

市场经济的特征决定了旅行社的建立首先要存在市场需要。旅行社能否存在，其关键在于有没有自己的客源。旅行社的业务是招徕与接待，这两者都需要客源来维持。因此，建立旅行社之前，应当充分考察当地的旅游市场情况：当地有没有能吸取外地客人的旅游资源，吸引力有多大；接待设施的档次与规模；旅游资源的进入性怎么样，需要花费多少时间；本地客人的旅游欲望、经济收入、空闲时间；地区的交通运输状况、经济发展潜力等。只有符合市场需求的企业才有生命力，这应当是建立一家旅行社的前提条件。

2. 选拔高素质的人员

国家对旅行社的经营人员有硬性的规定。但一家旅行社能否开办成功，关键还需要有一批懂管理、会运作、思想敏锐、注重服务质量的高素质经营人员。

3. 建立自己的协作网络

随着信息社会的不断发展，旅行社要形成自己的产品组合，需要各相关行业的协助。

一家旅行社一旦开始营业，就得拿出自己的产品。这个产品的组合过程，也就是旅行社协作网络的形成过程。协作网络应当属于旅行社的内部条件之一。

4. 形成销售渠道

旅行社产品组合形成之后，最终要能售出才可能产生经济效益，旅行社无论是以包价形式销售组合产品，还是零散代销单一产品，都需要有自己的产品销售网络，这样才能保持业务的稳定。

第二节 旅行社设立的基本程序

申请设立旅行社的单位，必须严格依照《旅行社管理条例》的有关规定，先报请旅游行政管理部门审核批准，并持有关部门颁发的旅行社业务经营许可证方可到工商行政管理部门办理注册登记，在办理税务登记后方可宣告正式成立。不同类别的旅行社在申请、审批、核准及登记等方面虽然存在差异，但申请设立旅行社的基本程序大致相同。

一、申请营业许可证

申请设立旅行社的单位，首先依照《旅行社管理条例》的规定向当地旅游行政管理部门申请营业许可证，这是设立旅行社的基本程序中最重要的一个环节。申请营业许可证必须向旅游行政管理部门提交申办旅行社的有关文件，国家旅游局颁布的《旅行社管理条例实施细则》第十五条规定：申请设立旅行社，应当按照本章前述各条的规定，将出资证明、交纳质量保证金的承诺书、总经理和部门经理的资格证书、营业场所和经营设施等有关证明文件，报送接受申请的旅游行政管理部门审查。

1. 设立旅行社需提交的申请文件

（1）旅行社设立申请书

设立申请书是由申请办理单位向旅游行政管理部门提出开办旅行社的基本文件，《旅行社管理条例实施细则》第十六条对"设立申请书"的要求是：申请设立旅行社的类别、中英文名称及缩写和设立地，旅行社申报和登记的企业名称，应当符合企业名称登记管理的有关规定，并须含有"旅行社"字样；企业形式、投资者、投资额和出资方式；申请人、受理申请部门的全称、申请报告名称和呈报申请的时间。

（2）旅行社可行性研究报告

可行性研究报告是申请设立旅行社的重要文件之一，它可以反映申办人员对旅游市场情况、自身经营实力及旅行社发展前景等情况的了解、估计和预测。《旅行社管理条例实施细则》第十六条规定，"可行性研究报告"应包括以下内容：设立旅行社的市场条件；设立旅行社的资金条件；设立旅行社的人员条件；受理申请的旅游行政管理部门认为需要补充说明的其他问题。

（3）旅行社章程

旅行社章程是旅行社经营管理的基本制度。旅行社章程主要内容应包括：旅行社的业务经营范围，旅行社设立方式和经营方式；旅行社的经济性质、注册资本和质量保证金等资金来源；旅行社的组织机构及运作；旅行社的财务管理制度及利润分配制度；设立旅行社的宗旨和目的。

（4）经营管理人员资格证明

根据《旅行社管理条例》规定，在旅行社担任经理、副经理的人员必须经过省、自治区、直辖市以上人民政府旅游行政管理部门的专业培训，并通过相应的考试，获得国家旅游局颁发的《旅行社经理资格任职资格证书》。因此，在申办设立旅行社时，申办旅行社的单位应当将旅行社经理、副经理的履历表和《旅行社经理资格任职资格证书》报送受理申请的旅游行政管理部门。

（5）验资证明

根据《旅行社管理条例》规定，申请设立旅行社的单位必须有足够注册资本和愿意交纳一定数额的质量保证金，为保证注册资本和质量保证金的真实有效，申请设立旅行社的单位必须将开户银行出具的资金信用证明、注册会计师及其会计事务所或者审计事务所出具的验资报告送交受理申请的旅游行政管理部门。

（6）经营场所和经营设施证明

为确保旅行社经营活动的顺利进行，便于旅游行政管理部门对其经营活动进行监督，旅行社必须具备开展旅游业务活动的经营设施，并拥有独立经营场所。申请设立旅行社的单位，须按《旅行社管理条例实施细则》的规定，购置或租用旅行社经营场所和经营设备，向旅游行政管理部门出具其经营场所的产权证明或使用证明，出具有商业部门开具的具有该旅行社名称的购买设备发票。

2. 申请营业许可证

申请设立旅行社的单位，按照《旅行社管理条例》中的有关规定，根据设立旅行社的类别，将需要提交文件准备就绪后，向旅游行政管理部门提出申请营业许可。

申请设立国际旅行社的单位，应当按照《旅行社管理条例》的规定，直接向所在地的旅游行政管理部门提出申请，省、自治区、直辖市人民政府旅游管理工作的部门受理申请并签署审查意见后，报国家旅游局审批，若同意设立可获得由国家旅游局统一印制的《国际旅行社业务经营许可证》。依照《旅行社管理条例实施细则》的第十九条规定：受理申请设立国际旅行社的省、自治区、直辖市旅游行政管理部门，应当自收到符合规定的旅行社设立申请书之日起的30个工作日内签署审查意见，报国家旅游局；国家旅游局应当自收到申请书之日起的30个工作日内做出批准或不予批准的决定，向申请者正式发出批准文件或不予批准的文件，并通知受理申请的省、自治区、直辖市旅游行政管理部门。

申请设立国内旅行社的单位，应当按照《旅行社管理条例》规定，直接向所在地旅游行政管理部门提出申请，省、自治区、直辖市旅游行政管理部门根据《旅行社管理条例》规定进行审批,若同意设立可获得由国家旅游局统一印制的《国内旅行社业务经营许可证》。依照《旅行社管理条例实施细则》的第二十条规定:受理申请设立国内旅行社的省、自治区、直辖市旅游行政管理部门或其授权的旅游行政管理部门,应当自收到符合规定的旅行社设立申请书之日起的 30 个工作日内做出批准或不予批准的决定,并向申请者正式发出批准文件或不予批准的文件。

3. 外商投资旅行社的申请

外商投资旅行社包括外国旅游经营者同中国投资者依法共同投资设立的中外合资经营旅行社和中外合作经营旅行社。申请设立外商投资旅行社的单位,除了提交《旅行社管理条例》规定的设立申请文件外,还要提交中、外双方投资者应当符合规定的条件证明。

依照《旅行社管理条例》第二十九条规定,外商投资旅行社的中国投资者应当符合下列条件:

1)是依法设立的公司。

2)最近 3 年无违法或者重大违规记录。

3)符合国务院旅游行政主管部门规定的审慎的和特定行业的要求。

依照《旅行社管理条例》第三十条规定,外商投资旅行社的外国旅游经营者应当符合下列条件:

1)是旅行社或者主要从事旅游经营业务的企业。

2)是年旅游经营总额 4000 万美元以上的企业。

3)是本国旅游行业协会的会员。

设立外商投资旅行社,由中国投资者向国务院旅游行政主管部门提出申请,并提交符合《旅行社管理条例》规定条件的证明文件。国务院旅游行政主管部门应当自受理申请之日起 60 日内对申请审查完毕,做出批准或者不批准的决定。予以批准的,颁发《外商投资旅行社业务经营许可审定意见书》;不予批准的,应当书面通知申请人并说明理由。

申请人持《外商投资旅行社业务经营许可审定意见书》以及投资各方签订的合同、章程向国务院对外经济贸易主管部门提出设立外商投资企业的申请。国务院对外经济贸易主管部门应当自受理申请之日起在有关法律、行政法规规定的时间内,对拟设立外商投资旅行社的合同、章程审查完毕,做出批准或者不批准的决定。予以批准的,颁发《外商投资企业批准证书》,并通知申请人向国务院旅游行政主管部门领取《旅行社业务经营许可证》;不予批准的,应当书面通知申请人并说明理由。

4. 外商控股、外商独资旅行社的申请

依据《设立外商控股、外商独资旅行社暂行规定》,设立外商控股旅行社的境外投资方应符合下列条件:

1）是旅行社或者是主要从事旅游经营业务的企业。

2）年旅游经营总额在 4000 万美元以上。

3）是本国（地区）旅游行业协会的会员。

4）具有良好的国际信誉和先进的旅行社管理经验。

5）遵守中国法律及中国旅游业的有关法规。

设立外商独资旅行社的境外投资方，除应符合外商控股旅行社的境外投资方的条件外，还要求外商独资旅行社的境外投资方的年旅游经营总额在 5 亿美元以上。

外商控股旅行社的中国投资者应当符合《旅行社管理条例》第二十九条规定的条件。

设立的外商控股或外商独资旅行社应符合旅游业发展规划、符合旅游市场需要、投资者符合上述规定的各项条件且注册资本不少于 400 万元人民币。

2005 年初，即在我国加入 WTO 三年后，国家允许外资在合资旅行社中拥有多数股权，外商投资旅行社注册资本不低于 2500 万元人民币。2007 年国家旅游局在全国旅游工作会议上宣布，加入 WTO 五年来，中国已提前或如期履行了加入 WTO 谈判时有关旅游领域的各项承诺。随着加入 WTO 后过渡期即将结束，中国将提前兑现加入 WTO 谈判有关旅游领域的其他承诺。自 2007 年 7 月 1 日起，取消对外商投资旅行社设立分支机构的限制，并对外资旅行社的注册资本实行国民待遇，即允许设立外商独资经营的旅行社，并取消设立地域和设立分支机构的限制，外商投资旅行社最低注册资本等同于对内投资旅行社。以前外资旅行社由于受到设立分支机构的限制，具备客源优势的外资社只能将客源转移给内资旅行社，此次取消对外资旅行社分支机构设立的限制，外资社将对国际市场份额进行重新分割，铺设全国性的网络，而不必受制于内资地接社，给予了外资旅行社扩展业务的空间。对国内旅行社的冲击主要来自入境游业务，同时也带来先进的管理、组织、运营模式，对国内市场的适度竞争有推动作用。

同时，香港回归祖国十多年来，内地与香港旅游领域的交流与合作不断加深，两地旅游部门的联系日益紧密，在《加强内地与香港更紧密旅游合作协议书》的框架下，内地与香港旅游业界于 2005 年建立了"内地与香港旅游合作磋商机制"，就进一步规范赴港旅游、建立投诉处理沟通机制、建设旅游信息共享平台、合作推广"一程多站"旅游行程等事宜开展合作。中央政府出台新举措，进一步支持香港旅游业的发展，其中包括：进一步降低香港旅行社在内地设立独资或合资旅行社的准入门槛，进一步扩大在内地设立的香港独资或合资旅行社试点内地居民赴港旅游的经营范围。从 2006 年 1 月 1 日起，港资旅行社在内地设立合资旅行社的准入条件降到 1200 万美元，独资旅行社降到 2500 美元，新的支持政策将使港资旅行社的准入条件在此基础上进一步降低。2006 年 6 月公布的《〈内地与香港关于建立更紧密经贸关系安排〉补充协议三》及《〈内地与澳门关于建立更紧密经贸关系安排〉补充协议三》，做出了"允许在广东省的香港、澳门独资或合资旅行社，申请试点经营广东省居民（具有广东省正式户籍的居民）前往香港、澳门的团队旅游业务"的安排。内地与香港已经形成互通客源、互为市场的新格局，形成了信息互通、协调有效的新机制，也意味着我国离对外资旅行社开放出境游业务的日子不远了。

二、办理工商注册登记

申请设立国际旅行社或国内旅行社的单位,应在收到许可证后的 60 个工作日内持有关批准文件和许可证,到工商行政管理部门办理注册登记手续,领取营业执照。

申请设立外商投资旅行社的单位,凭《旅行社业务经营许可证》和《外商投资企业批准证书》到工商行政管理部门办理外商投资旅行社的注册登记手续,领取营业执照。

旅行社营业执照签发日期为该旅行社的成立日期。

三、办理税务登记

已获得批准设立的旅行社在领取营业执照的 30 个工作日内,到当地税务部门办理开业税务登记,申请税务执照。税务登记结束后,旅行社便可以申领发票、刻制公章,并可以开展旅游业务经营活动。

第三节　旅行社的变更与歇业

在旅行社设立之后,其经营情况和业务发展有可能发生各种变更。对此,我国法律作了相应的规定。

一、变更经营范围

旅行社变更经营范围有国际旅行社申请增加出境旅游业务和边境旅游业务,国内旅行社申请转为国际旅行社和国际旅行社申请转为国内旅行社 3 种。以上 3 种均须报旅游行政管理机关审核批准。

国际旅行社申请增加出境旅游和边境旅游业务,应经所在地省级旅游行政管理部门审查并签署意见后,报国家旅游局审批。审批的总原则是"入出挂钩",即把经营入境旅游的业绩作为审批的主要依据;同时也要把握地区合理分布和根据旅游市场发展,注意循序渐进,逐步扩大规模。我国对国际旅行社的出境经营权不搞"一锤定音"和终身制,而是根据该社招徕入境旅游者的状况,凡达不到要求的都可能被取消出境经营权。

国内旅行社申请转为国际旅行社,以及国际旅行社申请转为国内旅行社,均按照设立审批旅行社的有关规定办理。

经审核批准变更经营范围的旅行社,应当持有关变更的批准文件到工商行政管理机关办理变更登记手续。

二、建立分支机构

旅行社因业务经营的需要,可以设立非法人性质的分社和门市部等分支机构。但是,按照规定,旅行社不能设立办事处、代表处和联络处等办事机构。

旅行社的分社是指年接待旅游者达 10 万人次以上的旅行社设立的不具备法人资格、以设立社名义开展旅游业务经营活动的分支机构。旅行社同其设立的分社应当实行统一管理、统一财务、统一招徕、统一接待,分社的经营范围不得超出其设立社的经营范围。分社的设立程序如下:

1)到原审批的旅游行政管理部门办理核准该旅行社年接待旅游者达到 10 万人次以上的证明文件。

2)按条例规定的数额到设立地有质量保证金管理权的旅游行政管理部门缴纳质量保证金。

3)到原审批的旅游行政管理部门领取许可证。

4)凭证明文件和许可证到工商行政管理部门办理登记注册手续。

旅行社应当在办理登记注册手续之日起的 30 个工作日内,报其主管的旅游行政管理部门和分社所在地的旅游行政管理部门备案。

旅行社的门市部是指旅行社在注册地的市、县行政区域以内设立的不具备独立法人资格,为设立社招徕旅游者并提供咨询、宣传等服务的分支机构。旅行社同其设立的门市部应当实行统一人事管理制度、统一财务管理制度、统一组团活动和导游安排、统一旅游路线和产品,门市部的经营范围不得超出设立社的经营范围。设立门市部应征得拟设地的县级以上旅游行政管理部门的同意,并在办理完工商注册登记手续之日起的 30 个工作日内,报原审批的旅游行政管理部门、主管的旅游行政管理部门和门市部所在地的旅游行政管理部门备案。

三、其他变更事项

旅行社需变更登记注册地的,应当征得原负责主管该旅行社的旅游行政管理部门和改变后的负责主管该旅行社的旅游行政管理部门的同意,并按有关规定到工商行政管理机关办理变更登记。在办理完变更登记之日起的 30 个工作日内,报原审批的旅游行政管理部门备案。

旅行社变更组织形式、名称、法人代表、营业场所等应当到工商行政管理机关办理相应的变更登记,并在办理完变更登记之日起的 30 个工作日内报原审批的旅游行政管理机关备案。其中,需要改变名称的,原审批的旅游行政管理机关应当为其换发旅游业务营业许可证。

四、旅行社的歇业

旅行社的歇业与其他企业法人的歇业大体一致。造成歇业的原因可能是投资人的决定、经营不善而破产和政府强制歇业(包括被吊销业务经营许可证)。无论何种情况,旅行社作为企业歇业都应当依照有关规定进行清算,处理债权、债务和其他遗留事项,同时向旅游行政管理机关缴还业务经营许可证。

第四节 旅行社的组织结构与组织管理

一、旅行社的组织结构

1. 旅行社组织结构的概念

组织结构是指一个组织内各构成要素以及它们之间确立的相关形态,是表现企业组织各部分排列顺序、空间位置、聚焦状态、联系方式以及各要素之间相互关系的一种模式。旅行社的组织结构就是旅行社各构成部分以及部分之间的相互关系。这就是说,旅行社组织结构首先是由各个部分构成的,各部分的划分是基于旅行社的目标之上,即把要完成的任务划分和安排成几个可以管理的部分。以此而言,旅行社组织结构是指旅行社全体员工为实现旅行社经营目标而进行的分工协作,在职务范围、责任和权力方面所形成的结构体系。

旅行社组织结构是否科学、合理,对于旅行社的发展与生存起着至关重要的作用。对于各层管理人员来说,在一个结构设计良好的旅行社中工作,能保持较高的效率,并且能充分显示其才能;而在一个结构紊乱、职责不明的旅行社工作,其工作绩效就很难保持在一个较高的状态了。结果往往会因为职责不清,管理人员无所适从,而使得旅行社人员产生失望乃至不满情绪,最终则人心涣散,效率低下。

2. 旅行社的组织结构形式

(1)直线式组织结构

旅行社是一个劳动力密集型、高度专业化的企业,要使旅行社经营活动能够流畅运作,必须做好旅行社的人力资源管理。要想运用现代企业理念搞好旅行社的经营管理,首先必须科学地建立一个合理的旅行社组织结构。直线式组织结构(见图2.1)是我国旅行社传统的组织结构模式,是按照旅行社内部业务分工而进行部门设置的,这是一种首要的、最简单、最常用、最基本的组织结构形式。

图 2.1 旅行社直线式组织结构

1)直线式组织结构的特点。

直线式组织结构的优点:①它是一个合乎逻辑的和经过时间考验的方法;②它遵循了职业专业化的原则,因而简化了职业训练工作;③在人力的利用上能够显示出更高的效率;④职能专业化减轻了主管部门经理承担最终成果的责任,因而提供了在上层加强控制的手段。可见,此种组织结构形式的最大特点是管理层次少、权力高度集中统一、各部门高度专业化,有利于提高业务水平、运作效率和企业经济效益。

直线式组织结构的缺点:①不利于旅行社各部门之间的横向沟通和协调。组织结构设计应遵循协调原则,有专业化分工就需要有协调,组织结构的实质就是分工与协调的总和。直线式组织结构的职能人员往往养成了专心一意地忠于职守的态度和行为方式,各职能部门往往会强调自己部门的重要性,它们之间的"墙"是普遍存在的,容易导致各职能部门之间产生"本位主义",甚至"各自为政",职能人员的狭隘观点会破坏公司的整体性。正因为这样,职能部门之间的协调是比较困难的事情,一旦出现跨部门协调问题,必须逐级往上报,最终由部门经理,甚至总经理才能有效解决。按职能划分部门,只有总经理才能对公司的全面事务负责,在大的公司里,这样的责任放在一个人肩上是太重了。②不利于旅行社加强战略管理。由于缺乏更多的位置,使得经理人才的训练受到限制。

2)直线式组织结构的部门分工。这种直线式组织结构主要用于外部环境稳定、市场面窄、规模相对偏小、处于组织成长阶段的中小型旅行社。直线式组织结构各业务部门的分工情况如下:

• 市场部。市场部也称市场营销部,其主要业务就是根据旅游市场发展情况及把握旅游市场的前瞻性,根据旅行社的客源情况,设计本旅行社的旅游产品和销售策略,并通过一定的宣传和公关活动来拓展旅行社的客源市场。

• 外联部。外联部的业务是如何把本社的旅游产品成功地向旅游者或外地旅行社(中间商)等旅游客户推荐,主要包括入境旅游接待业务、国内异地旅游团的地接业务和当地团队(单位包价旅游团)的组团业务等。

• 计调部。计调部全称是计划调度部,是旅行社接待业务的调度核心部门,主要职责是按照计划向有关旅游企业购买相关服务组合成旅游产品,并将旅游者已购买的旅游产品(计划)具体落实,以保证旅游活动的正常进行。

• 接待部。接待部由导游人员组成,主要负责按旅游合同要求具体落实旅游团(者)已购买的旅游产品(接待计划),为旅游团(者)提供符合标准的导游和陪同服务。

• 营业部。营业部是旅行社一个重要的对外窗口,主要承担散客旅游接待业务、旅游咨询和票务销售等工作,许多旅行社还把营业部作为旅游俱乐部活动场所、旅游宣传及拓展旅游业务的阵地。

(2)区域式组织结构

直线式组织结构在中国旅行社业中长期以来一直居于主导地位,是比较传统的一种结构方式。随着我国旅游业的不断发展,在旅行社管理实践中,一些旅行社采用区域式组织结构(见图 2.2),也就是按照区域市场来进行组织机构设置,由各部门分别针对各自的目标市场开展业务,从而提高了部门的积极性。此种区域式组织结构的实质是按不同区域旅游市场划分部门,这种做法正在广泛地被各大型旅行社和旅游集团所应用,而且也越来越受到重视。在大型、复杂、拥有不同产品系列、多品种经营的旅行社里,按不同区域的旅游市场划分管理部门往往成为一种通常的准则。

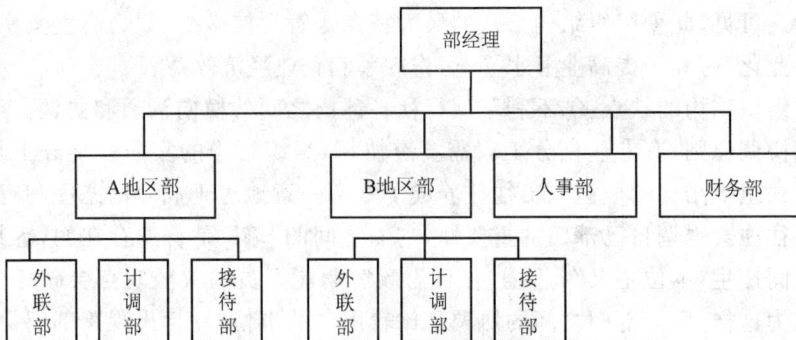

```
                        部经理
          ┌──────────┬──────────┬──────────┐
        A地区部      B地区部     人事部     财务部
     ┌────┬────┬────┐  ┌────┬────┬────┐
    外   计   接      外   计   接
    联   调   待      联   调   待
    部   部   部      部   部   部
```

图 2.2　旅行社区域式组织结构

区域式组织结构的优点是：它使得注意力及努力放在本区域旅游市场上，这对于激烈竞争的、多变的市场环境是非常重要的；按区域旅游市场划分部门，分部可以形成以利润为目标的责任中心，它承担了总公司的一部分责任，其本身也具有高度的完整性；按区域旅游市场划分部门，容易适应区域旅游市场与劳务的迅速发展与变化，任何一个区域旅游市场发展到一定程度，就可以分化出去，成为一个新的独立分部，这使得每一个分部都能保持一个适当的规模，避免部门的无限制膨胀所带来管理的复杂化；为总经理提供可测量的训练场所。

区域式组织结构的缺点是：必须有更多的人员具有总经理那样的能力，以保证各区域旅游分部的有效经营与运作；由于总部和区域旅游市场分部存在业务重复而增加运作成本的危险，使资源共享和经济的集中服务造成困难；分部拥有较大的权力，增加了旅行社总部的控制问题，由于分权及控制的不当，很可能使得旅行社的整体性受到破坏，严重时导致旅行社瓦解。

(3)混合式组织结构

有的旅行社采用混合式组织结构(见图 2.3)，此种组织结构与区域式组织结构有较大的相似性，它们最突出的不同点是每一个部都可以做同样的旅游产品而且没有地域的限制，每一个部都相当于一个"小型"的旅行社而相对独立运作，往往由于部门的经济利益(多数部门属承包性质)而造成部门之间的竞争更为激烈。每一个部都拥有较大的经营自主权，从旅游产品设计、产品宣传、产品营销及产品生产(服务)过程都有可能因部而异，以往集中大批量低价采购旅游产品的优势受到影响，同样增加了旅行社总部的控制问题，特别是一些部的短期经济行为会严重损害旅行社的良好形象及品牌。

综上所述，无论是直线式组织结构还是区域式组织结构、混合式组织结构，每一种组织结构都有其优点和缺点，在实践中均被不同类型的旅行社所选用。从现代旅游企业管理的角度来看，中小型旅行社多数会采用直线式组织结构，当旅行社发展到较大的规模时，为了提高工作效率往往选用区域式组织结构。

图 2.3　旅行社混合式组织结构

二、旅行社的组织管理

组织是有确定目标的、拥有精心设计的结构和协调的活动性系统,并且是与外界相联系的一个社会实体。从组织工作的含义看,旅行社的组织管理是从旅行社组织设计、建立并保持一种组织结构的管理系统。具体地说,旅行社的组织管理工作内容包括以下4个方面:一是根据组织目标设计和建立一套组织机构和职位系统;二是确定职权关系,从而把组织上、下、左、右联系起来;三是与管理的其他职能相结合,以保证所设计和建立的组织结构有效地运转;四是根据组织内外部要素的变化,适时地调整组织结构。

管理是指同别人在一起,或通过别人使活动完成得更有效的过程,主要包括计划、组织、人事、领导和控制等5项活动。若要提高旅行社的组织管理水平,对我国旅行社进行科学管理是必不可少的。

1. 目前我国旅行社组织实现科学管理所面临的问题

(1)国内旅行社数量发展迅猛但经营效益不理想

据 2000 年底统计,全国共有旅行社 8993 家,其中国内旅行社 7725 家。至 2003 年底统计,全国共有旅行社 13 361 家,其中国内旅行社 11 997 家。至 2005 年底统计,全国共有旅行社 16 846 家,其中国内旅行社 15 256 家。可见国内旅行社数量发展之迅猛。虽然国内旅行社数量占全国旅行社总量的 89.79%,是国际旅行社的 8.8 倍,从业人员占全国旅行社的 63.64%,国内旅游组接指标保持在占全国 60% 以上的水平,但利润总额、旅游利润同比分别减少 172.08%、174.51%,国内旅行社利润总额亏损 7802.63 万元,经营效益不理想。

多数国内旅行企业规模小、散乱差、不规范。我国所有的旅行社加起来的规模还不如国外一个大型旅行企业的 1/2。旅行社业存在的问题原因很多,如果深入到企业的经营管理机制内部去寻找,我们不能不认为,旅行社业现行的机构格局制约了旅行社生产力的发展,同海外旅行社业进行比较,存在一定的距离。加入 WTO 以后,随着市场格局的重新划分,一大批小企业将被市场淘汰,在此过程中,内地的龙头企业要发挥行业的整合作用。为了尽快全方位地与国际市场接轨,我们必须采取有力措施予以解决,努力提高行业管理水平,使之达到国际水准。

(2)旅行社内部管理薄弱且业务发展乏力

在经营管理中,旅行社内部管理薄弱,对外促销积极性不高,企业活力不够或放任不管,利益分配格局不合理,企业管理不严是造成海外拖欠款、佣金收入流入个人腰包、价格竞争过度的重要原因,从而造成旅行社业务增长不快,甚至下降,这对旅行社的长期发展将带来严重的影响。根据 2003 年度 13 361 家旅行社填报的有效数据统计,本年度全国旅行社营业收入 652.78 亿元,同比减少 8.13%;旅游业务收入 620.02 亿元,同比减少 8.57%;利润总额 2014.6 万元,同比减少 101.70%;旅游业务利润为 2126.99 万元,同比减少 98.16%;实缴税金为 6.66 亿元,同比减少 16.21%;结汇 3.44 亿美元,同比减少 60.63%;全年促销费支出 3.72 亿元,同比减少 11.02%。

(3)承包经营的组织管理模式带来的危害不可轻视

旅行社部门承包经营是近年来旅游界争议最大的一种旅行社组织管理模式。其特点是,旅行社将其某一个部门承包给个人,由其逐年向旅行社交一笔承包费,其余的不管是赔还是赚,一概是承包人的事。承包人可以用旅行社的名义独立开展业务经营活动。一般都设有自己独立的账号,可使用旅行社的印信,在财务、计划调度、外联接待,甚至人事管理等方面都是独立的。提出承包的候选人大多是长期从事旅行业务,并有一定组织能力的人,有的就是原来部门的负责人。中标者必须以其承包金额超过他人为前提条件。实行承包后,承包人除了通过交承包费给旅行社外,与旅行社没有多少联系。所以,承包人实际上就是租用了旅行社的牌子(利用旅行社的名称及品牌)来开展旅游业务经营活动,实质是旅行社有偿转让了业务经营权,而原有的旅行社却蜕变成为多家个体旅行社的集合体。因为国家旅游局明令禁止承包,所以没有旅行社承认本企业搞的是承包。虽然旅行社对承包部门制定了一些指标,但实际上承包的部门不会将超额完成的部分用于分成,再加上企业不对承包的部门承担更多的义务,不能掌握承包部门运作的重要环节,这就是事实上的承包。这种名义上是承包,实质上是转让旅行社经营权的组织管理模式,在短期内可能会有一定收益,但其危害性已显端倪。对企业来说一是丧失管理权,败坏企业形象;二是承担严重的法律、行政和纪律责任;三是瓦解了企业内部的凝聚力。而作为承包者,大多是想利用旅行社的牌子获取短期效益,即在承包期内获取最大利润。而在承包期间经常出现的有损企业形象、损害旅游者权益的言行,旅行社却缺乏有效的监督与控制。所以,这种管理模式对企业、行业、消费者及国家声誉均带来不利影响。

(4)企业利润最大化的追求与旅游者权益保障之间的矛盾亟待解决

在实行新机制的企业,由于企业利益与职工个人利益更加紧密地挂钩,在法制尚不健全的情况下,可能更容易产生偷税漏税、恶性"宰客"、服务质量低劣、恶性削价竞争等问题;部分旅行社为取得更大效益实行多种经营,忙于铺摊子、占地盘,忽略旅行服务主业;一些旅游行政管理部门重视管理企业进入市场的机制,但对企业在市场运作中的监控力度不够,市场引导和建设的措施也显不足,旅游市场出现群龙无首、各自为政、一盘散沙的现象。这些皆因旅游企业利润最大化的追求与旅游者权益保障之间的矛盾突出,是旅行社业在发展过程中所面临的问题之一。

2. 实现旅行社业科学管理的途径

(1)重心转向市场行为监督

市场经济的本质是竞争型经济。随着旅游市场竞争的日趋激烈,出现了不同程度的有损旅游者权益的不良现象,因而在旅游行业的管理中,规范旅游市场运行规则的问题已日益突出。旅游企业应由上到下、由点到面,用法规、规章取代单一的行政命令,依靠法律手段进行市场行为的管理和监督。旅游管理部门对旅游企业的管理,要充分运用年检、信用、统计、市场秩序检查、财务状况抽查等管理手段,作为旅游管理部门了解、掌握和调控旅游市场的重要杠杆和工具,促使各企业理顺好企业利润最大化的追求与旅游者权益保障之间的关系,理顺好企业之间争夺市场与遵守市场竞争规则之间的关系。

(2)建立旅行社质量认证制度

为了确保旅行社产品质量可靠,保证消费者的利益,减少购买产品的盲目性,对旅行社的产品实行质量认证制度是很有必要的。对旅行社的质量认证,必须以服务质量为主要标准,同时考虑旅行社的资金拥有量、业务经营规模、经营业绩和顾客、业界以及金融、保险、交通等有关方面的评价。这些方面既是旅行社产品质量的客观反映,也是旅行社产品质量的基础和条件。所以,只有结合实力和信誉等条件来进行考核,才能更科学、更合理地反映企业的质量差别,让消费者有辨识信誉度高、服务质量好的旅行社的依据,也以此督促旅行社的从业者在追求企业利润最大化的同时确保服务质量,从而营造出优胜劣汰、生机勃勃的市场氛围。对于旅行社来说,建立质量认证制度,既是对旅行社的质量管理的一种认可,也是一种约束;而对消费者的权益来说则是有力的保障。

(3)加强科学管理是旅行社内部管理的关键

旅行社应重视培育和形成科学管理意识、市场经济意识和质量意识,不能仅仅满足于做好外联和接待工作,在观念意识层次上,要彻底地摈弃旧的计划经济观念,使企业内部形成参与竞争、敢于竞争、善于竞争的意识。企业是社会经济的一个细胞,企业活动应围绕创造利润,为社会增加价值,并实现其社会责任来开展。因而,长期利益目标是旅行社不懈努力的方向。面对旅行社业内部管理上存在的一系列问题和差距,旅行社需要通过确立市场经济观念,改革企业机制和培养造就一个广泛的经营管理者阶层,形成或引进科学管理观念及管理技术,才有可能取得实质性的进展。

(4)加快改革旅行社企业机制的步伐

深化旅行社机制的改革,实行投资主体多元化,企业组织形式多元化,将旅行社企业改为公司制,按照有限公司、股份有限公司的方式重组,逐步在全国推广资产有机联系的旅行社企业集团,或允许大企业实行兼并,企业相互持股、控股、投资,可跨地收购企业,实行经营网络化,形成大的集团公司。产权改革的中心目标是要创建以国有资产为主导的混合型所有制,以法人财产权为标志的企业本位运作机制,以上市公司和股份公司为核心的趋向国际规范的行业或产业结构,这也就是现代企业制度的基本框架,改革的重点应放在国际旅行社,目标是通过市场化来做大、做强国际旅行社。应通过对国际旅行社的改革,促进企业成为有活力的、追求经济效益的、有社会与经济责任感的经济实体。

第五节　旅行社的行业组织

一、旅行社行业组织的概念及特征

旅行社的行业组织又称行业协会,是指旅行社为实现本行业的共同利益和共同目标,在自愿加入的基础上组成的民间组织。它具有以下几个方面的特征:

1)旅行社行业组织是民间性组织,而非官方机构或行政组织。

2)旅行社行业组织是旅行社为实现单个企业无力达到的目标而组成的共同利益集团。

3)旅行社是否加入行业组织完全出于自愿,而且可以随时自愿退出。

行业组织是任何一个行业都不可忽视的力量,旅行社的经营管理人员应具备有关行业组织的基本知识。

二、旅行社行业组织的结构形式

旅行社行业组织一般采取直线式的组织结构形式,具体结构设置如图 2.4 所示。作为民间团体,旅行社行业协会的经资主要来自成员的会费。政府拨款或各种捐助不是协会经常性的经费来源。旅行社行业组织的章程应符合国家有关的法律和政策,其解释权在协会理事会。

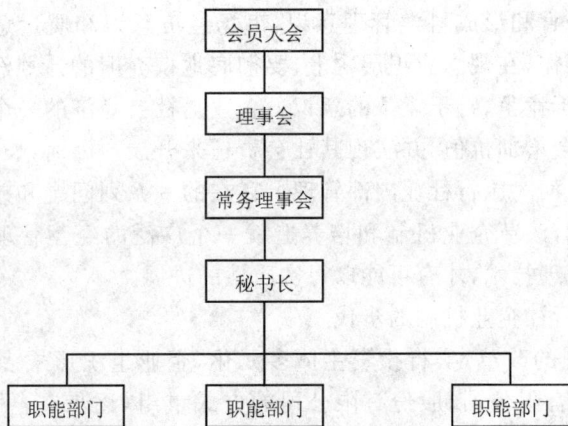

图 2.4　旅行社行业协会组织结构

三、旅行社的国际性旅游组织

1. 世界旅游组织

世界旅游组织(UNWTO)是目前世界上唯一全面涉及旅游事务的全球性政府间旅游组织。其前身是 1947 年成立的国际官方旅游组织联盟(IUOTO),1975 年 1 月 2 日正式改用现名,总部设在西班牙的马德里。

世界旅游组织的宗旨是:通过推动和发展旅游,促进各国经济发展和繁荣,增进国际间的相互了解和维护世界和平。世界旅游组织每年提出一个口号。

我国于1983年加入世界旅游组织。

2．世界旅行社协会

世界旅行社协会(WATA)经瑞士法律批准,于1949年正式成立,总部设在日内瓦。

世界旅行社协会是一个由私人旅行社组织而成的世界性非营利组织,其宗旨是将各国可靠的旅行社建成一个世界性的协作网络。协会每年召开一次地区性会议,讨论地区问题、协调地区活动,并在一个或两个同一语种的国家内任命一名副总裁,负责协调各会员国的活动,包括组团、合作促销、各国文件的提供等。

3．世界旅行社协会联合会

世界旅行社协会联合会(UFTAA)于1996年11月22日成立于意大利的罗马,它由1919年在巴黎成立的欧洲旅行社组织和1964年在纽约成立的美洲旅行社组织合并而成,总部设在比利时的布鲁塞尔。

中国旅游协会于1995年正式加入该组织。

世界旅行社协会联合会是一个专业性和技术性的组织。该会是世界上最大的民间性国际旅游组织之一。其会员是世界各国的全国性旅游协会。每个国家只能有一个全国性的旅游协会代表该国参加。联合会的组织机构包括全体大会、理事会、执行委员会和总秘书处。主要活动为每年一次的世界旅行代理商大会,并出版月刊《世界旅行社协会联合会信使报》。

4．太平洋亚洲旅游协会

太平洋亚洲旅游协会(PATA)是一个地区性的非政府组织。成立于1951年,原名为太平洋地区旅游协会。1986年起改为现名。其总部设在美国旧金山市,此外还设有两个分部:一个设在菲律宾的马尼拉,分管该协会东亚地区事务;另一个设在澳大利亚的悉尼,分管该协会南太平洋地区事务。

该组织的宗旨是:发展、促进和便利世界其他地区的旅客前来太平洋地区各国旅游以及太平洋地区各国居民在本地区内开展国际旅游。

我国于1993年加入该协会。

太平洋亚洲旅游协会每年召开一次年会,并举办旅游交易会。

案 例

中国某旅行社总社的组织构架

职能部门:总办(党办)、人力资源部、财务部、审计部、市场推广部、奥运服务中心业务部门:美洲部、日本部、欧洲一部、欧洲二部、欧洲三部、亚非部、西语部、专项旅游部、入境旅游总部、出境旅游总部、国内游总部、商务会展及奖励旅游总部、门市经营中心、电子商务中心、采购中心、企管总部。

试分析这种组织构架的优缺点。

思考与练习

1. 什么是质量保证金?
2. 不属于旅行社质量保证金赔偿的情形有哪些?
3. 设立国际旅行社的基本条件有哪些?
4. 设立国内旅行社的基本条件有哪些?
5. 设立中外合资旅行社的基本条件有哪些?
6. 旅行社设立的基本程序是什么?
7. 旅行社在申请营业许可时需要提交的文件有哪些?
8. 简要说明旅行社行业组织的性质。
9. 旅行社的国际性旅游组织有哪些?

第三章 旅行社的产品开发设计管理

学习目标

1. 了解旅行社新产品的构成及特点
2. 掌握旅行社产品的开发与设计
3. 掌握旅行社产品的定价策略
4. 了解旅行社产品的质量要求

旅行社的经营业务始于旅行社产品的开发。通过旅游客源市场的调查研究,旅行社对旅游市场的需求进行预测,并据此设计出各种适应目标市场需求的旅游产品,用以招徕旅游者。旅行社只有开发出适合旅游市场需求的产品,其经营活动才能持续下去,并获得维持自身生存和促进自身发展所必需的经济收益。

第一节 旅行社产品的构成及特点

一、旅行社产品的内涵

旅行社产品是指旅行社为满足旅游者在旅游过程中的需要而向旅游者提供的各种有偿服务。它是由实物和服务综合构成,是向旅游者销售的旅游项目,其特征是服务成为产品构成的主体。其具体展示主要有旅游线路、旅游活动、食宿和单项服务等。

旅行社产品的内涵包括以下 3 个方面:

1)旅行社生产和服务的目的在于满足旅游者旅游过程中食、住、行、游、购、娱等多方面的需求。

2)旅行社产品的形态是服务,而非物质产品。即使旅游者在使用产品过程中消费物质产品,也不过是旅行社用于达到服务目的的工具,其产品的核心和灵魂仍然是服务。

3)旅行社提供的各种服务是有偿的。

二、旅行社产品的构成

旅行社产品不同于一般的物质产品,它是一种以无形服务为主体内容的特殊产品,它是由食、住、行、游、购、娱各种要素构成的"组合产品"。旅行社产品的生产者都是从这一构成出发,去从事旅行社产品的生产的。因此,我们应该认真研究构成旅行社产品的诸多因素。

1. 旅游交通

旅游交通作为旅游业三大支柱之一,是构成旅行社产品的重要因素。实际上,旅游的发展是伴随着交通的发展而发展起来的。可以说,没有现代化的交通,就没有现代化的旅游。在旅游中,如果旅游交通不能保证供应价格合理、舒适、安全、快速准时的优质服务,就会影响旅行社产品的质量,制约旅行社的发展。

旅游交通可分为长途交通和短途交通,前者指城市间交通(区间交通),后者指市内接送(区内交通)。交通工具有:民航客机、旅客列车、客运巴士、轮船(或游船、游轮)。旅行社对安排旅游交通方式的原则是:便利、安全、快速、舒适、价平。

2. 旅游住宿

住宿一般占旅游者旅游时间的1/3。同时,在住宿地还可以进行娱乐、文体等方面的活动。因此,旅游者对住宿的满意程度也是关系旅行社产品信誉的重要一环。旅游住宿是涉及旅行社产品质量的重要因素,销售旅行社产品时,必须注明下榻饭店的名称、地点、档次以及提供的服务项目等,一经确定,不能随便更改,更不可降低档次、改变服务项目。

旅游住宿包括旅游宾馆饭店、度假村(山庄)、招待所、家庭旅馆、青年旅舍、大众旅社、疗养院、出租公寓等。其中,旅游宾馆饭店又可分为星级和非星级。一般来说,只要旅游者旅游行程天数中有过夜的,旅行社就必须为其安排住宿。旅行社对安排旅游住宿的原则通常是根据旅游者的消费水平来确定的,对普通旅游者而言就是:卫生整洁、经济实惠、服务周到、美观舒适、位置便利。

3. 旅游餐饮

旅游餐饮是旅行社产品不可缺少的要素之一,也是旅游者重要的需求内容。尤其是驰名的风味餐,更是成为旅游者的主要追求目标,很多旅游团都会安排一次风味餐,甚至有的旅游团就是为了风味餐而成团的。即使是短途的"一日游"产品中,也包含有用餐项目。许多旅行社产品中还特别安排了品尝风味餐项目,更能加深旅游者对旅游目的地的了解,促进和提高游兴。同时,对于旅行社产品的信誉和形象来说,旅游者对餐饮安排的满意程度也是非常重要的。但对不包餐饮的旅游团,旅游餐饮的满意与否则取决于旅游者自己的选择。不过,旅游者还是要寻求最佳的美食。

旅行社对安排餐饮的原则是:卫生、新鲜、味美、量足、价廉、营养、荤素搭配适宜等。

4. 游览观光

游览观光是旅游者最主要的旅游动机,是旅行社产品产生吸引力的根本来源,也反映了旅游目的地的品牌与形象。由于游览观光是旅行社产品的核心内容,所以必须充分重视游览观光的质量。

旅行社对安排游览观光的原则是:资源品位高、环境氛围好、游览设施齐全、可进入性好、安全保障强等。

5. 娱乐项目

娱乐项目是旅行社产品构成的基本要素,也是现代旅游的主体。只有娱乐项目的多样化、知识化、趣味化、新颖化,才能广泛地吸引各类旅游者。娱乐项目包括歌舞、戏曲、杂技、民间艺术及其他趣味性、消遣性的民俗活动。许多娱乐项目都是参与性很强的活动,能极大地促进旅游者游兴的保持与提高,加深旅游者对旅游目的地的认识。

6. 购物项目

旅游者在旅游过程中适当购买一些商品、风土特产、工艺美术品,以自用、做纪念或馈赠亲友,是旅游活动中的一项重要内容。

旅行社对安排购物的原则是:购物次数要适当(不能太多),购物时间要合理(不能太长);要选择服务态度好、物美价廉的购物场所,切忌选择那些服务态度差(如强迫交易)、伪劣商品充斥的购物场所。旅游产品中的购物项目分为定点购物和自由购物两种,前者是旅游者到旅行社指定的商店购物,后者是旅游者利用自由活动时间自己选择商店购物。

7. 导游服务

旅行社为旅游者提供导游服务是旅行社产品的本质要求,大部分旅行社产品中都含有导游服务。导游服务包括地陪、全陪、景陪和领队服务,主要是提供翻译、向导、讲解和相关服务。导游服务必须符合国家和行业的有关标准及有关法规,并严格按组团合同的约定提供服务。

8. 旅游保险

旅行社提供旅游产品时,必须向保险公司投保旅行社责任保险,保险的赔偿范围是由于旅行社的责任致使旅游者在旅游过程中发生人身和财产意外事故而引起的赔偿。

9. 其他服务

其他服务包括交通票务服务、订房服务、签证服务等委托代办业务,它们是旅行社产品的必要补充,也是旅行社开展散客业务的重要组成部分。

以上各种要素的有机结合,构成了旅行社产品的重要内容。旅行社产品是一个完整、科学的组合概念,完美的旅行社产品是通过最完美的组合而形成的。

三、旅行社产品的特点

旅行社产品既具有服务的共同属性,又存在自己的显著特点,这主要集中在以下几点:

1．旅行社产品的综合性

综合性是旅行社产品的最基本特性。这种综合性体现在其产品本身是由旅游交通、住宿、餐饮、景点、线路、娱乐、购物、服务等多项服务组成的混合性产品。这些产品又涉及众多的部门和行业，既有直接为旅游者提供产品和服务的部门和行业，也有间接为旅游者提供产品和服务的部门和行业。

2．旅行社产品的文化性

"文化是旅游之魂，特色是旅游之基。"许多旅游研究者在分析旅游者出游的动机时都指出："旅游是旅游者暂离单调的、熟悉的生活，而去体验异域文化的一种需要。"所以，旅游活动就是旅游者为满足其精神文化需求的活动。通过旅游活动，旅游者可以获得各种知识和精神文化的感受。旅行社要努力设计出富于民族性和趣味性的活动项目。

3．旅行社产品的脆弱性

脆弱性也称为敏感性，由于旅行社产品的综合性，它涉及众多的部门和行业，而这些部门和行业中任意一个部门和行业发生变化，都会直接或间接地影响到旅行社产品生产和消费的顺利实现。另外，旅游活动还涉及诸如战争、政治动乱、国际关系、经济状况、汇率变化和自然灾害等社会及自然因素，它们的任何变化都会引起旅游需求的变化，并由此深刻影响着旅行社产品的生产和消费。但要指出的是，尽管旅行社产品较为脆弱，但旅游活动的发展始终是不可抵挡的趋势。

4．旅行社产品生产和消费的同步性

旅行社产品一般都是在旅游者亲自参与下生产的，旅行社提供产品的同时，消费者也在消费。服务活动的完成需要生产者（旅行社）和消费者（旅游者）双方的共同参与。从这个意义上讲，旅行社产品的生产和消费是同时发生的，并且是在同一地点同时发生的。在同一时间内，旅游者使用旅行社产品的过程，也就是旅行社生产和交付产品的过程。

5．旅行社产品的公共性

旅行社产品的公共性是指旅行社产品不具专利性、排他性，一旦其产品推向市场，其他旅行社可竞相效仿，无条件受益。造成旅行社产品公共性的原因是：①旅行社产品的核心因素——旅游吸引物，多属国家所有，其他旅行社都可经营；②旅行社产品的其他构成要素几乎对所有旅行社来说都不具有垄断性，如交通工具，交通运输部门既可以卖给此旅行社，也可以卖给彼旅行社。

6．旅行社产品的无形性

无形性也称为不可感知性，旅行社产品的无形性可从两个方面理解：一是旅行社的产品主体部分是服务产品，在旅游消费者购买前表现为无形无质，让人无法真切地意识到它的存在；二是在销售过程中,旅行社产品不会导致某些实物所有权的转移,并且也不会导致产品实物形态的改变。因此,从某种意义上讲,旅游者购买旅行社产品,实际是购买了一种"梦想",而旅行社出售产品,则是在出售"承诺"。

7. 旅行社产品的差异性

服务产品往往没有界定的标准,可变化的因素比较大。这种变化因人而异、因环境而异、因服务提供者当时的心情而异。例如,同样的一个导游,相同的导游服务,但在同一团队不同旅游者的评价就可能不一样,而不同旅游团队的评价可能大相径庭。旅行社虽然有一整套导游服务规范,但是,在执行过程中,这样的规范会有很大的弹性。一个优秀的导游所提供的服务一般来说要好于一个刚出校门的导游；一个经过休整的导游所提供的服务必然比一个疲惫的导游所提供的服务要好。

8. 旅行社产品的时间性

旅游者购买旅行社产品后,旅行社只是在规定的时间内交付有关产品的使用权。一旦买方未能按时使用,它便需重新购买并承担因不能按时使用而给卖方带来的损失。对旅行社来讲,旅行社产品的效用是不能积存起来留待日后出售的。随着时间的推移,其价值将自然消失,并且永远不复存在。当新的一天来临时,它将表现新的价值。如旅游线路,今天没有出售,就失去了今天的价值；明天未能出售,就会失去明天的价值。所以,旅行社产品的效用和价值不仅附着在地点上,而且附着在时间上。因此,旅行社产品突出地表现有不可耐久的特点,即旅行社产品只要有一天闲置,所造成的损失将永远无法弥补。为此,旅行社必须千方百计地提高产品的使用率。

9. 旅行社产品的不可转移性

一方面,旅行社产品进入流通领域后,其商品仍固定在原来的方位上,旅游者只能到旅行社产品的生产所在地进行消费；另一方面,旅游者在购买旅行社产品后,这种买卖交易并不发生所有权的转移,而只是使用权的转移,换言之,只是准许买方在某一特定的时间和地点得到或使用有关的服务,所以,旅游者所获得的主要是一种感受和经历。

第二节　旅行社产品的开发与设计

在人们对生活方式、生活质量的追求越来越高的今天,对于任何一个企业经营者来说,不断开发新产品已成为企业发展至关重要的手段和企业生存活力的重要标志之一。旅行社作为企业当然也不例外。旅行社新产品包含三类:第一类是完全新产品,指市场上不曾有过的产品,是完全创新的旅游产品,如美国宇航企业把亿万富翁蒂托送到太空去旅游,从而创造了太空旅游产品,它就属于完全新产品；第二类是革新型产品或者称之为改良型产品,顾名思义就是产品原本已经存在,只是在产品的内容或服务上做了一些改进或变动的产品;第三类是市场新产品,指产品已经存在,只是开辟了新的销售领域,它对新市场来说是一种全新的产品。

一、旅游线路类型

对于旅行社来说,旅游产品更多地表现为旅游线路。旅游线路包含了旅游者从离家出门旅游到旅游活动结束的整个旅游过程中的全部需求,即食、住、行、游、购、娱等各个方面。旅游线路是旅行社根据旅游消费者的需求,将一定区域范围内的旅游吸引物、旅游交通、旅游食宿等多项旅游产品,按照一定的目的、主题与方式联系起来而形成的一种综合产品。旅游线路的设计过程是一个分析市场需求,选择、采购、组合、优化各种旅游产品的过程。旅游线路设计水平的高低直接关系到促销销售的结果。因此,在一些比较大的旅行社往往专门成立了产品设计中心。

在旅游线路的构成中,旅游目的地或旅游吸引物(城市、景区、景点等)和城市间的转移以及旅游者住宿的饭店是旅游者最为关心的。旅游目的地(城市、景区、景点等)通常被称为构成线路的节点。如果说整条旅游线路是一条珠链,则节点是珠链上的粒粒明珠。它反映的是旅游线路的核心内容,体现了旅游线路的等级、类型、特色,表达的是旅游产品的主题,是产品的精华所在。如南京—无锡—苏州—上海—杭州这一旅游线路,其中,南京、无锡、苏州、上海、杭州就是这一条线路的节点。城市间的转移是指旅游者由这一节点到另一节点采用的交通方式,如由南京到无锡常采用汽车或火车作为转移的交通工具。广州到北京就比较多地采用飞机作为转移的交通工具。旅游者住宿的饭店是旅游者在旅游期间在目的地的临时的一个"家",它的等级、所处位置、交通等是旅游者比较关心的。

由于划分方法不一样,旅游线路的类型也就有多种。

1. 以旅游线路的起止特征为标准划分

以旅游线路的起止特征为标准划分,有流线形、环形、辐射形3种形式。流线形旅游线路只有一个起点,一个终点,旅游活动从起点开始,至终点结束,如北京—西安—上海—桂林—香港的旅游线路,以北京为起点,香港为终点。环形旅游线路从起点到终点是一个环型,起点即终点,如广州—桂林—西安—北京—南京—苏州—杭州—广州的这条旅游线路。在环形旅游线路中有一个节点(经常是出入境口岸城市或一个区域的交通枢纽城市)往往需要二进二出。辐射形旅游线以一地为起点,而终点有多个选择,因而其旅游线路也有多条可供选择,如北京—南京—无锡—苏州—上海,北京—上海—西安,北京—西安—桂林—广州这3条线路都以北京为起点,旅游路线不一样,终点也不同,这样的旅游线路即为辐射型旅游线。

2. 以旅游活动的天数为标准划分

从时间上来说,旅游线路有一日游、二日游、三日游、四日游、多日游等。用这种方式划分旅游线路在我国的国内游中是比较普遍的。其优点是旅游者一眼便可看出所需旅游时间的长短。对于旅行社来说,可根据时间长短来安排旅游内容,并且比较容易确定价格。从我国旅行社现行的操作情况来看,它的缺点是对旅游主题的表述往往不明确,体现不出旅游线路的特色。如北京、天津包机六日游,昆明、大理、丽江八日游等,旅游消费者很难从其中看出产品的主题。

3. 以旅游线路的等级来划分

旅游资源、旅游设施、旅游服务是有等级区分的,如旅游城市就有热、温、冷的差别,旅游景区(景点)有 AAAAA、AAAA、AAA、AA、A 的区别,饭店也有五星、四星、三星等的区别,既然如此,由此构成的旅游线路也就有了等级之分。这种级别最直接的体现是在价格上,即往往以价格的高低来表示。级别高则价格就高,反之则低。在旅游行业中,按价格高低,一般把旅游线路的等级分为 3 个级别,即豪华、标准和经济。

二、旅行社产品设计的原则

1. 市场原则

旅行社产品发生交易离不开 3 个主要因素,即适销对路的产品、合理的价格和质量的保证。其中,产品的适销对路就是市场原则。市场原则要求旅行社在开发新产品前,一定要对市场进行充分的调查研究,预测市场需求的趋势和需求的数量,分析旅游者的旅游动机,然后再做产品的开发和设计。在进行产品的开发和设计过程中,旅行社一定要杜绝闭门造车、想当然的现象。

旅行社产品开发和设计的市场原则具体体现在以下两个方面:

(1)根据旅游者普遍的消费特征开发设计产品

从市场细分的角度来说,虽然旅游者的需求千差万别、千变万化,但一个消费群体总有其一些共同的需求特征。对于产品设计者来说,设计产品时,以下因素是应该考虑的:

1)目的地"新、奇、特",旅游者未曾到过。

2)目的地能使旅游者放松身心,从日常的紧张生活中求得短暂的解脱。

3)尽量有效地利用时间而又不太劳累。

4)物美价廉。

如以学生市场为例,从我国的独生子女政策以及由此引发的社会对独生子女的关爱角度为基点出发,结合学生的经济来源以及学生的年龄特征等因素,旅行社在开发学生旅游产品时,就必须注意 3 个方面:安全性、经济性、主题性,这三点也正是学生市场的消费特征。

(2)根据旅游者或中间商的要求开发产品

根据市场营销学的观点,在卖方市场转变为买方市场的供需背景下,产品的生产必须以消费者为中心。旅行社产品的消费者是旅游者,他们是产品、企业的上帝。因此,旅行社必须根据他们的需求来设计、开发产品,一句话,"市场需要什么,就生产什么"。而且,对于拥有众多营业网点、销售点的大旅行社来说,根据他们提供的信息来设计产品,也往往是行之有效的。

2. 经济原则

经济是指以相对低的消耗获得相对高的效益。在竞争日趋激烈的市场中,产品获利不是一件很容易的事,产品设计必须考虑成本核算。降低成本支出最主要的是加强采购,建立完整的经济供应链。如在我国目前航空市场供应过剩的情况下,同一个目的地要选择哪一家航空公司、哪一个航班就很值得业务人员去研究。

3. 节点合理原则

旅行社在设计旅游线路时,应慎重选择构成旅游线路的各个旅游节点,并对之进行科学的优化组合。具体地讲,在旅游线路设计过程中应注意以下几点:

(1)不走回头路

重复同一旅游点,一是造成时间、金钱上的浪费;二是使旅游者满足效应递减,降低了旅游者猎奇心理的程度。因此,不是迫不得已,一般都应避免重复经过同一旅游点。

(2)择点适量(目的地数量)

就国内旅游来说,5天以内的行程应是中短距离旅游,而时间多于5天的应属长距离旅游。鉴于国内旅游市场目前的消费特征,在设计产品时,对旅游节点的选择必须适量,以降低价格,并使旅游者真正领会轻松旅游的乐趣。

(3)点间距离适中

旅游点间的距离太远,既增加了旅游者的金钱支出,造成产品价格的提高,同时也令旅游者舟车劳顿,降低产品的吸引力。一般来说,城市间交通耗费的时间不能超过全部旅程时间的1/3。

(4)特色各异

在产品设计过程中,产品设计人员除了应该把各旅游节点最亮丽、精彩之处组合其中外,还必须注意发掘每个节点的特色。

(5)顺序科学

"顺序"包含两个方面的含义,即空间顺序和时间顺序。大多数的线路是以空间顺序为其根本指导的。如"福建主要城市游",就基本上按照由福州—泉州—石狮—厦门自北向南的顺序展开。这种以空间为顺序的安排方式有利于降低成本。

随着旅游线路主题性要求的提高,在国外,一些旅游企业推出了以时间为核心顺序的线路。例如,以建筑文化为主题的旅游线路,选择的是各个历史时期有代表性的建筑,用历史发展的过程为顺序进行组织。虽然这样的线路主要针对文化层次较高的旅游者,但对旅游者来说,满足了他们希望通过旅游对某一个自己感兴趣的问题有一个全面了解的愿望。我国目前还没有这样的线路产品。

从顺序考虑,对于线路中热点、温点、冷点通常是以两种方式处理的,第一,起始点和终结点往往选择较热的点,而中间的节点则由各种类型的点交错组织;第二,由一般的旅游点过渡到吸引力较大的点,使旅游者感觉到高潮迭起。例如,对国际旅游者而言,广州—桂林—上海—西安—北京一线的组合便优于其逆向组合。当今的旅游者越来越追求休闲,还应注意线路活动不能安排得太满,不要让旅游者太劳累。要有松有弛,而非走马观花,疲于奔命。总之,应通过热点、温点、冷点的调整和各种方式活动内容的比例搭配,增强线路的节奏感。

(6)在有限的时间内多游些景点

这个要求实现的前提是不增加旅游者额外的旅行负担,不减少对主要目的地的游览时间。它以延长实质游览时间为实现该目标的手段。

(7)行程最短

行程最短意味着节点之间的交通时间缩短,也即降低了成本,而这对提高旅游者的满意度是大有裨益的。

4. 主题鲜明、内容丰富原则

写文章要有主题,设计旅游线路也要有主题。可以这样说,旅游线路的主题有时候就是营销者观点的体现,是市场定位的体现。旅游线路主题的确定有两种方法:一种是根据内容来提炼主题;另一种是先确定一个主题,然后根据主题去"发掘"并组合相关内容。如浙江温州民营经济非常发达,旅行社就把一些规模较大的生产日用品的民营企业和温州的山水人文旅游景点组合起来,开发出了"温州民营经济探密游"的旅游产品,又如主题是"中国美食文化旅游"的产品,就可以设计成多条线路。

5. 服务设施确有保障原则

客源地城市到游览目的地之间的交通、目的地的住宿与餐饮等都是旅游者极为关心的敏感问题。交通的衡量标准是:进得去,出得来,散得开,并且要有较大把握的安全保障。市内用交通工具要求舒适、快捷。住宿、餐饮也一定要满足顾客基本的要求。由此,在设计路线时,就要把虽具很大潜力但目前不具备基本要求的景点、景区排除在常规线路之外。如几年前,有一家旅行社推出云南昆明、大理、丽江、中甸的线路,但因为当时从丽江到中甸的交通不畅,其结果是在旅游结束后,不少旅游消费者身心疲惫,有的旅游消费者还为此把组团旅行社告到当地的旅游质量监督管理所。

三、产品生命周期

任何事物都存在着一个由兴盛到衰落的发展过程,旅游产品也是如此,产品生命周期是指产品从试制成功,经过批发生产投放市场至市场饱和到最后被淘汰出局的全部变化过程。

1. 产品生命周期阶段和策略

从实用的观点来看,旅行社产品的生命周期一般可分为初创期、发展期、成熟期、衰退期 4 个阶段。

(1)初创期

初创期也称引入期。由于旅游产品尚处于开发阶段,处于试销阶段,因此,产品还不甚完美。旅游消费者对产品的了解比较少,产品在市场上也没有什么知名度,只有少数消费者购买使用。对于旅行社来说,它是投入阶段。这一时期产品的市场特征是:成本大,产量低;销量少,渠道少;促销成本高,销售成本大;竞争者少,企业风险大。

(2)发展期

发展期也叫成长期。产品逐渐为广大旅游消费者熟悉,旅游消费者大大增加。对于旅行社来说,产品基本定型,服务日趋规范,经营技术日臻完善,生产成本大幅降低,旅行社开始产生利润。这一时期产品的市场特征是:产品知名度提高,销售量明显增长;产品销售渠道越来越多;产品竞争加剧,假冒伪劣产品出现。

(3)成熟期

产品销售进入稳定阶段,成本降至最低点,利润相对稳定,销售量缓慢增长,产品在市场中趋于平稳,处于基本饱和状态。这一时期的市场特征是:产品销量呈下降趋势,竞争者增多,竞争程度更趋激烈。

(4)衰退期

由于产品在市场上存在时间较长,旅游消费者对其渐渐失去兴趣,由此造成购买量大幅下降,企业利润越来越薄,甚至无利可图。这一时期的市场特征是:产品价格不得不以低于成本的价格出售;各种促销的手段效果不明显;竞争者变少,竞争程度趋于平缓;企业获利减少。

对于旅行社来说,当产品处于不同阶段时,应分别采取不同的对策。

旅行社在初创期应该采取的主要策略是:加强广告的力度,努力拓展产品的知名度。以优惠的措施给予中间商一系列好处,营造一个良好的营销网络,为产品的进一步发展打下基础。质量第一,服务第一,以这两者作为竞争制胜的法宝。

旅行社在发展期应该采取的主要策略是:格外注重维护产品的质量,发展并不断完善旅游产品。降低产品成本,调整产品价格,以增加产品的市场竞争能力。塑造产品形象,在品牌上下功夫。对市场进行进一步的细分,开发潜在的需求,扩大产品的市场占有率。这一时期的经营重点是通过各种手段竭力扩大市场占有率。

旅行社在成熟期应该采取的主要策略是:把经营重点放在稳固原来的客源市场上,同时致力于开辟新的客源市场。不断改进产品质量,增加新的服务内容;不断改进现有产品,推出新的产品;适当降低产品价格,疏通销售渠道。

旅行社在衰退期应该采取的主要策略是:致力于提高效率,降低产品成本。抓住竞争者退出的有利时机,重点做好销售工作。努力延长产品的市场寿命,使产品形成一个新的发展期或成熟期。

2. 新产品开发的过程

产品生命周期理论要求旅行社不断开发新产品。一般而言,当一种产品投放市场时,企业就应当着手设计新产品,使企业在任何时期都有不同的产品处在周期的各个阶段,从而保证旅行社盈利的稳定增长。开发新产品是维护企业生存与长期发展的重要保证。

新产品开发过程由 8 个阶段构成,即寻求创意、甄别创意、形成产品的概念、制定市场营销战略、营业分析、产品开发、市场试销、新产品形成并上市。

（1）寻求创意

新产品开发过程是从寻求创意开始的。创意就是开发新产品的设想。虽然并不是所有的设想或创意都可变成产品,但寻求尽可能多的创意却可为开发新产品提供更多的机会。因此,企业都非常重视创意的发掘。旅行社新产品创意的主要途径有:

1）投诉问题分析法。旅游消费者是产品信息的最好来源,而产品若被旅游者投诉或不满则说明了产品肯定存在着问题,需要改进。分析这些投诉或不满,经过综合整理,最后就可转化为创意。例如,某年国庆节期间,一家旅行社推出北京双飞四日游产品。在促销期间,一些旅游消费者要求旅行社在行程中增加观看天安门升国旗的项目。产品设计部人员经过进一步调查后,采纳了这个建议。结果,产品受到了旅游消费者的高度认同。

2）内部人员会议法。召集旅行社相关人员,如导游、组团部工作人员等围绕某个问题,各抒己见,从中激发灵感,激发创意。

3）旅游中间代理商提供法。旅游中间商、代理商与旅游消费者直接接触,他们最了解旅游消费者的行为与心理,同时对竞争对手的经营也比较了解,源于他们的创意往往是最佳的。

4）"头脑风暴"法。头脑风暴法就是把不同岗位、不同职务、不同部门甚至完全不相关的行业的专家或人员召集起来,如媒体工作人员、学校的教师等,大家聚在一起,围绕某一主题各抒己见,在思想的相互碰撞中寻求新产品设计的灵感。头脑风暴法要求主持者要有高度的会议把握能力,与会者不允许相互之间的批评,更多地只是表达自己的观点。而产品设计者的任务是通过听取他人的发言,遴选出对产品设计有价值的建议。

（2）甄别创意

产品设计人员取得足够创意之后,要对这些创意加以评估,研究其可行性,并挑选出可行性较高的创意,这就是甄别创意。甄别创意的目的就是淘汰那些不可行或可行性较低的创意,使旅行社有限的资源集中于成功机会较大的创意上。甄别创意一般要考虑两个因素:一是该创意是否与旅游企业的战略发展目标相适应,它主要表现是利润目标、销售目标、旅游形象目标等几个方面;二是旅游企业有无足够的能力开发这种创意,这些能力表现为资金能力、旅游开发所需要的技术能力、资源供给能力、旅游市场营销能力等。

（3）形成产品概念

经过甄别后保留下来的产品创意还要进一步发展成为产品概念。在这里，首先应当明确产品创意、产品概念和产品形象之间的区别。产品创意是指旅行社从本企业角度考虑的它能够向市场提供的产品的构想。所谓产品概念，是指企业从消费者的角度对这种创意所作的详尽的描述。而产品形象则是消费者对某种现实产品或潜在产品所形成的特定形象。为了更好地说明这3个概念，这里以实物产品——手表为例。从企业角度来看，一块手表的概念主要是这样一些因素：齿轮、轴心、表壳、制造过程、管理方法（市场、人事方面的条件）及成本（财务情况）等。但在消费者的心目中，并不会出现上述因素，他们只考虑手表的外形、价格、准确性、是否保修、适合什么样的人使用等。企业必须根据消费者在上述几个方面的要求把产品创意发展为产品概念。在确定最佳产品概念，进行产品和品牌的市场定位后，就应当对产品概念进行试验。所谓产品概念试验，就是用文字、图画描述或者用实物将产品概念展示于目标顾客面前，观察他们的反应。

（4）制定市场营销战略

形成产品概念之后，旅行社的有关人员需要制定市场营销战略，同时还要拟订一个将新产品投放市场的初步的市场营销战略报告书。这个报告书由3个部分组成：

1）描述目标市场的规模、结构、行为、产品在目标市场上的定位；开始几年的销售额、市场占有率、利润日标等。

2）略述新产品的计划价格、分销战略以及第一年的市场营销预算。

3）阐述计划长期销售额和目标利润以及不同时期的市场营销组合。

（5）营业分析

在这一阶段，企业市场营销管理者要复查新产品将来的销售额、成本和利润的估计，看看它们是否符合企业的目标。如果符合，就可以进行新产品开发。

（6）产品开发

如果产品概念通过了营业分析，产品设计部门就可以把这种产品概念转变成为产品，进入试制阶段。只有在这一阶段，文字、图表等描述的产品设计才变为确实的产品。这一阶段应当搞清楚的问题是，产品概念能否变为技术上和商业上可行的产品。如果不能，除在全过程中取得一些副产品即信息情报外，所耗费的资金全部付诸东流。

（7）市场试销

如果旅行社的最高管理者对某种新产品开发试验结果感到满意，就可以着手用品牌名称、包装和初步市场营销方案把这种新产品装扮起来，把产品推上真正的旅游消费者舞台进行实验。市场试销的目的在于了解消费者和经销商对于推销、使用和再购买这种新产品的实际情况以及市场大小，然后再酌情采取适当政策。市场试验的规模决定于两个方面：一是投资费用和风险大小，二是市场试验费用和时间。投资费用和风险越高的新产品，试验的规模应越大一些；反之，投资费用和风险较低的新产品，试验的规模就可小一些。从市场试验费用和时间来讲，所需市场试验费用越多、时间越长的新产品，市场试验规模应越小一些；反之，则可大一些。一般来说，市场试验费用不宜在新产品开发投资总额中占太大比例。

(8)新产品形成并上市

经过市场试验,旅行社高层管理者已经占有了足够的信息资料。如果决定向市场推出,则应根据市场销售反馈的信息对旅游新产品加以修整、改进后,即可以以最佳市场组合的形式将旅游产品正式推向市场。

第三节　旅行社产品的定价

一、旅行社产品价格制定的原则

在旅行社的各项决策中,价格是一项重要内容。在某些情况下,它甚至可以成为营销组合中最重要的一个因素。旅行社在经营过程中,要制定出合理的产品价格,必然要遵循行业的原则。

1. 市场原则

市场原则就是旅行社在制定价格时以市场需求为导向,根据市场需求的变化制定和调整产品的价格。市场供给总是处于两个状态:或者是卖方市场,供不应求;或者是买方市场,供过于求。当处于卖方市场时,则可以把产品的价格适当地提高,以求得尽快地收回投入成本。当处于买方市场时,则应该把产品的价格适当地下调,通过薄利多销,来拓展市场的拥有量,提高产品的竞争能力。

2. 质量原则

旅行社制定产品价格的另一个杠杆应该是质价相符,即在拥有市场的前提下,以质论价,优质优价。质价相符的含义包含两个方面:一方面不应把价格定得过高而脱离旅游消费者的期望,造成产品质次价高的印象;另一方面又不应该把产品价格定得过低,使旅行社造成不应有的损失。

3. 稳定性原则

稳定性原则是指旅行社在制定产品价格时,必须保持其价格在一定时期的稳定。旅行社产品的需求弹性系数较大,因而旅游者对于旅行社产品价格的变化相当敏感。旅行社产品价格的频繁变化会给旅游市场带来一定程度的波动,也会使旅游消费者产生不信任感。从而影响旅行社产品在市场上的需求,削弱其在市场上的竞争力。

4. 灵活性原则

旅行社产品是由采购来的众多“零部件”组成的产品,采购的时间、季节、供应单位不一样,价格也不一样。由于旅行社产品的不可储存性,所以,旅行社在制定产品价格时,必须见机行事,灵活把握,随条件的变化而变化。

对于以上 4 个原则,旅行社价格制定者必须学会灵活运用。例如,稳定性原则和灵活性原则有时可能就是矛盾的关系,如果需要灵活的时候仍追求稳定,就会失去机会。

二、旅行社经营的目标和价格制定的目标

一个企业往往会在不同的时期确定不同的经营目标,而这种既定的经营目标对产品价格的制定常常产生重大影响。

1. 利润最大化

当企业把利润最大化作为主要经营目标时,对产品的定价往往会采用高价策略。但是,如果说一种新产品刚投放市场时,或者说企业的产品已经成为一种名牌产品时,这是一种可取的策略的话,但当产品被模仿后或者失去了经营优势的时候,就不一定是行之有效的或者是正确的定价策略了。所以,任何旅行社产品往往难以在较长的一段时期内维持过高的价格。因此,在追求利润最大化的进程中,旅行社必须处理好短期和长期的关系。

2. 投资回报最大化

有些旅行社把投资回报最大化作为产品定价目标。它们希望通过经营,在一定的时期内收回所投入的资金,获得预期水平的投资报酬。为了能够实现这个目标,旅行社在为产品定价时,往往采用在产品成本的基础上加入预期水平的投资报酬的定价方法。这种定价方法的最终目的是保护和增加投资者的权益。

3. 保持价格稳定

当旅游市场供求关系与旅行社产品价格发生波动时,旅行社往往采取以保持稳定的产品价格为定价目标。为了保证旅游市场的稳定,在当地旅行社行业中具有较高的威信或影响的大型旅行社往往先制定一个价格,称为领导价格。其他旅行社则根据这个价格并对照本企业的实际情况制定自己产品的价格。其他旅行社制定的价格一般略低于领导价格。旅行社行业采用这种定价方法可以在一定时间和范围内使多数旅行社的产品价格稳定在一定的水平上,避免不必要的价格竞争或价格大起大落的风险,保证各家旅行社均能够获得比较稳定的利润。

4. 维持企业生存

当旅行社处在因旅游淡季、市场竞争激烈、市场竞争态势不利、宏观经济衰退等原因造成的对旅行社产品需求大幅度减退并威胁旅行社生存的困难时刻,可以将维持企业生存作为定价目标。例如,在旅游淡季里,旅行社推出价格低廉的换季包价旅游产品就是这种定价目标的一种体现。

5. 保持现状

有些旅行社采取保持现状的产品定价目标,主要是为了应付或避免竞争,保持现有的市场份额。采取这种产品定价目标的旅行社,一般以对旅游市场有决定影响的竞争对手的同类产品价格为基础来确定自己的产品价格。这类旅行社往往更加重视非价格竞争,强调以产品促销和开拓销售渠道等方式同其他旅行社竞争,而尽量避免与竞争对手展开直接的价格竞争。

6. 扩大产品销售量

扩大产品销售量是一种以牺牲眼前利益换取长远利益的定价策略。旅行社在采取这种定价方法时,往往把产品的售价定得低于甚至大大低于同行,其目的是在短时期内迅速扩大产品的销售量,提高旅行社产品在旅游市场上的占有率。当然,必须注意的是,价格降低的程度是有一定限度的,并不是越低越好。因为这不仅涉及收回成本的问题,还涉及旅游者对旅游产品质量的看法。总之,低价不能低质,只有高质量的低价位才能达到目的。

在价格制定的过程中,旅行社认真分析、研究价格对于旅游者的作用,对旅行社经营有着现实的意义。旅游者在旅游消费过程中,往往只把交通、住宿、餐饮、景点门票等看作旅游成本的一部分。除了这部分的价格外,旅游者还会考虑时间成本、疲劳成本等多种成本。另外,旅游者也常把价格作为判断产品质量的依据之一。定价过低的产品有时旅游者会持怀疑态度。

三、定价策略的选择

在确定了定价目标后,旅行社还应该考虑选择恰当的定价策略。旅行社基本的定价策略有成本导向型、竞争导向型、需求导向型等。

1. 成本导向型定价策略

成本导向型定价策略指价格的决定在很大程度上依赖边际成本或总成本。当成本容易确定,且对旅游消费者和旅行社双方都公平的情况下,成本导向型定价是较受欢迎的定价策略。在使用这一策略时,旅行社不会在需求增加时去利用旅游者把价格抬高,而是始终坚持一个与成本相关的价格。在操作过程中,这种定价策略因易于管理、较公平,不会造成恶性竞争而受到欢迎。

2. 竞争导向型定价策略

竞争导向型定价策略是指旅行社定价时,其主要依据是竞争者的价格。旅行社采用竞争导向型定价策略时,应该考虑以下问题:

1)竞争者这样定价的依据是什么?

2)在本旅行社所拥有的市场中,最直接的竞争对手或者说将构成本旅行社竞争的对手是谁?

旅行社选择的定价无论是高于或低于竞争者的价格,还是与竞争者的价格相同,只要它采用的是竞争导向型的定价,它的价格必定与其竞争者的价格是相关的。

3. 需求导向型定价策略

需求导向型定价策略指定价的依据不是成本而是需求的状态。旅行社通过确定旅行社产品和服务在旅游者眼中的价值而制定相应的价格。旅游产品的特征决定了旅行社产品的价值是一个主观的、相对的概念,是由旅游者感知而得出的,这和实物产品有着很大的不同。同样的旅游产品,不同的旅行社间价格就可能完全不一样。需求导向定价的前提是价格能反映旅游产品在旅游者心目中的价值。专家认为,旅行社经营者应选择旅游消费者愿意支付的最高价格。旅游者关心的是经营者的价格而不是经营者的成本,关心的是自己要付出的费用,而非旅游产品和服务本身的价格。在实际的经营过程中,以上几种定价策略并不是孤立的,它们可以综合在一起运用。

四、新旅游产品的定价策略

通常认为新旅游产品的定价策略有市场撇脂策略、市场渗透策略和其他定价策略。

1. 市场撇脂策略

撇脂定价策略是指产品刚刚进入市场,趁需求尚缺乏价格弹性时制定高价以获得高额利润的定价方法。这只是一种适用于短期的定价策略。在适合采用这种策略定价的时候,盲目地"谦虚",会使企业失掉潜在的收入。但是,短期内的高额利润会将竞争者引入市场,从而增加市场内的总供给量,最终会引起价格的下降。这种定价策略在研发费用高的企业中被普遍采用,如制药企业和计算机厂商等,它们高额的研发费用使其他垂涎于高额利润的企业望而却步。但是,旅游市场的进入壁垒较低,即可进入性强,旅行社不可能在一较长时期内维持较高的价格,因此这种定价策略只宜在短期内采用。

市场撇脂策略通常在以下情况中使用:

1)有足够多的旅游者,且他们对旅游需求的价格弹性不敏感。

2)由于其可观的利润促使出现一定的竞争者,但这些竞争者的出现不会造成真正的威胁。

3)高价格会促使高品质产品印象的形成。

2. 市场渗透策略

有些旅行社在刚刚进入市场时制定低价,以进行快速而深入的市场渗透,争取吸引大量的顾客,赢得较大的市场份额。这种定价策略即为市场渗透策略。如果旅行社有能力使成本低到竞争者无法抗衡的水平,那么更可以更有实力采用这种策略。采用市场渗透策略以低价进入市场时最好能够具备几个条件:市场对价格是高度敏感的,这样,低价格可以保证市场迅速成长;随着销售量的上升应该能使平均成本有所下降;所制定的低价格必须能够做到防止竞争者的进入。无论是为现有的产品还是新开发的产品进行定价,旅行社都应避免相互之间的独立定价,若能通过价格策略的有效协调,它们可以避免冲突,为目标市场提供一个协调的价格。

3. 其他定价策略

（1）心理定价策略

心理定价策略要求营销人员在制定价格时不应只考虑旅游消费者的理性分析,而且应更加重视其情绪上对价格的反应。因此,心理定价策略常用于价值较小的旅游产品的价格制定。

（2）促销定价策略

促销定价策略是指旅行社在为产品制定价格时考虑企业的促销活动,使价格的确定与促销活动相互协调。

五、旅行社产品定价的方法

在旅行社进行产品定价方法选择时,与定价策略相应的定价方法也可分为 3 类,即以成本为中心的定价法、以需求为中心的定价法和以竞争为中心的定价法。

1. 以成本为中心的定价法

以成本为中心的定价法包含成本加成定价法和目标收益定价法两类。在我国,采用较多的是成本加成定价法。所谓成本加成定价法,是指按照单位成本加上一定百分比的加成来制定产品的销售价格,加成就是一定比率的利润。成本加成定价法的公式为

$$单位产品售价＝单位产品成本×（1＋加成率）$$

在国内,旅行社采用成本加成定价法来制定产品售价的情况是比较多的。成本加成定价法之所以受到旅行社企业的欢迎,主要是因为:第一,成本的不确定性一般比需求少,将价格盯住单位产品成本,就可以大大简化旅行社企业的定价程序,而不必根据需求情况的瞬息万变做调整;第二,只要行业中所有企业都采取这种定价方法,则价格在成本与加成相似的情况下也大致相似,价格竞争也会因此减至最低限度;第三,成本加成法对买方和卖方都比较公平,当买方需求强烈时,卖方不利用这一有利条件谋取额外利益而仍能获得公平的投资报酬。

2. 以需求为中心的定价法

与以成本为中心的定价方法不同,以需求为中心的定价方法强调应依据消费者对产品价值的认知和对产品的需求来确定价格,而不是以生产成本为中心制定价格。以需求为中心的定价方法主要有理解价值定价法和差别定价法。

（1）理解价值定价法

理解价值定价法是一种把顾客对产品的感知价值和旅行社或产品知名度、美誉度等综合在一起来考虑后确定产品价格的方法。旅游者在购买某一产品之前,基于从媒体获得的信息及自身的经验、感知,对产品的价值有自己认知或者说有一个心理价位。当产品的价格和旅游者的心理价位吻合、贴近时,他们就有可能接受这一价格。否则,就有可能不购买。例如,2000年暑期期间,某市旅行社界展开了一场海南游的价格战,"海南双飞三晚四天"的价格最低为1580元,大多数旅行社则定价在1680～1880元。而该市一家做国内游的有相当知名度的旅行社却反其道而行之,打出了2180元的超高价格。在该产品中,这家旅行社针对海南旅游市场的一些问题,对食、住、行、游进行特别的包装,如住宿全为四星级宾馆,规定只进两家旅游购物商店,且购物自愿,绝对不强迫。为配合该产品,旅行社在宣传上做足文章,打出了"至尊豪华、超值享受,全市最高价"的广告。由于广告宣传得力,促销得法,加之该旅行社在市场上拥有较好的美誉度,而且在行程接待等各方面确实做到了"超值享受"。因此。虽然价格比市场上同类产品高出一大截,但却取得了极好的销售效果。

运用理解价值定价法时,除旅行社的知名度外,宣传促销活动至关重要。另外,在促销过程中,促销人员对产品的档次、风格、质量以及与市场上同类产品应有充分的了解,只有这样,产品才会有理想的效益。

（2）差别定价法

差别定价法是指旅行社依据旅游者消费水准的不同、消费时间的不同以及旅游者消费地点的不同对某个产品确定不同价格的一种定价方法。差别定价法不是基于成本的变化来确定价格,而是基于不同的旅游者在不同时间、地点情况下的需求偏好和需求强度的不同来确定价格。也就是说,在旅游者需求强度高的时间和地点可以制定高价格,对偏好强烈的旅游者制定高价格。反之,只有制定低价格以保持市场。实施差别定价法的前提是市场必须是能够按需求强度、偏好和价格敏感性进行细分,否则可能会引起目标市场的不良反应,损害旅行社的形象。

差别定价法可以分为以顾客为基础的差别定价、以时间为基础的差别定价和以位置为基础的差别定价等3种。在旅行社,前两者的使用比较多。以顾客为基础的差别定价是指对不同的旅游者制定不同的价格,:儿童与成人、长期顾客与短期顾客的价格就可以有区别。以时间为基础的差别定价是指由于季节的不同,同一产品的价格不一样,如淡季价格和旺季价格、黄金旅游周和平常日价格不一样。

3. 以竞争为中心的定价法

在如今旅行社经营竞争日趋激烈的今天,旅行社的定价常常不得不以应付竞争为目标,尤其是新加入行业的或者是一些缺少开发新产品能力的,只依靠模仿其他旅行社产品为生的小旅行社更是如此,竞争迫使各个旅行社制定同样的或相近的价格。如果一家旅行社制订的价格明显高出其他旅行社,那么就有可能在激烈的竞争中失去部分市场。

反之,如果一家旅行社将产品价格降至竞争者的价格之下,就必须保证有更多的销售量来弥补由于降价而减少的利润。如果发生一家旅行社率先降价而其他企业尾随降价的情况,则首先降价的旅行社就很快失去了价格优势。因此,成本领先是旅行社竞争的利器。只有拥有成本领先优势或大投入的旅行社才敢于率先降低价格,否则由此引发的价格大战将对行业产生极为不利的影响。

在我国,由于大多数旅行社规模小,竞争能力比较差,因此,旅行社之间的竞争更多地表现为价格之争。尤其是在一些常规旅游线路上,一些比较大型的旅行社起着价格领袖的作用,小旅行社为了争取到一定的客源,能够生存,往往尾随其后,依据这些大的旅行社的价格来确定本旅行社产品的价格。

第四节　旅行社产品的质量要求

一、旅行社产品的物质质量要求

旅行社产品的物质性成分是指旅行社产品中的硬件部分,是为旅游者提供高质量旅游服务的物质基础。其质量的优劣直接影响到旅游者对一次旅游历程的满意程度。当然,由于产品的档次不同(如飞机上提供的头等舱、商务舱及经济舱等不同档次的座位),其所应该达到的硬件标准也是不同的。但是这一切都必须符合一个基本条件,那就是必须达到顾客认为花这个价格购买这个档次的产品是划算的这样一个标准。例如,为旅游者提供的豪华客房就必须达到豪华客房的硬件标准,而不能将标准降低到与标准间一样的档次。就算是廉价的旅游产品,至少也应该达到让顾客使用起来安全、放心的标准。例如,经济型的普通旅馆提供的房间应该有必备的生活设施,家具、床铺都应该干净、整洁,要能确保顾客的身体健康。物质性的旅游产品尽管受到价格档次的限制,但只要做好了加强服务管理这项工作,同样可以为旅游者的一次成功出游提供优质的物质保障。

目前,国内旅游市场有很多旅游投诉,是因为旅行社没有提供合同规定旅游产品要素的服务水准。这一方面与国内假日旅游浪潮造成的特殊时段供应紧张有关系,另一方面也说明了我国旅行社的质量管理有待于进一步加强。

二、旅行社产品的总体服务要求

有关提高旅行社产品质量的问题,都是从加强和改善服务态度与服务方式这个角度来进行的。顾客无论是在购买产品之初,还是在消费产品之中,随时都需要旅游销售人员为其提供方便、快捷的各项服务。如何才能更好地满足顾客在购买之初或旅途之中所需的各种帮助和服务呢?旅行社产品的供应者应该做到如下 4 点:第一,事先要将旅游的每个环节中顾客可能发生的情况,以及可能需要哪些帮助考虑周全;第二,要有专门的人员及时为顾客提供这些服务,例如,在订购机票的同时为顾客办理出租车预订、饭店预订等项目,仅有这一项服务还不够,因为很多顾客不太了解这些服务项目,因此,应该由专门的销售人员进行主动的介绍,或将这些信息通过宣传册、显示屏等形式告知顾客,在多雨的旅游目的地,应该备有雨具出售或出租的服务窗口,宾馆应该设有专为残疾人进出的特殊通道,为旅游者提供当地的天气信息、本地的风景区地图、本地的风土人情介绍,以及购物指南等,这将大大地方便并丰富旅游者的出游;第三,为旅游者提供便利、有效的售前服务,尽可能扩大自己的便利服务覆盖范围,为旅游者提供方便的咨询服务;第四,根据特定顾客的需求,提供个性化的服务细节,如针对老年人,在洗手间放置防滑垫等,针对某些商务客人,通过建立客户档案的形式提供个性化服务,如记录商务客户习惯性的飞机座位、饮食禁忌等,有的旅行社已经建立了自己的客户管理系统,针对客户的个性化需求提供有针对性的优质服务。

随着科技的发展,各种高科技技术应用到旅游服务中来,大大地提高了销售人员的工作效率,同时也方便了人们的出游。很多旅行社、饭店、机场、出租车公司等都建立了自己的网站。需要这些产品的顾客可以很方便地在网站主页上查询到自己感兴趣的信息。同时这些网站也为顾客提供了方便、快捷的网上预订项目,即使在繁忙的工作中,也能让顾客轻松地为自己选择并订购满意的产品。各种各样的通讯手段和多媒体技术,在整个旅行社产品销售以及为顾客出行提供方便、快捷的服务等方面,发挥了越来越重要的作用。

三、旅行社产品的个性服务要求

虽然各种各样先进的现代化设备,大大减轻了销售人员的工作量,同时也使很多工作程序大为简化,但这并不意味着自动化的服务可以替代人的服务。例如,饭店为患有高血压的顾客提供低脂、低胆固醇的食物,为有某些特殊信仰或禁忌的顾客提供特别的食品。有的顾客会在旅游目的地有一些临时决定的游览或购物计划,对此,旅行社的工作人员可以为其充当向导或提供帮助。而大多数机场、宾馆都会为残疾人、带小孩儿的家庭提供特别的帮助。对个别旅游者提出的个别要求,工作人员也会给予力所能及的帮助。这一切具体针对个人的个性化服务,可以让旅游者真正感受到"在为我服务",而不是"我只是在接受大家都应得到的服务"。只有做到了并做好了个性化服务,才能体现出该旅游企业的独特之处,也才能有机会在同行业中脱颖而出。

如果说个性化服务是让顾客感谢,那么关怀服务就是让顾客感激。提供关怀服务对销售人员的自身素质要求非常高,不但要有过硬的专业技术、知识和水平,还要有高度的敬业精神,真正把顾客当作自己的亲人和朋友来对待,当他们在旅途中发生意外事故需要得到帮助的时候,要能够伸出援助之手。一个优秀的餐厅服务员能够记得住每个老顾客的口味及其一些特殊嗜好;一个优秀的宾馆服务员能够记得住自己所服务的每位顾客的作息安排,并能提前为他们准备好所需的一切。总而言之,关怀服务就是要让顾客在消费某些旅游产品的时候,感受到来自亲人或朋友般的关怀。其实这一标准并不新颖,因为"宾至如归"古已有之。只是现代化、大规模地提供旅游服务,反而使这些服务程序化了,顾客再也难有"宾至如归"的感觉了。其实这正是现代化旅游管理中两个相矛盾的地方。一方面,要求使用程式化的服务,让服务过程快速、简单,以提高服务效率;另一方面,又要让人的行为和情感参与到服务过程中去,营造一种人性化的服务氛围。所以,优秀的旅游企业应能将这看似矛盾的二者巧妙地结合起来,既能让顾客享受到高科技带来的方便快捷,又能使之充分体会到在享受服务的过程中充满了人性化的关怀。

四、旅行社产品的销售服务要求

目前,国内的旅游企业已经注意到了售后跟踪服务的重要性,由一些旅行社采取节假日短信问候等方式对客户进行维系,取得了一定的效果。实践证明,优质的售后跟踪服务是提高客户忠诚度的重要手段,售后跟踪服务主要通过售后沟通来实现。

售后的良好沟通可以使销售人员和旅游者之间的关系顺利发展,通过交流相互理解,并且解决好彼此引起的误会和争端,为企业带来大量的回头客。售后沟通的手段主要如下:

1. 向顾客表示感谢

顾客喜欢别人认识到他们的价值,旅游结束之后向顾客赠送一件小礼物,是向顾客表示感谢的一种有效方式。有的旅游企业还在年终举办集团客户的答谢晚会。这些手段都将不同程度地提升客户的忠诚度。

2. 寻求客户的反馈意见

客户的反馈意见对于旅游企业进一步提升服务质量、改进服务细节、减少投诉,具有不可或缺的作用。重视收集客户的反馈意见,体现了旅游企业对客户意见的重视,同时客户的反馈意见又可形成企业开发新的旅游产品创意的重要源泉。目前,中国的旅游企业也都有客户的反馈意见书,但是多由组团社的领队(全陪)填写,大多数征求反馈意见的工作已经流于形式,没有起到应有的效果。

3. 处理并解决投诉问题

防止出现投诉是旅游企业面临的一个重大课题,防止出现投诉的最好办法就是在向顾客推销旅游产品的时候,不要过分夸大旅游产品的功能,使旅游者对产品的期望值与产品所能提供的价值保持一致。同时,把旅途中出现的一些特殊情况及时向旅游者通报,如果因不可抗因素导致旅游行程变更,应征求客户的同意,并签署同意变更意见书,对于改变行程后与原行程之间的差价予以补偿。

如果已经出现投诉,客户服务人员应该表现出真正的关心和谦虚的态度,耐心地倾听客户的投诉意见,让他们充分发泄内心的不满,直至平静下来,无论什么时候,都应该尽可能先接受客户的意见,然后再进行公正的解决,承诺一定改进,并可赠予本企业的代金券或者一些小礼品等。如果投诉处理得当,不但可以免除一部分经济损失,还提升了企业的信誉。如果顾客投诉不合理,应该尽量采用折中的方法,既令顾客满意,又不损害企业的利益。还可以使销售人员帮助旅游者向其他机构争取权益,如帮助顾客向航空公司争取因航班延误所带来的损失等。

4. 与顾客保持密切联系

与顾客保持持续、密切的联系,可以让客户更清楚地了解企业推出的特惠机会、打折或新产品信息等,而且让客户知道我们在始终关注着他们的需求,因而也可以为公司带来更多的商业机会。

一般情况下,可以通过向顾客邮寄公司的宣传品,每个月发送促销邮件,与顾客保持一定频率的电话联系,还可以通过向客户赠送节日贺卡等方式与客户沟通。成功的旅游销售人员都有自己个性化的销售备忘录。备忘录提醒销售人员什么时候应该与客户取得联系、寄出贺卡,同时还提醒销售人员什么时候可以电话沟通或登门拜访。

5. 向顾客提供奖励

促进回头客生意的另一个办法是奖励老顾客,各大航空公司实行的 VIP 客户计划,就是为客户提供奖励的充分体现。还有一些旅行社为经常参加他们奖励旅游计划的企业准备了专门的折扣奖励计划,而且还可以通过向客户赠送积分或免费机票等方式,来体现对老客广的重视。

五、旅行社产品的人员素质要求

旅游服务主要还是以人的服务为基础的,所以,销售人员的素质是能否将高质量的服务带给顾客的关键所在。概括而言,旅行社产品对销售人员的个人素质要求,主要体现在以下两个方面:

1. 过硬的专业知识和技能

从事不同行业销售和服务的人员都应具备过硬的专业知识和技能。他们应该不断地了解企业的产品信息,并且参加各种市场营销课程或者一些销售技巧的培训课程,来提高自己的专业技能。例如,饭店销售人员应该清楚什么样的房间适合什么样的客人,什么样的饭菜适合什么样的食客。在饭店的住宿生活中,可能会发生哪些不好的情况,有什么办法可以避免这些情况的发生,如果发生了这些情况应该如何及时处理等。旅游目的地的经营人员应该对本地区的特色、历史、文化、风土人情、地理环境等因素了如指掌,以便向旅游者提供信息咨询及建议。有的销售和服务人员还必须清楚与自己行业有关的法律、法规和相关规定。

2. 良好的职业道德意识

职业道德是每个行业的从业者都必须遵守的道德规范。旅游业,由于其特殊性,对从业人员的职业道德要求显得尤其重要。因为很多旅游者并不熟悉本次旅行线路及其各种服务和产品的合理价格,所以很容易被蒙蔽,甚至上当受骗。在我国旅游市场极不规范的时候,就出现过不少导游欺瞒旅游者,进行非旅程计划中的一些旅游消费,使旅客的花费大大超出预算,却没有享受到应有的产品或服务。有些旅游目的地的餐馆,对外地旅游者索要远远超过正常价格的费用,以致发生纠纷。还有一些景区重重设卡,旅游者每进一道园门就收一次门票,使旅游者大呼上当。如此种种不符合旅游职业道德规范的行为,给顾客留下了极其恶劣的印象,不仅影响了该旅游企业的声誉,同时也严重影响了本地区整个旅游行业的形象。由于旅游这个产品是品牌产业、形象产业,同时也有很强的地域性,这就很容易使得少数几颗"耗子屎"搅坏"一锅汤"。个别不讲职业道德的旅游企业经营者,会使本地区、本行业的旅游企业全都受到负面影响。所以有必要加强旅游从业人员的职业道德教育。当然,同时也应该完善上级旅游行政部门的管理和监督机制,这样才不会让少数不良分子有机可乘。

案 例

旅行社产品设计开发的相关资料

2005 年被定为"红色旅游年",旅游业大打"祖国山河一片红"的口号,"红色旅游"成为了当年旅游市场的主旋律,全国各个省份陆续出台了红色旅游的政策和规划,并以不同的方式开拓市场、争取占领更多的市场销售份额。

1)精心策划"红色主题"。很多地区选择了以策划"经典主题"来包装具体的红色旅游线路和景点,以有当地革命特色的经典为主题,将这些资源进行整合、重新包装,从而吸引更多的旅游者前来参观。例如,江苏省旅游局推出的"五大经典主题"。江苏是新四军抗日斗争的主战场,因此,每一个留下战争痕迹的景点都被赋予了一个鲜明的主题,一是"东进序曲",二是"决战淮海"和"大军渡江",三是"英杰辈出",四是"烈士永垂"和"同胞长眠",五是"决战奠基"。

2)相关产品的促销为旺季造势。河南省率先在全国成立了首家"红色旅游超市",这里为旅游者准备了丰富的景点资料,首期推广了 50 条旅游线路,尤其以红色旅游的路线及资料占据主要份额及位置,以方便旅游者充分了解旅游景点的情况。成都旅游客运中心还开通了成都至湖北宜昌的跨省红色旅游直达班车。

3)重点包装精品线路。江西省推出了"南昌—吉安—井冈山线"、"赣州—瑞金—于都—会昌—长汀—上杭—古田线"、"井冈山—永新—茶陵—株洲线"。广西百色更是以老区的优势打造了"南宁—崇左—靖西—百色线"和"贵阳—凯里—镇远—黎平—通道—桂林线"。全国各省市在 2005 年皆以精品线路作为自己的"形象工程"、对红色旅游进行了大力的推广。

思考与练习

1. 如何理解旅行社产品的内涵?

2. 旅行社产品有哪些特点？

3. 旅行社产品设计需遵循哪些原则？

4. 旅行社新产品的开发过程由哪几个阶段构成？

5. 旅行社产品在定价时需遵循哪些原则？

6. 旅行社产品定价的方法有哪几种？

7. 旅行社产品对销售人员有哪些具体的素质要求？

8. 实际考察一家旅行社，了解其旅游线路产品的组成以及旅游新产品的开发情况，对其提出改进性意见或建议。

第四章 旅行社的市场销售管理

学习目标

1. 掌握旅行社的主要销售渠道
2. 掌握旅行社的主要销售手段
3. 了解旅行社销售业务的基本程序
4. 了解旅行社产品销售中的法律义务

在目前的市场经济环境条件下,旅行社市场销售管理水平的高低直接影响旅行社企业自身经济效益的好坏,并影响自身企业在整个行业的地位,因此,市场销售管理已经引起了各家旅行社的高度重视。

第一节　旅行社的主要销售渠道

旅行社产品的销售渠道是指旅行社将其产品提供给最终消费者的途径,又叫销售分配系统。旅行社产品的销售渠道主要包括两大类:直接销售渠道和间接销售渠道。所谓直接销售渠道,是指旅行社直接将产品销售给最终消费者,其间没有任何中间环节的介入;而间接销售渠道可以只有一个中间环节介入,也可以有多个中间环节介入。例如,我国的国际旅行社在经营销售业务时就是采取的间接销售渠道。

一、旅行社产品的直接销售

旅行社产品的直接销售主要有两种途径:一是通过设立门市部直接销售,二是通过互联网进行销售。

1. 门市销售

采取门市销售就是旅行社要直接面对最终的消费者。门市柜台现在已经成为许多旅行社尤其是经营组团及散客旅游业务旅行社的重要销售渠道,不少对旅行社产品不甚了解的客人往往是通过旅行社门市部所坐落的位置及内部的装饰来判断旅行社的实力及产品质量,因此对旅行社来讲,门市部的位置、布局、装饰及门市销售人员规范化的服务都有可能成为影响产品销售的重要因素。

（1）门市部的位置

1）门市地址的设立应靠近其产品的目标市场,例如,以过往客人为主要目标的旅行社,应在飞机场、火车站、长途汽车站、水运码头等处设立门市柜台;而以商务旅游者为主要目标市场的旅行社,则应在商务饭店或附近地区设立门市柜台;以当地居民为主要目标的旅行社,可以把门市设立在人口稠密的居民区;而以学校师生为主要目标市场的旅行社,则必须选择学校比较集中的地方。

2）方便顾客是旅行社选择门市地址时需考虑的第二个问题,例如,很少有顾客会在离家很远或较为偏僻的地方选择旅行社,因此,旅行社在选择门市地址时最好选择在商业区、居民区、机关企业等较为集中的地方,而且一般都设在临街的位置或楼房的一层,其设立位置醒目、交通便捷并面对人流或车流的路口。

3）旅行社在选择门市设立时还应考虑相对集中的原则。很多人会认为同行聚集在同一地区会造成企业间的恶性竞争,但事实上这种竞争的压力在某种程度上也是一种动力,由于同行相对的集中可以使得大家彼此之间经营经验的相互借鉴,促使旅行社不断地改善产品质量、降低产品成本、提高服务水平以吸引更多的旅游者,而且旅行社相对集中的区域其本身就能吸引旅游者前来咨询及购买旅游产品。

（2）门市部的布局

1）门市入口及等候区是旅游者进入旅行社门市部后所见到的第一个区域,其简洁合理的布局及通道的畅通直接影响旅行社的形象,等候区应安排以供顾客休息等待的座位及摆放旅行社的宣传资料。

2）接待与咨询服务区是旅行社门市部的核心区域,其布局设计应有利于提高员工的工作效益,同时使来访者感到心情愉快。例如,每个员工应尽量有一块单独的工作区域,以做到互不干扰。而接待区的位置最好要直接面对等候区,以方便接待人员随时都能看到来访者。

3）后勤工作区一般不对外开放,它包括经理室、财务室、会议室、库房等。

（3）门市部的装饰

旅行社门市装饰环境如何,直接影响着前来咨询的顾客的心情及办公人员的工作积极性,所以旅行社在进行门市部内部装饰时,应重点考虑采光、声音、色调、家具与设备等因素的搭配与协调。例如,在采光上应以自然光线为主,若光线暗淡应用明亮的灯光做弥补。可采取铺设地毯、摆放木质家具的办法降低噪音,并适当地放一些轻音乐。在色调上应以中性色调为主,如白色、米色。

（4）门市销售工作的规范

门市部直接销售产品时,还应注意一些基本的销售规范。

1）微笑。一个善于微笑的销售人员很容易获得顾客的信任,从而获得更多的交易机会。

2）起立。销售人员在接待顾客时起立,可以表达出对顾客的友好和尊重,给客人一个好印象。

3）请坐及自我介绍,进一步增加双方的信任度。

4)咨询会谈。这是销售人员与顾客接触的核心内容,在交谈中销售人员应让顾客感受到自己的专业与自信,要让顾客觉得本旅行社的产品是最好的,服务是最专业、完善的。

2. 互联网销售

信息技术的飞速发展是当今社会不可阻挡的潮流,给世界旅游业带来了机会,也带来了挑战,而旅行社的直接销售也在传统的门市销售基础上,出现了一种新的销售渠道——互联网销售。

(1)利用互联网销售产品的优势

1)信息的传达更为便捷。顾客可以足不出户便可在旅游网站上查询自己所需要的旅游信息,及时了解旅行社现阶段的旅游产品。

2)企业的产品宣传更为全面。互联网上的信息是多种多样的,既有文字的、图片的、声音的,也可以是电影的、动画的。对于旅行社来讲,正可以利用互联网上的这项优点对自己的产品进行全面的介绍。

3)便于及时了解顾客的需求。旅行社可以通过留言板及时了解顾客的想法及需要,适时地调整自己的旅游产品以适应市场,从而达到双向互动。

4)降低成本、增加效益。互联网销售精简了传统销售当中的销售人员,降低了因电话而产生的销售成本,在增加企业销售机率的同时亦提高了企业的销售效益。

(2)利用互联网销售产品的方式

1)建立自己的网站。这种方法对宣传企业的产品,提高企业的知名度效果显著,但是需要有专业的人员来进行网站的设计及产品的发布和维护,投资较大,且如果缺少顾客点击率的话,网站形同虚设,所以不适宜于中小旅行社采用。

2)利用他人的网站发布信息。现在很多旅游城市都设有自己的旅游资源对外宣传网站,旅行社可将自己的旅游网页与其链接,或利用其网站平台发布自己的产品信息,此方法既免去了旅行社自己设立网站的麻烦,又可利用现有网站的点击率提高旅行社的影响力。不过在宣传产品的全面性上略逊于建立自己的网站。

3)与企业内部网站相连。除了建立自己的网站及利用他人的网站发布信息这两种销售方式外,与企业内部网站相连,将自己的旅游信息定期进行发布及更新,也成为旅行社在利用网络这一销售平台进行销售时的选择方式。很多经营时间较长的旅行社都会拥有较为固定的客户群,针对这一部分的客户,便可采用这种销售方式,不过此方法仅限于与老客户关系的维护与联系,在新客户市场开拓上难以应用。

二、旅行社产品的间接销售

由于我国的旅游业起步较晚,因此,现有的国际旅行社对旅游客源国缺乏全面的认识,而国际的旅游者对目的国也知之甚少。在此种情况下,对于旅行社来讲在异地采用直接销售渠道不仅成本高,而且会收效甚微。但对旅游中间商来讲,他们一般都拥有自已较为固定的客户群并且熟悉当地旅游消费的消费习惯和心理需求,这就为我国的旅行社采用海外中间商销售其产品提供了良好的条件。因此,国际旅行社一般会采用两种间接销售渠道:通过零售商向国外旅游者销售产品;通过批发商或经营商和零售商向国外旅游者销售产品。而旅行社对中间商选择策略上存在的差异,亦形成了旅行社不同的销售策略。

1. 旅行社不同的销售渠道策略

(1)广泛性销售渠道策略

对于经营国际旅游业务的旅行社来讲,广泛性销售渠道策略就是旅行社通过旅游批发商广泛地将旅游产品散布给零售商,尽可能多地销售产品、招徕客源。对于经营国内旅游业务的旅行社来讲,就是广泛地委托当地的旅行社代销其产品,提高产品的销量。这一策略的优点是:销售渠道广泛,便于旅游者及时地了解信息及购买产品;通过广泛的销售渠道增加了旅行社产品的销售机会,提高了其产品的销量;对旅行社而言便于通过产品的销售发现理想的合作伙伴。缺点是:成本较高、管理困难,因此,此销售策略适应于旅行社初期销售。

(2)选择性销售渠道策略

选择性销售渠道策略是指旅行社在某一目标市场中选择一家或几家少量的中间商与其建立稳定的合作关系,委托其进行产品销售。旅行社在初期进行了一段时间的广泛性销售策略以后,通过与部分中间商的合作,逐渐挑选出来适合自己产品销售,有良好的信誉及较强组团能力的合作伙伴并与之建立更为紧密的销售关系。这一策略的优点是:降低成本、便于管理。缺点是:如中间商选择不慎,有可能失去市场机会并影响销售。

(3)专营性销售渠道策略

专营性销售渠道策略是指旅行社在一定时期内在某一市场当中只选择一家中间商作为自己的合作伙伴。而通常情况下,该中间商亦不能同时代销其他竞争对手的产品。这一策略的优点是:降低成本、提高了中间商的积极性及工作效率、合作关系更为紧密。缺点是:如中间商在产品经营上出现失误,则对旅行社来讲会失去部分旅游市场,如在中间商选择上出现失误,则旅行社可能会丢失整片市场。

2. 中间商的选择

旅行社在选用间接销售渠道来进行产品销售后,中间商的选择就显得尤为重要,这一工作的好坏直接关系到销售的成败,一般情况下旅行社应首先明确自己的目标市场,确定所销产品的种类及旅游市场的需求状况,在此基础上制定销售计划,有针对性地选择旅游中间商。旅行社可以通过行业之间的交流会、旅游博览会及专业报刊来了解潜在的中间商情况。以寄发信函及接待团队的方式主动与旅游中间商进行联系及接触,但无论旅行社选用何种方式对中间商进行选择,都应参考以下几项因素:

(1)中间商所能带来的经济效益

对于旅行社来讲,选择中间商的根本目的就在于扩大旅游市场的占有份额,增加旅游产品的销售以获取更多的利益。因此,旅行社在选择中间商时必须考虑到中间商带来的成本和效益,一般说来在利润相同的情况下,风险越小的销售渠道就是越理想的销售渠道。

(2)中间商的目标群体

中间商的目标群体必须与旅行社的目标市场相一致,其地理位置最好靠近旅行社的目标市场,这样便于利用其地理优势进行产品的销售,同时亦更熟悉目标市场的旅游需求。

(3)中间商的信誉与能力

中间商良好的信誉决定了旅游者对中间商的信任程度及选择程度,同时也是旅行社利益不受侵害的保证。旅行社与中间商一旦因为债权、债务原因产生争执后,中间商资金的偿付能力亦是双方合作的经济保障。

(4)中间商对旅行社业务的依赖性

中间商的业务范围不同,对旅行社的选择及业务依赖也就不同。例如,有的国际旅行社专营中国旅游业务,那么它对中国旅行社的业务依赖性就较强。反之,以经营多个目的地国家旅游业务为主的旅行社,其业务依赖性就较弱。因此,旅行社在考虑中间商时一定要首先选择依赖性强的旅游中间商,因为依赖性越强其工作中的努力程度也就越大。

(5)中间商的数量

旅行社在同一地区应选择适当数量、适当规模的中间商。中间商太多会造成销售资源的浪费,同时中间商也会因为销售份额太小、利益太少而缺乏销售当中的积极性。但中间商太少,又会造成垄断性经营或销售不力的局面。

(6)中间商的合作愿望

旅行社通过一段时间的观察选择了最适合自己旅游产品销售的中间商,但同时中间商也在对旅行社作出挑选,共同的合作意向是双方将来能够亲密合作的前提条件,因此,旅行社在中间商的选择上不可一厢情愿。

3. 中间商的管理

在科学地选定中间商以后,合理而有效的管理同样是不可缺少的组成部分,而旅行社对中间商的管理主要是由以下几个方面构成的:

(1)日常管理

1)建立中间商档案,便于旅行社全面地了解中间商的情况,一旦出现旅行社人员变动情况,不至于造成与中间商联系的中断,使旅行社能对中间商进行规范化的管理。而且经过一段时间的合作,针对不同销售能力及状况的中间商,旅行社可以采取不同的扶植政策及合作方式,各旅行社的中间商档案虽各有不同,但基本应包括两个部分:一是中间商的基本情况,如表4.1所示;二是旅行社与中间商的合作情况,如表4.2所示。

表 4.1　旅游中间商基本情况登记表

中间商名称		注　册　国　别	
法人代表		营业执照编号	业务联系人
营业地址		邮政编码	
联系电话	传真	电子信箱	
银行账号			
建立业务关系的时间及途径			
我社联系部门及联系人			
中间商概况			
备注			

表 4.2　旅行社与旅游中间商合作情况登记表

中间商名称	
合作年度	
合作情况	
合作评价	
备注	

2）及时沟通信息。旅行社向中间商及时通报准确的产品信息,是保障中间商有效地推销产品的重要途径。而中间商及时地向旅行社通报销售状况则是旅行社不断改造及研发新产品的重要依据。

（2）有针对性地对中间商实行优惠和奖励制度

有针对性地对达到一定销售额度的经销商给予优惠及奖励,是调动及提高中间商积极性的有效方法,这种优惠及奖励一般为:减免预订金、体验旅游、商业展览、联合促销方案、实行领队优惠及广告宣传等。

（3）适时地调整中间商队伍

无论何时,旅行社选择中间商应该始终要符合旅行社的市场需要,随着旅行社自身规模的变化、市场产品的定位及旅游客源的结构转变,促使旅行社要对原有的中间商进行重新的选择与合作。除此以外,中间商自身的销售能力及经营状况也会促使旅行社适时地调整中间商队伍。

第二节　旅行社的主要销售手段

对旅行社而言,仅仅有了产品而不能及时地将有关产品的信息传递到市场中去,就无法使消费者了解旅行社的产品,继而产生购买欲望。因此,旅行社必须根据自己的经济实力,针对自己的目标市场,利用诸如电视、报纸、杂志、广播等传播媒介和通过举办展销会、出版各类宣传品、开展公共关系等促销活动将自己的产品销售出去,而现在愈来愈多的旅游从业人员开始认识到销售的重要性。对旅行社来讲,一般常用的销售手段主要有以下几种:

一、媒体广告

广告能让消费者了解产品,知道产品的存在,并且告诉消费者产品能怎样满足他们的需求,它是向顾客传递信息的一种重要形式,在我们现在的工作生活中广告可以说是无孔不入,人们在日常消费中也很难不受广告的影响,因此,广告销售成为旅行社产品中的重要销售手段。

1．广告方式的选择

广告的传播必然要借助一定的媒介,一般为以下几种:

(1)电视
优点:传播范围广、表现手段灵活多样、及时;缺点:成本高、时间短、不易保存。
(2)报纸
优点:影响面大、灵活及时、容易保存查阅;缺点:时效短、转阅读者少。
(3)杂志
优点:针对性强、保存阅读时间长、制作质量好;缺点:价格高、发行周期长。
(4)广播
优点:价格低、迅速及时、覆盖面广;缺点:时效性差、表现形式单一、易产生听觉错误。
(5)户外广告
优点:直接面对消费市场、醒目、展示时间长、竞争少;缺点:费用高。
(6)车身广告
优点:直观、传播范围广;缺点:表现形式有限。
(7)互联网
优点:覆盖面广、传播快、互动性强、形式多样、费用低;缺点:须有专人管理、受点击率影响、短时间收效甚微。
(8)宣传单(活页宣传品、旅游小册子)
优点:针对性强、阅读保存时间长、信息量大、个性化程度高;缺点:覆盖面小。

2．广告时间的选择

如果没有预算的限制,任何一家旅游公司都会希望全年都能做广告,但实际上只有一些大型的旅行社才有这样的经济实力,所以旅游公司多数都面临广告时机选择的问题。

对于国际旅游市场来说,旅游业一般都有两大的旺季:夏日的阳光和冬日的体育运动。因此,以前从事国际旅游业务的旅游经销商,大都会在每年圣诞节及新年前后就开始发放宣传旅游的小册子,但现在,随着人们旅游习惯的改变,很多旅游者通常会提前订购旅行社的出游产品,因此,现阶段的国际旅行社将手册的发放时间提前至了八、九月,以提前抢占商机。对于国内旅游市场来说,旅游旺季一般会集中在三月末期至十一月初期,因此各家从事组团业务的旅行社皆会在此时间范围内利用周一至周五进行广告宣传,并且还会根据不同时间段市场目标的不同而挑选相应的广告时间及内容。例如,十一长假,旅行社应推出以 5～7 天为主的散客旅游线路,以适应只有 7 天假期的家庭团队,而广告的发放时间为长假开始前一个月。而每年的七、八月盛夏为学生、教师的假期,此时旅行社应推出前往海边或以休闲避暑为主的旅游线路,此时广告的发放时间可以为每年的六月中旬至八月中旬。总体来说,根据旅游市场的定位不同、旅游者出游需求的不同,旅行社的广告发布时间都可以适时地调整。

二、直接营销

直接营销是近年来发展迅速的一种促销方式,其定义是"精心挑选目标客户群,和他们进行直接的沟通,以及时获得反馈,建立长久的客户关系"。与其他销售方式的相比,其他的销售方式大都依靠大众传播手段与消费者沟通。而直接营销在多数情况下都可以直接感受销售对象的反映,容易与顾客建立一种良好的长期合作关系。其主要形式有以下 3 种:

1. 人员推销

人员推销是指旅行社通过委派销售人员,直接上门向旅游者推销产品,这是一种较为传统的直销方式。推销人员可以是在旅行社门市向旅游者进行推销,也可以登门拜访进行推销;可以是在旅游促销会议上推销,还可以在某些促销讲座当中进行推销;人员推销虽然可以直接面对旅游者,针对性强,但成本较高,销售范围有限。

2. 直接邮寄

直接邮购是旅行社和潜在消费者直接交流沟通,通过向消费者邮寄传递产品目录或宣传品的营销方式。直接邮购具有个性化及目标市场定位明确的特点。现在,直接传真、电子邮件以及语音邮件也都作为了直接邮购的补充被广泛运用。

3. 电话营销

电话营销代表了直销的一支新兴力量,它主要是通过电话方式向顾客推销产品或回答顾客的问询。目前电话营销有两种形式:一是旅行社向社会公布专门的销售电话或免费的 800 电话,吸引旅游者用电话查询或进行产品的预订,二是旅行社销售人员通过电话向潜在消费者推销其产品。电话营销这种销售方式虽然费用较低,但却缺少个性化服务,直观性差。

三、销售推广

销售推广也叫销售促进,是近年来发展极为迅速的一种促销方式,它包括面向旅游消费者的销售推广、面向旅游中间商的销售推广、面向推销人员的销售推广等3个方面。

1. 面向旅游消费者的销售推广

销售活动的关键是吸引消费者的注意力,目的是立即售出产品。针对旅游者的销售推广是一种直接的推广方式,其具体办法有很多:价格折扣、免费礼品、赠送景点等。但在推行优惠政策及措施之前,一定先让旅游者知道优惠的存在,这样产品才会更具吸引力,推广的效果才会明显。

2. 面向旅游中间商的销售推广

面向旅游中间商的销售推广形式多样。例如,赠送印有公司名称的赠品(笔、烟灰缸、日历、笔记本等)、商业展览、联合促销方案、折扣旅游、培训、销售奖励、销售竞赛及考察旅游等。而商务考察旅行是目前国际上常用的销售手段,旅行社通过组织中间商来旅游目的地进行考察,向他们介绍旅游路线和活动及旅行社的新产品,使他们产生来本地旅游的愿望。不过旅行社在挑选中间商的时候应注意以下几点:

(1)正确地选择中间商

首先选择旅行社主要客源地或潜在客源地的中间商,其次选择有组团能力的经销商。

(2)考察团规模适中

因考察旅游成本较高,故而考察团的人数最好在 20~30,规模适中便于操作。

(3)准备合理、可行的旅行计划

旅行社应制订周密的计划并逐渐落实以确保考察旅行的顺利进行,要能体现旅游行程的全部优点,但一定要与旅游中间商将要组团的行程一致。

(4)良好的气氛

考察团的工作人员要善于营造出融洽的气氛,与中间商建立起私人的友好关系,以方便未来的长期合作。

3. 面向销售人员的销售推广

为了调动销售人员的销售积极性,旅行社可以通过奖励旅游、销售提成、销售竞赛、销售培训等办法来提高其销售效率。

四、营销公关

公关的准确定义是:一个组织为了建立并保持与公众的良好关系而采用的一系列传播手段。旅行社建立良好的社会公共关系有助于旅行社企业品牌的树立,增进社会大众

对它的认知度,最终的目的是提高销售量、加大市场的占有额度。旅行社要面对的公共关系是多种多样的,具体说来有以下几点:

1. 媒体关系

借助新闻媒介进行企业的宣传,例如,召开记者会、邀请记者全程报道等。

2. 产品宣传

通过各种策略宣传产品,目的是吸引公众的注意力,例如,产品发布会、新线路推广会等。

3. 公司宣传

在公司内外部努力宣传自身企业形象。例如,资助公益事业、参与赞助社会活动等。

4. 出谋划策

向企业决策者提出合理而可能的建议,观察企业内外部可能会影响公司形象的事态的发展,提出积极的公关策划方案。除此以外,公关部门还具有监控和调研的职能。

五、现场传播

现场传播是指旅行社通过营造良好的营业环境从而达到旅游产品促销目的一种销售方法。例如,营业场所的装饰、绿色植物的摆放、宣传资料的陈列等。其目的就是通过外部可视的环境,以增强旅行社对消费者的吸引力,提高消费者购买产品的信心。

六、品牌策略

品牌可以定义为:名称、标记,它既是消费者能够识别产品的一个符号,亦是消费者使用某种产品后的体验和感受。树立产品的品牌名称不仅有助于将产品差异化,而且也能增加产品的价值。一个有品牌的产品能让人联想起它的某些性能,也决定了新上市的产品的价值如何。品牌能影响产品的定价及单个产品的边际利润。

品牌对旅行社产品的销售作用是毋庸置疑的。首先,它通过固定的标识使消费者易于识别产品,可以将与其竞争对手的产品作一明显的区分。其次,由于旅游产品具有无形性的特点,所以对消费者而言在不能事先看见或使用产品的情况下,购买有品牌的产品可以帮助消费者躲避风险。既然品牌策略在销售中起着重要的作用,那么一个卓越品牌的树立就应参考以下几点:

1. 品牌的标志必须独树一帜

品牌的首要任务是吸引消费者对产品及其效用的关注,所以品牌的名字、标志或设计都应该能准确地将产品的特征传达给消费者。

2. 品牌的名称应易于记忆

词语或标识的简单易记能帮助消费者记忆或识别一个品牌。

3. 品牌的确定应具有国际性

旅游业是一个国际性的行业,不同的国家及地区对标识及符号会有不同的认识,旅行社对于所选择的品牌应该仔细斟酌,以免在其他的语言里引起不同的联想。

一个品牌能提升一个企业的形象,最终使产品与企业在消费者的心目中密不可分。然而要使品牌发挥其最大的影响力,企业就要在公司的文具、宣传手册、制服、店面门头、赠送礼品及旅游袋上尽量展示其品牌,以做到"整体营销"。

七、联合促销

联合促销也是近几年来很多旅行社所采用的一种销售办法,它是指两家或两家以上的旅行社为了共同的利益,而在产品销售方面采取的统一行动,例如,包机或专列。

第三节 旅行社销售业务的基本程序

对于旅行社而言,成功的销售方式不仅能增加产品的销售量,还能树立旅行社产品的良好形象。但是不同的产品其交易销售过程亦会不同,不过一般说来,旅行社的销售过程通常由以下几个步骤组成:

一、制订旅行社未来发展的目标计划

计划就是旅行社对未来经营方向的打算。计划的实施是战略和策略的结合,战略指的是长期的计划,是旅行社在未来两三年内销售活动中重大的决策,例如,公司的发展趋势、将来客户的定位、公司想要达到的收入及盈利目标。策略则是短期内旅行社对经营活动的决策,例如,广告的选择、资金的投放等。

二、确定与计划相应的销售目标及市场

当旅行社根据自己的现状制定好未来的发展目标计划后,便可以依据其计划找寻与之相应的销售目标及市场。例如,如果旅行社未来的发展目标是面向国际市场的,就应该在产品设计上倾向于国际旅游者的需求,并进行市场的详细划分,针对美洲、欧洲或亚洲不同国家的旅游者设定不同的销售目标及方式。一般情况下,在选择销售目标市场上应参考以下几点:

1. 确定目标人群

目标人群影响着产品销售的内容及价格,目标人群可以是新顾客,也可以是老顾客,还可以是潜在顾客。

2. 对旅游的需要

销售的根本目的是卖出产品,而目标人群对旅游产品的需要程度很可能成为影响产品销售的主要原因。影响需要程度的原因有很多,例如,收入、文化程度、环境等。

3. 针对所选定的目标人群及旅游者的旅游需要制定相应的销售目标

销售目标即可以以数字来衡定,例如,利润的多少、市场占有份额的多少。亦可以以自身产品来决定,例如,低价领先、产品差异、特色服务等。

三、针对旅游产品及市场确定销售方式

旅行社在确定了销售目标及市场后便可以选择合适的销售方式了,对旅行社而言不管是直接销售方式还是间接销售方式,都要借助于不同的销售手段,这些销售的手段既可以单一使用亦可以组合使用,但在其使用上应注意如下方面:

1. 销售方式的选择

旅行社与目标市场的距离、客源市场的集中度、旅行社的自身条件、比较不同的销售渠道所产生的经济效益,例如,一般的情况下,距离较远的目标市场亦采用间接销售方式、距离较近的目标市场亦采用直接销售方式。

2. 根据销售目标选择相应的销售手段

例如,旅行社初涉市场可以选择报刊媒体进行产品的广告宣传,待市场对该旅行社的产品有了熟悉度后,可借助人员推销的方式进行产品的销售,而对老顾客则可以借助邮寄宣传资料的方式加以维护。

四、销售预算

销售预算是旅行社销售管理中极为重要的决策,预算过大,导致成本增高,必然会影响旅行社的产品利润。预算过小,销售力度不够,同样会影响到旅行社的产品利润。因此,旅行社的工作人员在制定合理的销售预算时,应考虑以下几个因素:

1. 销售目标的大小

预算应以实现销售目标为前提,目标大则预算就大,反之目标小预算就小。

2. 竞争对手销售预算的多少

销售预算的根本目的是增加自己在市场上的产品占有额度,因此,在高度竞争的市场环境中,竞争对手的销售预算的大小同样会影响旅行社自身预算的制定。

3. 可投入的资金

旅行社现阶段的财务状况同样会影响销售预算。

4. 决策者对销售的重视程度

决策者对销售越重视,相应的投入的预算也就更大,反之,预算就会越小。

一般情况下,旅行社会采用以下几种办法来制定适合自己的销售预算:

(1)销售百分比法

销售额百分比法是旅行社依据一定时期销售额的百分比来确定销售预算的方法。由于其计算的标准不同,方式也就不同。例如,旅行社可以根据对下年度的预计销售额确定销售预算,也可以根据上年度或过去数年的平均销售额确定销售预算,还可以根据计划销售额和上年度销售额的平均值确定销售预算。销售百分比法的优点是计算简单方便,但不足之处是预算受销售额的影响,缺乏灵活性。

(2)利润百分比法

利润百分比法与销售百分比法比较相似,只是用利润代替了销售额,其优点是可以使决策者直接看到销售支出与企业利润之间的关系,但在使用上应适时而行,例如,旅行社新产品初创期,需要进行大量的促销,此时销售预算就不应采用利润百分比法。

(3)目标任务法

所谓目标任务法,就是旅行社首先确定现阶段自身所要达到的销售目标,然后确定为实现这一目标所作的促销工作,并计算出开支。对旅行社而言,只要目标明确,便可制定出准确的销售预算。其优点是灵活、适应市场的变化,但在实际使用上较为复杂,应用起来较难。

(4)竞争对抗法

竞争对抗法是旅行社根据竞争对手的销售预算来确定自身产品的销售预算,使自己的预算与竞争对手持平或高于竞争对手,这种方法虽然减少了促销战的可能性,但盲目地追随竞争者的销售预算,会使旅行社忽略掉自身的优势及情况,造成不必要的浪费。

(5)量力而行法

量力而行法是指旅行社应依照自身的财务状况,合理地确定销售预算。此种方法的缺点就是易造成预算的不足。

以上几种方法各有利弊,旅行社在确定销售预算时应综合考虑,以便找到适合的销售投入。

五、具体销售流程

经过旅行社前期销售目标及销售预算的确定,旅行社产品就进入到实质的销售过程当中。不同产品其销售的过程也不尽相同,但一般说来,通常由以下几点构成:

1)旅行社销售人员通过不同的方式向旅游者或旅游中间商推出其产品,编制日程表,核定产品价格,后者或全盘接受旅行社的产品或价格,或对旅行社的产品及价格提出修改意见,甚至可能全盘否决旅行社的产品而提出自己的产品。

2)旅行社销售人员根据旅游者或中间商的要求对产品进行修改,双方会就新的产品及价格进行协商直至双方满意。旅游者或旅游中间商会在确定购买后向旅行社提供旅游者的名单,通知抵达时间及抵达的交通工具。这一步骤有时需反复多次才能完成。

3)旅行社向国外的旅游者或旅游中间商销售旅游产品时,在获得客人的最终确认后,将向我国驻外使馆发出签证通知,客人凭此办理入境签证,并根据旅行社的要求按期付款。

4)旅行社的销售人员将经过确认的日程表和相关资料移交接待人员,由接待人员落实具体的接待事宜。

六、售后服务

1. 旅行社售后服务的内涵及作用

旅行社的售后服务是指旅游者结束旅游之后,旅行社主动与旅游者联系并向其继续提供一系列的服务,其目的在于加强同客人之间的联系及解决客人在旅游过程中产生的问题。

美国《旅游代理人》杂志曾对一些常客不再光顾原旅行社的原因作过系统的调查,调查结果如表 4.3 所示,其中显示,有 2/3 以上的客人不再光顾原旅行社原因都是由于旅行社不重视售后服务和不积极争取回头客等,因此,西方很多国家的旅行社都极为重视售后服务。首先,售后服务有助于旅行社及时地了解自身工作的不足,并加以改进。其次,良好的售后服务有助于旅行社树立自身的品牌形象,让旅行社在激烈的市场竞争当中求得生存和发展。最后,良好的售后服务将帮助旅行社获得老客户的信任,巩固及扩大客源。

表 4.3　旅行者不再光顾原旅行社的原因

不再光顾的原因	所占比例%
客人投诉没有得到处理或没有得到令人满意的处理	14
其他旅行社提供了价格更低、服务更好的旅游	9
经朋友建议,转而订购了其他旅行社组织的旅游	5
搬到别处去居住了	3
由于年老多病、丧偶等原因而放弃旅游	1
旅行社缺乏售后服务,顾客觉得是否继续订购该旅行社的旅行对旅行社来说是无所谓的	68

2. 旅行社售后服务的方式

(1)打问候电话

在客人旅游行程结束后的第二天,旅行社就应该主动给旅游者打问候电话,这种做法有很多好处。首先,旅游者会觉得旅行社非常关心、重视自己,对旅行社会有一个好的印象。其次,旅行社可以由旅游者处及时获知此次旅游行程安排是否有不当之处,以便以后的改进工作。最后,通过打问候电话旅行社可以就旅游者的投诉问题进行及时的处理,尽早平缓旅游者的情绪,化干戈为玉帛。

(2)填写意见单

在很多情况下,因为旅行社在人力上或精力上的诸多原因,不可能给每位客人都拨打问候电话,因此,请旅游者填写意见单也是不错的售后服务方式。意见单一方面是相对旅游者表示感谢及问候,另一方面也是让旅游者对此次旅游行程的安排提出意见及建议,以便旅行社今后工作的改进。意见单与问候电话相比内容可以有繁有简,便于旅行社整理及保存,为方便旅游者的填写,旅行社应尽量采取选择性的题目,并且附有回寄信封,以提高意见单的回收率。

(3)书信往来

旅行社对于一些较为重要的客人,可以采取邮寄亲笔书信的方式与之联络。这种做法突出了业务关系中人与人的直接交往,会使对方感到亲切及特别的关注。亲笔书信不需要时间的局限,只要是旅行社认为有需要,就随时可以邮寄。

(4)寄送明信片

与写亲笔书信相比,邮寄明信片对旅行社而言更为简单、方便。邮寄明信片一般分为两种:

1)问候性明信片。这种明信片应印有旅行社的名称、电话、地址等内容,同时还附有旅行社的员工亲笔填写的祝福之类的话语,并且旅行社还应该在明信片的填写内容上表达出期待下次合作的美好愿望。

2)促销性明信片。这是旅行社在与老顾客保持联系时会采用的一种联络方式,旅行社的工作人员在考察旅游胜地或带团过程当中,将印有当地特色风情的风光明信片寄给熟悉的顾客,这样做既向顾客介绍了新的旅游景点,为旅行社的产品做了广告,又起到了联络老顾客的目的。

(5)旅游者招待会

旅行社除了向顾客邮寄书信及拨打电话等联系方式外,还可以通过举办旅游线路咨询会、旅游者野餐会、舞会及在旅行社内部欣赏照片或风光图片的方式与顾客进行面对面的接触。举办这些活动一来可以加强旅行社与顾客之间的紧密联系,二来可以提高旅行社的知名度,三来这些活动可以帮助旅行社及时了解旅游者的想法,为旅行社在经营策略上起参考作用。最后,这些活动也能使旅游者之间相互了解,增加共同出游的愿望,为旅行社产品的销售增加了机会。

(6)节日祝贺

节日或旅游者的生日是旅行社加强与其联系的理想时机,旅行社在平时组团时应当注意收集客人的相关资料,并妥善地加以保存。在节日到来时,一个问候电话或一张生日卡片都将会使旅游者在惊喜之余更多了一份感动。并会增强旅游者对该旅行社的认同感,从而乐意购买该旅行社的产品。

（7）寄送旅行社内部的宣传资料

旅行社在同顾客进行文字或图片联系时，切忌用一大堆的广告把顾客的邮箱堆满，旅行社可以选择一些旅游风景名胜的报道或是有关旅游的趣味性的消息和文章，有条件的旅行社还可以将自己的社办小报邮寄给顾客，这种小报不是为了招徕顾客的广告，小报的内容主要是介绍旅游知识的经验、老顾客参加旅游后的感受文章等，内容不拘一格。这样的宣传小报不仅富有意趣性、人情味，同时也能起到宣传和广告的作用。

（8）组织旅行社开放日活动

为了密切与顾客的关系，一些西方国家的旅行社每年都会举办旅行社开放日活动，届时旅行社会有针对性地邀请一些旅游者到旅行社参观和观看录像，通过这些活动，可以让旅游者了解旅行社的设备、产品、服务规程，从而使旅游者坚信这家旅行社完全有能力为他们提供旅游咨询及接待活动。

第四节　旅行社产品销售中的法律义务

旅行社在进行旅游经营活动中，需要不断地与旅游者、旅游服务供应者之间发生联系，因此，三者之间会发生权利和义务的关系，同时旅行社还要接受旅游行政管理部门的管理并与之发生权利和义务的关系。明确自己的权利和义务并依照相关的法律、法规及行业标准进行产品的销售，是维护旅游市场正常秩序的基础，更是保障旅游者合法权益的重要体现。

一、旅行社产品销售中的权利

1. 自主经营权

1996年国务院颁布的《旅行社管理条例》中对旅行社的性质作出了明确的规定："旅行社是以营利为目的的，从事旅游事业的企业"。作为企业法人，旅行社具有包括生产经营决策权、产品定价权、销售权、采购权等经营权限，这些经营权限受法律的保护，受旅游行政管理部门监督管理。

2. 广告宣传权

旅行社可以依照其经营的业务范围充分利用各种宣传媒体进行旅游广告宣传和开展旅游业务促销活动，组织招徕和接待旅游者。

3. 签订合同权

旅行社有权与任何旅游团体和个人签订旅游合同，约定旅游服务项目。但双方应本着公平、自愿、合情、合理、合法的原则，旅游合同一经签订，对双方都具有约束力，旅行社要按照双方签订旅游合同所约定的项目为旅游者提供相应的服务。

4. 收费权

旅行社的企业性质决定它是以营利为目的的,因此,旅行社为旅游者提供综合配套的各项服务,有权按双方合同的约定收取相应的报酬。

5. 索赔权

旅行社有权向因未按旅游合同约定参加旅游活动的旅游者收取违约金,有权向因旅游者自身行为造成旅行社损失的旅游者提出索赔要求。

二、旅行社产品销售中的义务

1. 提供的服务要符合人身、财产安全的需要

旅行社最基本的义务是保障旅游者人身、财产的安全。所提供的旅游产品和旅游服务必须符合相应的国家安全标准,有责任和义务在旅游活动期间保护旅游者的人身、财产不受侵害。《旅行社管理条例》第二十一条规定:旅行社组织旅游,应当为旅游者办理旅游意外保险,并保证所提供的服务符合保障旅游者人身、财物安全的要求;对可能危及旅游者人身、财物安全的事宜,应当向旅游者做出真实的说明和明确的警示,并采取防止危害发生的措施。

2. 与旅游者签订合同

旅行社组织旅游者旅游,应当与旅游者签订合同,约定交通工具、旅游景点、食宿标准、娱乐购物等行程安排,并详细说明违约责任,确定旅游价格。《旅行社管理条例实施细则》第五十四条规定:旅行社因故不能成团,将已签约的旅游者转让给其他旅行社时,须征得旅游者的书面同意。未经旅游者书面同意,擅自将旅游者转让给其他旅行社的,转让的旅行社应当承担相应的法律责任。

3. 按照约定提供服务和收取费用

旅行社按照合同的约定为旅游者提供服务,其所提供的服务项目应明码标价、质价相符,不得有价格欺诈行为。《旅行社管理条例》第二十二条规定:旅行社对旅游者提供的旅行服务项目,按照国家规定收费;旅行中增加服务项目需要加收费用的,应当事先征得旅游者的同意。旅行社提供有偿服务,应当按照国家有关规定向旅游者出具服务单据。

4. 提供真实、可靠的信息

旅行社在向旅游者提供的信息必须真实可靠,不得制造和散布有损于其他旅行社的企业形象和商业信誉的虚假信息,不得以低于正常成本价的价格参与竞销,不能假冒其他旅行社的注册商标、品牌和质量认证标志。《旅行社管理条例》第二十条规定:旅行社

向旅游者提供的旅游服务信息必须真实可靠，不得作虚假宣传。

5. 选择信誉良好的合作社

旅行社在组织旅游者出省或出境旅游时，应选择信誉良好、实力较强的合作社，以确保旅游行程的顺利进行。《旅行社管理条例》第二十五条规定：旅行社组织旅游者出境旅游，应当选择有关国家和地区的依法设立的、信誉良好的旅行社，并与之签订书面协议后，方可委托其承担接待工作。

因境外旅行社违约，使旅游者权益受到损害的，组织出境旅游的境内旅行社应当承担赔偿责任，然后再向违约的境外旅行社追偿。

案 例

广之旅成功的营销公关之路

在广之旅的品牌崛起过程中，大规模的持续不断的营销公关，可谓功不可没。近年来，广之旅运用报纸、杂志、电台、电视和互联网，立体化、不间断地大量发布系列旅游广告，向顾客及时传递公司旅游产品信息。同时，策划"美在花城"等一系列大型活动，树立公司品牌形象。此外，还借鉴国外旅游同行的成功经验，率先进军电视领域，斥资数十万元分别与广东电视台合作推出"无限风光广之旅"栏目，与广州电视台合作推出"广之旅，哪里最好玩"栏目，丰富广东电视的旅游资讯，引导广东旅游者的旅游消费。

在公关宣传方面，广之旅通过参与社会公益活动，积极开展旅游文化建设，使企业品牌形象日渐丰满。

旅行社所出售的线路产品，本质上是对旅游要素及其相关资源的一种整合，很容易模仿和复制。旅行社的旅游新线路一旦推向市场并获得成功，很快就会被其他同行"克隆"。面对旅游线路产品高度同质化的现象，广之旅的高层领导认为，只有打造出热心社会公益事业、富有爱心和社会责任感的良好形象，企业可持续的长远发展才能获得保证。为此，广之旅多年来在参与社会公益事业方面可谓不遗余力。1995 年夏，泰国游市场违法经营现象十分严重，广之旅会同广州市旅游局和泰国旅游局，联合召开"泰国游质量倡议会"，组织记者赴泰考察旅游质量，并在传媒上进行呼吁。接着又与另外两家有权经营泰国游的旅行社一起，统一出团价格，净化旅游市场，优化旅游环境；抗战胜利 50 周年，广之旅组织老八路、老将军重游延安，走访南泥湾、宝塔山等抗战胜地；重阳节来临之际，广之旅组织 100 名当年曾为解放广州、建设广州立下汗马功劳的老革命畅游羊城，参观广州城市建设的新面貌；香港回归之际，广之旅组织"广州旅游界迎香港回归嘉宾团"，赴香港庆祝回归。在香港回归后祖国的第一个国庆日，又组织千名香港学生参加"祖国历史文化教育团"。2007 年，又组织了广州第一家"长者旅游俱乐部"，向社会公众展现了一个充满爱心的广之旅企业形象。

此外，广之旅还通过参与旅游文化建设，努力塑造"旅游文化行家"的品牌形象。近年来,广之旅积极倡导和参与繁荣广东文化的各项活动。先后和南方日报合办"旅游百家谈"征文大赛,促进旅游理论研究和宣传;与省新闻工作者协会合办"广之旅杯"旅游好新闻大赛,推动广东省的旅游宣传事业;举办两次"广之旅杯"旅游摄影大赛,并将获奖作品在报章上发表及公开展览,借此推动高层次的旅游消费,倡导别具特色的旅游文化。这些活动形式多样,立意各异,除在社会上造成一定影响外,更吸引旅游界、新闻界、摄影界及社会各界人士积极参与。据统计,光是摄影大赛一项,就吸引全国各地摄影爱好者近千人参加。

2007年,广之旅跟其他企业合作,创办国内首个旅游文化广场——广之旅东峻旅游文化广场。旅游文化广场围绕旅游这一主题,长期地、连续不断地推介宣传不同专题的旅游文化、线路和项目,并为广州市民带来新鲜活泼的旅游资讯,包括大型图片展示、实物展示、节目表演、旅游风光片滚动播出、旅游点风味小吃、土特产、工艺品的赠送、销售、现场咨询、报名等。在广场内还设有旅游爱好者网吧,为旅游爱好者提供旅游咨询服务,大大丰富了广州市民的文娱生活。而广之旅也随着这些活动进入千家万户,品牌价值不断提高。

回顾多年来的品牌发展历程,广之旅董事长郑烘先生认为,旅行社要保持竞争力,关键在于品牌优势。而品牌一定要以品质为基础。没有品质作为保证,品牌建设无异于在沙滩上建造楼阁。而广之旅的市场成功经验,归结起来就是一句话:"一切为了客人满意"。

在广之旅集团总部的大厅中央,有一只由中国质量协会颁发的服务品质最高奖——"中国用户满意鼎"。这是中国质量协会向中国旅游行业颁发的第一个"满意鼎"。它象征着国内旅行社业质量管理的最高荣誉,也是广之旅20多年来诚信经营和卓越管理的现实写照。

资料来源:博锐管理在线.2007-9-6,作者:郑泽国

思考与练习

1. 什么是旅行社的直接销售?它有几种销售途径?

2. 因旅行社的间接销售而形成的销售策略有哪些?试分析不同的销售策略各有哪些优缺点。

3. 对旅行社而言如何选择合适的中间商?

4. 旅行社的主要销售手段有哪些?

5. 试比较说明直接营销的3种形式各有何不同。

6. 旅行社销售业务的基本程序有哪些?

7. 影响旅行社销售预算的因素有哪些?旅行社常采用的预算方式有哪些?

8. 如何做好售后服务?

9. 旅行社产品销售中的法律义务有哪些?

第五章 旅行社的协作网络建设管理

学习目标

1. 了解旅行社协作网络的构成
2. 了解建立旅行社协作网络的方法
3. 了解旅行社协作网络的维护与变更方法

旅行社具有高度的综合性,涉及到旅游活动的各个方面。旅行社与相关部门建立合作关系,形成协作网络,将为产品供应提供保障,并有助于控制产品的质量。

第一节 旅行社协作网络的构成

为了达到保证供应的目的,旅行社应该和有关的旅游服务供应企业,如饭店、餐馆、车船公司等建立起广泛且相对稳定的协作关系。在出现旅游服务供不应求时,协作网络越广泛,旅行社取得这些紧缺服务的能力就越强。在出现供过于求的情况时,采购工作的重点应转向取得优惠价格方面,而为了得到最便宜的价格,也同样需要有一个广泛的协作网络。旅行社要建立和维持广泛的协作网络,一要善于运用经济规律,与协作企业建立互利的协作关系;二要善于公关,促进企业领导之间及有关购销人员之间建立良好的人际关系。

旅行社协作网络是指旅行社和其他旅游服务供应部门或企业的互利合作的关系网络。旅行社通过与其他旅游服务供应部门或企业洽谈合作内容与合作方式,签订有关合同或协议,明确双方权利、义务关系及违约责任,从而保证旅行社所需旅游服务的供给,降低旅行社的成本。旅行社之所以要建立协作网络,是因为:

1)旅行社产品具有高度的综合性,一项旅游产品往往包含餐饮、住宿、交通等多项服务,这些服务项目多数是旅行社不具备的,因此,旅行社要顺利地组合自己的旅游产品并将其顺利地销售出去,就必须与相关的旅游服务供应部门或企业进行协作,从这些单位采购自己所需要的服务项目。否则,旅行社的工作将无法进行。

2)旅行社工作具有强烈的季节性特点,在旅游旺季到来时,旅游服务供应全面紧张,这时如果旅行社还是临时去联络供应单位,则所需的服务项目将难以得到保证,而一个协作网络的存在将增强旅行社获得紧缺服务的能力。在旅游淡季或出现旅游服务功过于求的情况时,一个协作网络的存在也将使旅行社更容易取得一个优惠的价格。

3)协作网络的存在可能使旅行社获得更优惠的采购价格和更高质量的服务,使旅行社降低购买成本,增强企业的竞争力。

4)由于协作网络的存在,旅行社与其他合作单位形成了长期的协作关系,双方都知根知底,相互间的信任感会加强,这使旅行社的交易安全得到保证。同时,相互信任的气氛也将有利于旅行社降低整个企业运营成本。

旅行社协作网络由旅游产品涉及到的所有单位构成,综合起来包括:交通部门、住宿部门、餐饮部门、参观游览部门、购物商店的、娱乐部门、保险公司、相关旅行社。

第二节 旅行社协作网络的建立

旅行社产品的高度综合性和旅行社业务强烈的季节性,决定了建立旅行社协作网络的必要性。不仅如此,旅行社协作网络的质量还将直接决定旅游服务采购的质量,并由此对旅行社的产品质量产生直接影响。

协作网络的建立是旅游服务采购的基础工作,它是指旅行社通过与其他旅游企业及与旅游业相关的各个行业、部门洽谈合作内容与合作方式,签订经济合同或协议书,明确双方的权利、义务及违约责任,从而保证旅行社所需旅游服务的供给。

一、与交通部门的合作

城市间的交通服务和城市内的旅游交通服务,是旅游者在旅游活动过程中实现空间转移的必然媒介。因此,迅速、舒适、安全、方便的交通服务是旅行社产品不可或缺的组成部分,并对旅游日程的实施、旅行社的信誉产生至关重要的影响。所以,旅行社必须与包括航空公司、铁路、水上客运公司和旅游汽车公司等在内的交通部门建立密切的合作关系,并争取与有关的交通部门建立代理关系,经营联网代售业务。这在我国目前的交通运输状况下显得尤其重要。

事实上,在经济发达的国家和地区,交通运输行业的竞争已经相当激烈。它们非常热衷于同旅行社进行业务合作,以寻求稳定的客源渠道。

二、与住宿部门的合作

饭店是旅游业的三大支柱之一,饭店服务是旅行社产品的重要组成部分,并在一定程度上已经成为评价一个国家旅游业接待能力的重要标志。旅行社如果不能依照客人的要求安排饭店,或者安排的饭店服务不符合客人的要求,将直接影响接待工作的质量。因此,旅行社必须与饭店业建立长久、稳定的合作关系,这是旅游服务采购工作的重要组成部分。

三、与餐饮部门的合作

餐饮服务是旅游供给必不可少的一部分,是旅游接待工作中极为敏感的一个因素。对现代旅游者来说,用餐既是需要又是旅游中的莫大享受。餐馆的环境、卫生,饭菜的色、香、味、形,服务人员的举止与装束,餐饮的品种以及符合客人口味的程度等,都会影响旅游者对旅行社产品的最终评价。旅行社必须与餐饮业建立良好的合作关系,这是旅游服务采购中选择余地较大,而且又关系重大的一项工作。

四、与参观游览部门的合作

旅游资源是旅游活动的客体,是一个国家或地区发展旅游业的物质基础。参观游览是旅游者旅游活动的最基本和最重要的内容。因此,旅行社与游览单位的合作关系也就显得特别重要。

五、与购物商店的合作

旅游购物属于旅游者的非基本需要,但现代旅游过程中,没有购物的旅游是极少的。所购物品不仅可以成为旅游者旅游的美好纪念,而且还可以成为商品贸易的样品。为使购物活动成为旅游活动中丰富多彩、不可缺少的一部分,为方便旅游(团)者节省时间,免遭欺骗,旅行社须与有关商店建立相对稳定的合作关系。

六、与娱乐部门的合作

娱乐也属于旅游者的非基本需求,然而,在现代旅游中增长知识、了解旅游目的地(国)的文化艺术,已成为旅游者日益普遍的需求。娱乐是旅游活动的六要素之一,特别是组织好旅游(团)者的晚间文化娱乐活动,不仅可以消除旅游者白天参观游览的疲劳,具有寓休息于娱乐中的效果,而且可以丰富、充实旅游活动,起到一种文化交流的作用,使整个旅程锦上添花。这就要求旅行社与娱乐行业建立必要的合作关系。

七、与保险公司的合作

旅游保险是旅游活动得到可靠社会保障的不可忽视的重要因素,是指对旅游(团)者在旅游过程中,因发生各种意外事故而造成经济损失或人身伤害之时,给予经济补偿的一种制度。根据国家旅游局的有关规定,旅行社组织团队旅游,必须为旅游者办理旅游意外保险。旅游保险有利于保护旅游者和旅行社的合法权益,还有利于旅行社减少因灾害、事故造成的损失。它对旅行社的发展具有重要意义,并为旅行社和保险公司提供了合作的前提和基础。

八、与相关旅行社的合作

组团旅行社为安排旅游团(者)在各地的旅程,需要各地接团旅行社提供接待服务。而这对组团社来说,也属于旅游服务采购的范围。组团社应根据旅游团(者)的特点,发挥各接团社的特长,有针对性地选择接团社。接团社接待服务中自身不能供给的部分,则同样通过采购来解决。

总之,旅行社产品的特点决定了旅行社业务合作的广泛性,而在社会主义市场经济条件下,旅行社与旅游业其他部门和行业之间关系的核心,是互利基础上的经济合同关系。只有这种在法律制约下的合作关系,才是旅行社协作网络稳定、健康发展的基础。

第三节　旅行社协作网络的维护与变更

旅行社协作网络的建立对旅行社来说有着非常重大的作用,所以在日常运作中,双方都要遵循以下原则,以维护协作网络的良好运行。

第一,广泛覆盖的原则。这一方面是指旅行社的协作网络应该覆盖旅行社可能采购的一切服务领域,如交通、餐饮、住宿、景区、景点、娱乐等。另一方面是指在同一服务领域内,旅行社应尽可能与更多的不同规模和档次的旅游服务供应者建立协作关系。

第二,互惠互利的原则。互惠互利是旅行社与旅游服务供应部门和企业之间合作的基石。只有合作双方都能获得利益,合作关系才有可能长久,否则,合作关系将难以维持。

第三,诚实守信原则。在合作过程中,旅行社严格按照合同的要求履行合同义务,在出现违约时主动、及时地承担责任。同时要自觉遵守商业道德,做到言而有信,以诚相待。

旅行社一方面没有相对固定的协作网络。旅行社协作网络总是随旅行社服务采购的需求在变更。另一方面,合作方也在不断变化,旅行社要在遵循以上原则的前提下,根据自己的需要不断筛选合作伙伴以完善自己的网络,使自己在竞争中占据有利的位置。

案　例

网络建设管理的作用不可忽视

根据 CNNIC 在 2005 年 7 月的最新统计,中国 81.3％的互联网用户的年龄在 18～35 岁,67％受过大学以上教育,美国网民大学学历占 40％。这部分人有较高的的经济收入,对自己及家人的生活品质较为关注,同时也有能力为提高生活品质追加投资。截至2007 年底,我国上网用户人数为 1.82 亿人,比 2006 年用户规模增长 33.8％,在 2008 年这个数字达到 2.44 亿人,预计到 2011 年中国互联网用户数将达到 6 亿。互联网作为迅速发展的行业,以其包含的大量的信息吸引着极速增长的用户群体,因而利用互联网为用户提供信息的 ICP(Internet content providers)被称为新兴的第四媒体。由互联网所带动的这场社会全局性变革,以超乎我们预期的威力和速度冲击着社会的各个层面。作为全新的媒体和全新的虚拟市场,互联网不但改变了人们生活、工作的各个方面,而且也创造出许多全新的需求和商机。市场工作者也正积极探索网络广告的优势,争相利用这个新兴媒体。

2007 年美国互联网广告总开支达 255 亿美元。虽然中国的互联网广告在 1997 年才开始出现,但是经过三年的发展,网络广告已经成为中国互联网站的最主要收入形式。

由于上述优势,中国互联网广告收入也以每年 400% 的速度递增,2004 年、2005 年、2006 年中国网络广告规模已达到 18 亿元、27 亿元、40 亿元,网络广告将成为企业市场推广必不可少的高效途径。

思考与练习

1. 什么是旅行社协作网络?
2. 为什么要建立旅行社协作网络?
3. 旅行社为什么要与购物商店合作?
4. 简述旅行社与保险公司的合作关系。
5. 简述旅行社与相关旅行社的合作关系。
6. 旅行社如何维护协作网络?

第六章 旅行社的接待管理

学习目标

1. 了解旅行社接待的性质和特点
2. 了解旅行社接待业务的标准与程序
3. 掌握旅行社团队与散客的接待管理
4. 掌握旅游接待中常见问题的处理方法
5. 掌握旅游安全事故的处理方法

接待管理工作是旅行社运营的基本环节之一,也是旅行社的一项重要业务,旅游接待过程是旅行社的直接生产过程。对于旅行社的接待业务的管理,主要应围绕接待人员的管理和接待过程的管理而展开的。旅行社接待人员的主体是导游人员,接待过程的管理也因产品的组成形态不同,划分为团体旅游和散客旅游。本章主要对旅行社接待概况和接待管理的基本内容进行阐述,这便构成了旅行社接待管理的基本思路。

第一节 旅行社接待的性质与特点

一、旅行社接待工作概述

旅行社的接待工作基本上由导游部负责,当然也有的旅行社不设专门的导游部,但接待工作始终是旅行社重要的日常工作之一。导游部(通常又称接待部)是旅行社的重要部门之一,它与其他部门共同组成了旅行社工作的整体,直接承担着对旅游团(旅游者)的各项具体接待服务,即导游服务工作。

旅行社的接待工作主要也就是导游服务过程。当然,这是在旅行社其他部门提供的交通、票务和食、宿预订服务保证的前提下完成的。作为旅行社重要的接待人员——导游,由于其自身工作繁重、独立性强、流动性大和工作难度高的特点,使得对导游的管理工作也具有一定的难度和较高的要求。因此,如何做好旅行社导游部门的管理和提高导游人员的素质,在某种程度上可以说是旅行社整个管理工作的成败和发展的关键。

长期以来,我国的旅游业界在对旅行社管理的实务中,更多地把精力放在市场的外联销售和计调业务上,对导游部门的管理及导游实务重视程度不够。很多人认为,只要有旅游团就有了一切,只顾拉拢团队,而接待工作却无人问津。更有甚者,有些旅行社为了降低运营成本,压根就没有自己的导游人员,接到的团队就随便扔给社会上的兼职导游。殊不知,接待和销售是互为因果的,若接待得不好,导游服务质量差,终将失去顾客。因此,旅行社必须同样重视导游部的管理和不断提高导游的工作技能,只有这样才能保证旅行社在旅游业竞争中的健康发展。

在国外的一些发达旅游国家,旅行社一般都设有导游部,而且有着严格的管理。在我国,近年来由于旅行社的竞争较大,旅行社重销售轻接待的思想使一些旅行社放松了对导游部应有的重视,很多旅行社不再设立接待或导游部,甚至没有专职的导游人员,导游部的工作基本上由计调工作所包含和替代,因而根本谈不上管理和实务。不设导游部和专职的导游人员,固然可以降低成本,节约开支,减免部门间的矛盾和提高工作效率,但从长远来看,弊端丛生:

1)由于兼职导游对旅行社的情况了解甚少,且无利益挂钩,在带团过程中缺乏主人翁意识,表现为没有责任心和工作积极性,容易造成接待服务中的缺憾,甚至"砸团"。

2)兼职导游的服务能力、水平和品质,旅行社一般无法把握和深入了解,更不会对兼职导游进行定期的培训与考核,一旦碰上一个较差的导游,必然会造成旅游者的不满与投诉,损害了旅行社的信誉。

3)兼职导游很少会对其所供职的旅行社做宣传和促销工作,更少积极主动地配合旅行社做好售后服务,甚至会诋毁旅行社的形象,把客户带走。

一个旅行社要想健康、持续发展,应具有长远的眼光,必须高度重视导游部门的管理,提高服务质量,以对旅游者高度负责的态度,来实现提高经济效益的目的。

二、旅行社接待的性质

在不同的国家和地区,由于社会制度、意识形态和民族文化的不同,导游接待服务的属性也不相同。但是,世界各国的导游接待服务均有以下共同属性:

1. 经济性

旅行社是以营利为目的的企业,导游服务的经济性质是指接待服务可以获利创收,主要表现在以下几个方面:

(1)直接创收

可以通过直接为旅游者服务,以及各种代办服务,收取服务费和手续费,为旅行社实现利润,为国家创收外汇。

(2)间接创收

导游可以通过向旅游者提供优质的接待服务,来招徕回头客,扩大新客源,这种间接的创收作用是不可忽视的。

(3)实现经济、文化交流

接待服务的海内外旅游者中,不乏科学家、艺术家和经济界人士,良好的服务可以起到牵线搭桥的作用,促进相互间的科技、文化、经济交流,为国家和当地的经济文化建设做出贡献。

2．服务性

旅行社接待工作主要是·导游服务工作，既然是一种服务工作，它与第三产业的其他服务一样，属于非生产型劳动，是一种较为复杂的劳动，是体力和脑力相结合的服务。例如，翻译、导游讲解、旅行生活服务等，都是为了满足旅客游览、审美愿望和安全、舒适旅行的需要。但是，导游服务不同于一般、简单的技能服务，而是一种复杂的高智能、高技能服务，因而属于高级服务。

3．文化性

旅游活动包含着对文化的了解，对知识的渴求，这在客观上要求接待工作具有较高的文化性。接待工作的主要部分是导游接待服务，导游接待服务不仅要帮助、照顾客人的旅行生活，更重要的是要在讲解的过程中传播文化。导游为来自世界各地、各民族的旅游者服务，通过引导和生动的讲解，给旅游者以知识、乐趣和美的享受，同时还吸收着各国、各民族的传统文化，并有意无意地传播着异国文化。可以说，导游接待服务是传播文化的重要渠道，导游是传播文化的使者。所以，接待工作具有较强的文化性。

4．社会性

旅游是人类社会历史发展的产物，旅游活动是一种社会现象，在社会物质文明和精神文明建设中起着十分重要的作用。在旅游活动中，导游接待着四海宾朋、八方旅游者，处于接待工作的中心位置，推动着世界上这一大规模的社会活动，所以导游接待工作本身就具有社会性。而且导游接待工作本来又是一种社会职业，对大多数导游来说，它还是一种谋生的手段。

5．涉外性

国际旅行社业务中有出入境旅游业务，接待服务的涉外性主要表现在以下两个方面：

（1）宣传国家的建设成就

对于外国旅游者而言，通过导游的讲解，可以正确地帮助他们了解、认识目的地国家。同样，导游陪同本国旅游者出境旅游时，目的地国的人民也希望从导游那里了解客源国的情况。对于国内旅游者来说，导游是本地区的形象代表，宣传和讲解本地的文化、建设成就，也是义不容辞的责任。

（2）发挥民间外交的作用

在旅游者心目中，导游是一个国家或地区的代表，是"民间大使"。导游可利用旅游活动的群众性、广泛性特点广交朋友，可利用接触旅游者面广、机会多、时间长、无语言障碍等有利条件，与旅游者广泛交流，加深旅游者对目的地国家或地区的认识。

三、旅行社接待的特点

导游接待服务贯穿于旅游活动的全过程，是一种高智能、高技能的服务工作，而它还是旅行社服务中最具代表性的服务。旅行社接待服务的特点归纳于以下几点：

1. 独立性强

导游接待工作是独立性很强的工作。导游在接受旅行社委派的任务后,独自带团外出旅游往往要独挡一面。导游要独立地宣传、执行国家政策,独立地执行旅游计划,组织旅游活动。尤其是在出现问题时,还要独立地、合情合理地进行处理。导游要根据旅游者的不同文化层次和审美情趣有针对性地进行讲解,以满足他们的精神文化需求。导游人员的导游讲解,也具有相对的独立性,每位导游应该独立完成,其他人无法替代。

2. 复杂多变

导游接待工作不但复杂,而且多变。首先,接待服务的对象复杂。当今旅游已发展为大众旅游,旅游者的范围日益扩大,无论是来自的国家和地区、民族、肤色、职业、性别、年龄、宗教信仰和受教育的程度,还是性格、习惯、爱好都是情况各异,千差万别。其次,旅游者的需求多种多样。正如"世界上没有两片完全相同的树叶"一样,旅游者在旅游过程中有着各自不同的需求。由于对象的不同、时间场合的不同、客观条件的不同,同样的要求或问题也会出现不同的情况,需要导游审时度势、准确判断,并妥善处理。再次,人际交往关系复杂。导游一方面代表委派的旅行社,要履行旅行社的责任,维护旅行社的信誉和利益,另一方面又代表旅游者,要维护旅游者的合法权益,还要以双重代表的身份与有关方面交涉。导游正处在这种复杂的人际关系网的中心。最后,导游还要面对各种物质诱惑和"精神污染"。旅游业的迅速发展,也不可避免地带来了一些负面效应。导游在接待过程中,常常会受到一些不健康的思想意识和生活作风的影响,面临这种情况,导游必须有坚强的意志和高度的职业警惕性,始终保持清醒的头脑,自觉地抵制"精神污染"。

3. 脑力劳动和体力劳动的高度结合

如上所述,接待服务是一项脑力和体力高度结合的服务性工作。旅游活动是为了满足旅游者的精神文化需求的活动,导游通过进行景点的讲解、解答旅游者的问题来满足旅游者的精神需求,这是一项艰苦而又复杂的脑力劳动;而且,导游的体力劳动的工作量也很大,除了进行介绍讲解外,还要随时随地应旅游者的要求,帮助解决问题,尤其是到了旅游旺季,导游人员往往连轴转,体力消耗很大,常常无法正常休息。

4. 跨文化性

旅行社接待服务是传播文化的重要渠道,导游所在地的文化是通过其介绍出去的,目的地的文化传统、民俗风情、禁忌习惯也要通过其进行传播,这就决定了导游接待服务的跨文化性。

5. 高接触性

旅游业是第三产业中的服务性行业,根据顾客服务推广的参与程度将服务分为三大类,即高接触性服务、中接触性服务和低接触性服务,而旅游服务就是一种高接触的服务。因为多数情况下,旅游者都自始至终地参与旅行社旅游服务的全过程。

正因为服务对象被服务的时间长,强调的是对人的全程服务,所以旅游者对旅游服务的要求比较高,不允许有瑕疵出现。

第二节 旅行社接待业务的标准与程序

一、旅行社接待业务的标准化

1. 旅行社接待服务标准化的含义

旅行社接待业务的标准化是为了规范旅行社的业务行为。旅行社接待服务的标准化,是指旅行社应按照一定的标准,在旅游接待过程中向旅游者提供的相关的各种服务。

旅行社服务的标准化是适应国际发展潮流的一种做法。近年来,国际标准化组织(ISO)在全球80多个国家和地区推广标准化,这是国际经济秩序和世界贸易的需要,中国要与国际惯例接轨,进入国际贸易市场,其关键就是产品、技术、服务、知识产权等方面的标准与国际标准是否取得一致。

国家旅游局为了规范旅游接待服务及相关产品的等级,专门颁发了《旅行社业对客人服务的基本标准》,根据这一规定,旅行社接待服务过程必须坚持以下标准:

1)实行"三定",即安排旅游者到定点旅馆住宿、定点餐馆就餐、定点商店购物,并确保向旅游者提供符合合同规定的服务。

2)采取必要的措施以保证旅游者的人身财产安全;完善行李交接手续,保证旅游者行李运输的安全和准确无误。

3)旅行社委派接待的导游人员必须通过全国导游人员考试,取得国家旅游局颁发的导游员证书,并在接待前做好一切的相关准备工作。

4)旅行社应将文娱活动作为固定节目安排。

5)对不同的国别、肤色、职业、性别、年龄的旅游者要一视同仁,热情接待。

2. 旅行社接待服务标准化的必要性

(1)消除导游接待工作的随意性,保证接待质量

对导游接待过程做规范化、标准化的处理,在一定程度上可以约束导游的接待行为,同样也是衡量导游服务质量高低的重要标志。

(2)指导导游活动的正常进行

用描述性的语言对导游的各接待环节的工作内容、顺序和标准做出一系列的规定,对导游服务有示范作用。导游服务规范化具有指导性作用,是导游工作的参照体系,能保证导游活动的正常进行。

(3)是规避风险的必要手段

导游服务环节的标准化教会导游该做什么,不该做什么以及怎样去做,可以最大限度地减少服务过程中的错误。

二、旅行社接待业务的程序化

所谓旅行社接待服务的程序化,是指旅行社根据接待服务的特点,对接待服务的每一环节和每道程序进行详细规定,并据此向旅游者提供接待服务。

接待服务的程序化是旅行社保证旅游服务的有效手段。在这方面,我国的旅行社已经积累了不少的有益经验。国家旅游局在此基础上制定了全陪工作细则和地陪工作细则。除此之外,许多旅行社还根据自身的业务特点,对各类工作都做了程序规定,例如,票务工作程序、后勤工作程序等。我国旅行社管理已经证明,接待服务程序可以减少事故隐患,保证接待工作的落实,从而最终提高接待服务的质量。同时,接待服务程序化还有利于旅行社接待服务质量的监督与管理,使得接待服务有章可循。

接待服务的标准化是旅游质量基本要求的量化,接待服务的程序化是进行旅游服务的次序,能起到确保旅游服务操作技能质量的作用。接待服务标准化和程序化都是旅行社接待服务的最基本要求,也是旅行社接待管理的有效途径。如江西省旅游局于2004年颁布了《江西省内旅行社内部管理规范(试行)》和《江西省导游人员职业规范(试行)》,对提高江西省旅行社和导游的服务质量起了很大的作用,得到了国家旅游局的充分肯定。所以,旅行社必须按照国家的有关规定和旅行社自身的业务特点,制定出适合实际需要的接待服务标准和程序,以确保接待服务的质量。

第三节　旅行社团队与散客的接待管理

一、旅行社团队接待管理

1. 旅行社团队

旅行社团队是指10人以上(含10人)的旅游者组成的旅游集体,采取一次性付旅费给旅行社,有组织地按计划进行旅游的方式。

旅游团队一般分为入境旅游团队、出境旅游团队和境内旅游团队。

2. 旅行社团队接待的特点

旅行社团队接待业务是指旅行社根据事先同旅游中间商达成的旅游合同或协议,对旅游团队在整个旅游过程中的食、住、行、游、购、娱等项目活动提供具体的组织和安排落实的过程。根据旅游团队的分类,旅行社团队接待也相应地分成入境旅游团队接待、出境旅游团队接待和境内旅游团队接待。旅行社团队接待的特点如下:

（1）计划性强

这是团队旅游接待的一个显著特点,旅游计划中任何纰漏都可能给整个旅游活动造成严重的影响,并会给旅行社和旅游者带来经济损失和心理挫伤。

（2）技能要求高

由于团队旅游人数多,成员之间关系复杂,不少旅游团内的旅游者根本互不相识,需要在有限的时间内相互适应,因此给旅游接待工作带来了很大的难度。

（3）协调工作多

团体旅游接待是一项综合性很强的旅行社业务,需要旅行社接待过程中及接待工作开始前和结束后进行大量的沟通和协调工作。

3. 旅行社团队接待的管理

团队旅游接待是许多旅行社的重要业务之一,也是这些旅行社重要的经营收入渠道之一。旅行社团队接待一般可分为三个阶段:接待前的准备阶段、实际接待阶段和接待后的总结阶段。旅行社应根据各阶段的特点,采取不同的措施及方法予以控制,以达到有效管理的目的。

（1）准备阶段的管理

在接待前的准备阶段,旅行社应着重抓好如下几项管理工作:

1）制定接待计划。接待部门从外联销售部门收到接待通知后,首先要研究内容,制定一个好的、有针对性的接待计划,它是旅游团(者)旅游活动的文字依据。一个接待计划一般必须包括该团的基本情况和要求、日程安排、成员名单三部分。基本情况和要求必须写明团员、团的编号、各家旅行社组织、旅游团人数(男、女、儿童)、在各地住何饭店、有何要求、结算方式及旅游团的类别或等级。日程安排必须写明出入境日期、航班(车次)、抵离各城市所乘的交通工具,以及在各地的主要参观项目、特殊要求等。成员名单要有姓名、性别、年龄、职业等。

2）配备合适的接待人员。接待计划制定好后,安排全程陪同、地方陪同非常重要,要根据旅游团(者)的年龄、文化背景、职业和有关要求等状况,配备合适的接待人员。这就要求旅行社必须全面地了解社内接待人员的特点与专长。重点团要找经验丰富、反应灵活的人员担任;专业团要求外语强而又有专业知识的人员去陪同;对年轻的学生团,要安排性格开朗、热情活泼的导游人员;而对老年团,要找一位性格温和、耐心细致并懂得一些医药知识的导游人员陪同。

3）适时检查接待计划及落实情况。接待计划和行程是旅游者旅游活动的依据。其质量的高低将直接影响旅游活动的评价。因此,旅行社管理人员应适时检查计划及其落实情况,以便发现计划的不足之处和不同环节可能出现的漏洞,特别是对重点旅游者接待计划和新手拟定的接待计划安排,更应给以特别的关注,以求防患于未然。

4）必要的提示和指导。旅行社管理人员应全面了解接待人员的情况,并在适当的时候以适当的方式对下属工作给予必要的指导和帮助,以确保各环节工作的落实,并帮助工作人员提高业务水平。

(2)接待阶段的管理

1)建立畅通的信息系统。旅行社应建立通畅的信息系统,以便随时掌握各旅游团(者)旅游活动的进展情况,并及时采取有效的措施,弥补接待过程中发生的服务缺陷,以减少不必要的投诉,保持良好的社会声誉。

2)做好必要的抽查和监督。抽查与监督是直接获取接待方面信息的有效途径。通过这一途经,旅行社管理部门可迅速、直接地了解接待服务质量和旅游者的评价,为旅行社接待质量管理提供有用的资料。

3)严格请示汇报制度,加强联络与协助。接待工作有很强的独立性,因此,我们强调接待人员,特别是导游人员应具有独立组织能力、独立工作能力和应变能力,这是旅游活动顺利进行的保障。但是,这并不排斥导游人员应就旅游活动过程中的情况变化和事故等,及时请示旅行社的相关管理部门,经常保持联系,取得必要的指导和帮助。只有这样,才能避免由于个人知识、能力不足所造成的处理不当。尤其是新的接待工作人员更应养成多请示、多沟通的习惯。

(3)总结阶段的管理

1)建立、健全旅行社接待总结制度。总结是接待服务不可缺少的一个环节,是旅行社提高工作效率和服务质量的必要手段。我国旅行社发展的实践已经证明,凡是总结制度健全的旅行社,其服务质量和接待水平就高,反之则低。这就要求旅行社必须建立、健全接待总结制度,不断提高接待服务质量。

2)抽查陪同日志和接待纪录。通过抽查陪同日志和接待记录,可以了解旅游者接待情况和相关服务部门的协作情况,为旅行社改进产品、提高导游人员水平和完善协作网络提供必要的依据。

3)审查重大事件的报告。通过审查重大事件报告,旅行社可以积累经验,并及时发现问题,采取补救措施。

4)处理旅游者表扬和投诉。表扬是旅游者对接待人员的肯定。旅行社通过对优秀工作人员及其事迹的宣传与表扬,可以在接待人员中树立榜样,而榜样的作用能促进旅行社接待人员素质的提高。投诉则是客人对服务质量不满的一种表示,处理得当不仅可以争取旅游者的理解,而且可以教育工作人员。然而,对情节严重者,旅行社应根据情况作出必要的行政及经济处罚。

二、旅行社散客接待管理

散客旅游又称为自助或半自助旅游,它是由旅游者自行安排旅游行程,零星现付各项旅游费用的一项旅游形式。

随着旅游者自主旅游意识的不断增强,旅游条件设施的不断改善,散客旅游将会越来越快地发展,散客旅游人数将会超国家参加团队旅游的人数,散客旅游是未来旅游业发展的趋势。旅行社应不断扩大散客旅游接待业务,并加强散客旅游接待业务的运营与管理。

1. 散客服务的类型

(1)单项委托业务

单项委托业务是旅行社经营的重要散客旅游产品,包括:

1)散客旅游者来本地旅游的委托业务。

2)散客旅游者赴外地旅游的委托业务。

3)散客旅游者在本地的单项旅游委托业务 。

(2)旅游咨询业务

旅游咨询服务是旅行社散客部人员向旅游者提供各种与旅游有关的信息和建议的服务。旅游咨询服务业务分为电话咨询服务、信函咨询服务和人员咨询服务。

(3)选择性旅游业务

选择性旅游业务指由旅行社为散客旅游者所组织的短期旅游活动,如包价旅游的可选择部分,散客的市内游览,晚间文娱活动,风味品尝,到近郊及邻近城市旅游景点的"一日游"、"半日游"、"多日游"等项目。

2. 散客旅游接待的特点

(1)批量小

散客旅游多为旅游者本人单独外出或与其家属、亲朋好友结伴而行的。同团体旅游相比,散客旅游的批量一般比较小。

(2)批次多

散客旅游虽然批量较小,但是采用散客旅游方式的旅游者日趋增加,加上许多旅行社大力发展散客旅游接待业务,更促进了散客旅游的发展,所以散客的总人数在迅速增加。散客市场规模日益扩大及其批量小的特征,使得散客旅游的形式呈现批次多的特点。

(3)预订期短

散客旅游的旅游者决定的过程比较快,相应地使散客形成了预订期短的特点。散客往往要求旅行社能够在较短的时间内为其安排好旅游线路并办妥各种旅游手续。

(4)接待难度较大

有的散客是商务、公务旅游者,他们的费用多由所在的企业、单位全部或部分承担,而且很多属于业务交际应酬活动,因而消费水平较高,相对地旅游接待的要求也较高。有的散客旅行前缺乏周密的安排,而在旅游过程中往往临时变更旅行计划,提出多种新的要求,或旅行前突然由于某种原因而临时取消旅行计划。散客消费水平高、旅游计划随意性大,专项旅游涉及面大、要求多,这些无疑加大了旅行社的接待难度,从而对散客旅游接待人员的业务能力、知识面的广度等提出了更高的要求和标准。

3. 散客旅游接待的管理

1)在当地的机场、车站、码头、各大旅游饭店及闹市区设点(或委托代售点),为上门的散客提供服务。

2)与其他城市的旅行社、饭店建立相互代理的关系。代办的服务项目有订房、订车票等,互送客源。

3)与海外经营出境散客旅游业务的旅行社建立代理关系,专门销售自己的服务和输送客源。

4)与当地的交通、饭店、餐馆、文娱场所建立代理关系。

5)根据客源和当地旅游资源的情况组织多种"选择",例如,市区游览、晚间文娱活动、风味品尝及去景点的一日游或数日游等,通过各个销售点发售这些产品,临时组成团队,安排前往游览。

6)备有翻译、导游对散客提供短期服务。

上述业务的开展是一项相当复杂的工作,需要相当的人力、物力和财力。而散客接待建立起来以后,必须有相当数量的客源才会有利润,因此需要规模经营,客源不足会导致旅行社的亏损。此外,在交通等某些旅游服务比较紧张的情况下,要接受零星散客的短期预订,对旅行社来说是有一定难度的。因此,散客旅游的发展要有一个过程,但鉴于我国散客数量的迅速增加,开展散客旅游接待的基本条件正在成熟。有远见的旅行社应努力创造条件,不失时机地把这项业务开展起来。

第四节　旅游接待中常见问题的处理

一、漏接、空接、错接的处理

1. 漏接的原因

漏接是指旅游团(者)抵达后,无导游人员迎接的情况。

(1)主观原因所造成的漏接

主观原因是指由于导游的责任心不强而造成事故。

1)工作不细。没有认真阅读接待计划,将旅游团(者)抵京的日期、时间或地点弄错。

2)迟到。没有按规定时间提前抵达接站地点。

3)没看变更记录。只阅读接等计划,没阅读变更记录,仍按原计划接站。

4)没查阅新的航班时刻表。特别是新、旧时刻表交替时"想当然"仍按旧时刻表接站,从而造成漏接事故。

5)导游人员举牌接站的地方选择不当。

一旦发生漏接,导游人员应立即行动,弥补过失。

(2)客观原因所造成的漏接

1)由于种种原因,上一站接待社将旅游团原定的班次或车次变更而提前抵达,但漏发变更通知,造成漏接。

2)接待社已接到变更通知,但有关人员没能及时通知该团地陪,造成漏接。

3）司机迟到，未能按时到达接站地点，造成漏接。

4）由于交通堵塞或其他预料不到的情况发生，未能及时抵达机场（车站），造成漏接。

5）由于国际航班提前抵达或旅游者在境外中转站换乘其他航班而造成漏接。

对此，地陪不要以为漏接不是由于自己的原因所造成，与己无关，应首先想到那些由于没人接，而在焦急地等待着的旅游者。长时间的等待使他们无安全感，心情坏到了极点，见到导游人员，无论是什么原因，他们都会抱怨、发火，甚至投诉，这都是可以理解的，地陪应该设身处地地为旅游者着想，尽力安抚他们，消除他们的不满情绪。

2．漏接的预防

（1）认真阅读计划

导游接到任务后，应了解旅游团抵达的日期、时间、接站地点，并亲自核对清楚。

（2）核实交通工具到达的准确时间

旅游团抵达的当天，导游人员应与旅行社有关部门联系，弄清班次或车次是否有变更，并及时与机场（车站、码头）联系，核实抵达的确切时间。

（3）提前抵达接站地点。

导游人员应与司机商定好出发时间，保证按规定提前半小时到达接站地点。

3．漏接的处理方法

（1）主观原因造成漏接的处理方法

1）实事求是地向旅游者说明情况，诚恳地赔礼道歉，求得谅解。

2）如果有费用问题（如旅游者乘出租车到饭店的车费），应主动将费用赔付旅游者。

3）提供更加热情、周到的服务，高质量地完成计划内的全部活动内容，以求尽快消除因漏接而给旅游者造成的不愉快情绪。

（2）客观原因造成漏接的处理方法

1）立即与接待社联系，告知现状，查明原因。

2）耐心地向旅游者作解释工作，消除误解。

3）尽量采取弥补措施，使旅游者的损失降到最低限度。

4）必要时请接待社领导出面赔礼道歉，或酌情给旅游者一定的物质补偿。

4．空接的原因及处理

空接是指由于某种原因旅游团推迟抵达某站，导游人员仍按原计划的班次或车次接站而没有接到旅游团的情况。

由于天气原因或某种故障，旅游团仍滞留在上一站或途中，下一站旅行社并不知道这种临时变化，而全陪或领队又无法及时通知地方接待社；班次变更后，旅游团推迟到达；接待旅行社有关部门由于没有接到上一站旅行社的通知，或接到了上一站的通知而有关人员忘记通知该团导游人员等原因都会造成空接问题的出现。对此，导游人员应立即与本社有关部门联系,查明原因。如推迟时间不长,可留在接站地点继续等候,迎接旅游团的到来;如推迟时间较长,导游人员要按本社有关部门的安排,重新落实接团事宜。

5. 错接的预防及处理

错接是指导游人员未认真核实,接了不应由他接的旅游团(者)的情况。错接属于责任事故。

(1)错接的预防

1)导游人员应提前到达接站地点迎接旅游团。

2)接团时认真核实。导游人员要认真逐一核实旅游客源地派出方旅行社的名称、旅游目的地组团旅行社的名称、旅游团的代号、人数、领队姓名(无领队的团要核实旅游者的姓名)、下榻饭店等。

3)提高警惕,严防社会其他人员非法接走旅游团。

(2)错接的处理

错接发生在同一家旅行社接待的两个旅游团时,导游人员应立即向领导汇报。经领导同意,地陪可不再交换旅游团,全陪应交换旅游团并向旅游者道歉。

若错接的是另外一家旅行社的旅游团时,导游人员应立即向旅行社领导汇报,设法尽快交换旅游团,并向旅游者实事求是地说明情况并诚恳地道歉。

二、旅游活动计划和日程变更的处理

旅游活动中计划要求被更改一般有如下两种情况:

1. 旅游团(者)要求变更计划和日程

在旅游过程中,旅游团(者)提出变更路线或日程的要求时,导游人员原则上应按合同执行,若有特殊情况应上报组团社,根据组团社的指示做好工作。

2. 客观原因需要变更计划和日程

在旅游过程中,因客观原因、不可预料的因素(如天气、自然灾害、交通问题等)需要变更旅游团的旅游计划、路线和活动日程时,一般会出现如下 3 种情况:

1)缩短或取消在一地的游览时间。

2)延长在一地的游览时间。

3)在一地的游览时间不变,但被迫取消某一活动,由另一活动代替。

导游人员这时可采取的一般应变措施如下:

1)制定应变计划并报告旅行社。导游人员要认真分析形势,对问题的性质、严重性和后果作出正确的判断;分析旅游者因情况变化可能出现的心理状态和情绪;迅速就以上情况制定出应变计划并报告旅行社。

2)做好旅游者的工作。地陪、全陪应先就有关问题进行协商取得一致意见,然后找准时机向领队及团中有影响的旅游者实事求是地说明困难,诚恳地道歉,以求得谅解,并将应变计划安排向他们解释清楚,争取他们的认可和支持,最后分头做旅游者的工作。

3)适当地给予物质补偿。必要时经领导同意可采取加菜、加酒、赠送小纪念品等物质补偿的方法,或请旅行社领导出面向旅游者表示歉意。

导游人员根据不同的情况可采取的具体措施如下:

1)延长在一地的游览时间。旅游团提前抵达或推迟离开都会延长在一地的游览时间,地陪应采取的相应措施有:①与旅行社有关部门联系,重新落实该团用餐、用房、用车的安排;②调整活动日程,酌情增加游览景点,适当延长在主要景点的游览时间,晚上安排文体活动,努力使活动内容充实。

2)缩短在一地的游览时间。旅游团提前离开或推迟抵达,都会缩短在一地的游览时间,地陪应积极做好如下工作:①尽量抓紧时间,将计划内的参观游览安排完成,若确有困难,应有应变计划,突出本地最有代表性、最具有特色的旅游景点,以求旅游者对本地的旅游景观有基本的了解;②如系提前离开,要及时通知下一站(也可提醒旅行社有关部门与下一站联系);③向旅行社领导及有关部门报告,与饭店、车队联系,及时办理退餐、退房、退车等事宜。

3)逗留时间不变,被迫改变部分旅游计划。具体为:①减少(超过半天)或取消一地的游览时间,全陪应报告组团社,由组团社作出决定并通知有关地方接待旅行社;②被迫取消某一活动,由另一活动替代,导游人员要以精彩的介绍、新奇的内容和最佳的安排激起旅游者的游兴,使新的安排得以实现。

三、误机(车、船)事故的处理

误机(车、船)事故是指由于某些原因或旅行社有关人员工作的失误,旅游团(者)没有按原定航班(车次、船次)离开本站而导致暂时滞留的情况。

误机(车、船)是重大事故,不仅给旅行社带来巨大的经济损失,还会使旅游者蒙受经济或其他方面的损失,严重影响旅行社的声誉。导游人员要高度认识误机(车、船)的严重后果,杜绝此类事故的发生。

1. 误机(车、船)事故的原因

1)非责任事故。由于旅游者方面的原因或由于途中遇到交通事故、严重堵车、汽车发生故障等突发情况造成迟误。

2)责任事故。由于导游人员或旅行社其他人员工作上的差错造成迟误,如导游人员安排日程不当或过紧,没有按规定提前到达机场(车站、码头);导游人员没有认真核实交通票据;班次已变更但旅行社有关人员没有及时通知导游人员等。

2. 误机(车、船)事故的处理

1)导游人员应立即向旅行社领导及有关部门报告并请求协助。

2)地陪和旅行社尽快与机场(车站、码头)联系,争取让旅游者乘最近班次的交通工具离开本站,或采取包机(车厢、船)或改乘其他交通工具前往下一站。

3)稳定旅游团(者)的情绪,安排好在当地滞留期间的食宿、游览等事宜。

4)及时通知下一站,对日程作相应的调整。

5)向旅游团(者)赔礼道歉。

6)写出事故报告,查清事故的原因和责任,责任者应承担经济损失并受政纪处分。

3. 误机(车、船)事故的预防

地陪、全陪要提前做好旅游团离站交通票据的落实工作,并核对日期、班次、时间、目的地等。如交通票据没落实,带团期间要随时与旅行社有关部门联系,了解班次有无变化。

临行前,不安排旅游团到范围广、地域复杂的景点参观游览;不安排旅游团到热闹的地方购物或自由活动。安排充裕的时间去机场(车站、码头),保证旅游团按以下规定时间到达离站地点:

1)乘国内航班:提前1个半小时到达机场。

2)乘火车:提前1小时到达车站。

3)乘国际航班出境或去沿海城市的航班:提前2小时到达机场。

四、旅游者行李遗失的处理

1. 海外旅游者来华途中丢失行李的处理

海外旅游者的行李在来我国途中丢失,不是导游人员的责任,但应帮助旅游者追回行李。

1)带失主到机场失物登记处办理行李丢失和认领手续。失主须出示机票及行李牌,详细说明始发站、转运站,说清楚行李件数及丢失行李的大小、形状、颜色、标记、特征等,并一一填入失物登记表;将失主下榻饭店的名称、房间号和电话号码(如果已经知道的话)告诉登记处并记下登记处的电话和联系人,记下有关航空公司办事处的地址、电话,以便联系。

2)旅游者在当地游览期间,导游人员要不时打电话询问寻找行李的情况,一时找不回行李,要协助失主购置必要的生活用品。

3)离开本地前行李还没有找到,导游人员应帮助失主将接待旅行社的名称、全程旅游线路以及各地可能下榻的饭店名称转告有关航空公司,以便行李找到后及时运往最相宜地点交还失主。

4)如行李确系丢失,失主可向有关航空公司索赔。

2. 中外旅游者在中国境内丢失行李的处理

旅游者在中国境内旅游期间丢失行李,一般是交通部门或行李员的责任,但导游人员应高度重视,负责查找。

1)冷静地分析情况,找出差错的环节。如果旅游者在出站前领取行李时,找不到托运的行李,则有可能上一站行李交接或行李托运过程中出现了差错,此时导游人员可采取以下措施:①带失主到失物登记处办理行李丢失和认领手续,由失主出示机票和行李牌,填写丢失行李登记表;②立即向旅行社领导汇报,请其安排有关部门和人员与机场、上一站旅行社、民航等单位联系,积极寻找。如果抵达饭店后,发现旅游者没有拿到行李则问题可能出在饭店内或本地交接或运送行李过程中,此时,地陪应采取如下措施:①和全陪、领队一起先在本团成员所住房间寻找,查看是否是饭店行李员送错了房间,还是本团客人误拿了行李;②如找不到,就应与饭店行李科迅速取得联系,请其设法查寻;③如饭店行李科工作人员仍找不到,应向旅行社汇报。

2)主动做好失主的工作。对丢失行李事故向失主表示歉意,并帮助其解决因行李丢失而带来的生活方面的困难。

3)经常与有关方面联系,询问查找进展情况。

4)将找回的行李及时归还。

如果确定行李已经遗失,则应由旅行社领导出面向失主说明情况并表示歉意。

5)帮助失主根据惯例向有关部门索赔。

6)事后写出书面报告。报告中要写清行李丢失的经过、原因、查找过程及失主和其他团员的反映等情况。

第五节　旅游安全事故的处理

旅行社接待过程中所发生的安全事故主要包括交通事故、治安事故、火灾事故、食物中毒事故等。

一、交通事故的处理和预防

在旅游活动过程中,一旦发生交通事故,只要导游人员没有受重伤,神智仍然清楚,就应立即采取措施,沉着、冷静、果断地处理事故,并做好善后工作。具体措施如下:

1. 立即组织抢救

交通事故发生后,作为导游人员首先不能乱了方寸,应立即组织现场人员抢救受伤者,特别是重伤者。如不能就地抢救,应立即打电话给救护中心,将伤者送往就近的医疗单位抢救。

作为导游人员应该具备基本的急救护理常识和技能。

2．保护现场，立即报案

事故发生后，应指定专人保护现场，并尽快通知交通和治安部门，请求派人前往现场处理。

3．迅速向接待社汇报

在安顿好受伤旅游者后，导游人员应迅速向所在旅行社领导报告事故发生地点、原因、经过及所采取的措施、旅游者伤亡情况、团内其他旅游者的反映等，听取领导对下一步工作的指示。

4．做好其他旅游者的安抚工作

导游人员应及时安定其他旅游者的情绪，若事故不是很严重，有可能的话，要组织其他旅游者继续进行参观游览活动。等事故原因查明后，要慎重地向全团旅游者说明。

5．协助有关部门做好善后处理工作

导游人员应积极配合交通、治安部门调查事故原因，协助旅行社有关人员处理善后事宜，如事故原因调查、帮助旅游者向有关保险公司索赔等。

6．写出书面报告

在事故处理结束后，导游人员应就事故的原因、经过，抢救经过，受伤、伤亡情况，旅游者的情绪和对处理的反应，事故责任及对责任者的处理等，写出详细的书面报告交旅行社领导。

为了尽可能避免在旅游过程中发生交通事故，导游人员应合理安排日程，以免司机为赶时间而开快车；提醒司机不开英雄车，不酒后开车，不开疲劳车；不在途中与司机交谈；导游人员即使有驾照，也不能帮司机开车。

二、治安事故的处理和预防

所谓治安事故，是指在旅游活动过程中，旅游者遭歹徒行凶、诈骗、偷窃、抢劫、欺侮等，致使旅游者身心健康以及财产安全受到不同程度的损害的情况。

一些不法分子往往看准旅游者(尤其是境外旅游者)的财物，而把他们作为作案的对象，或潜入饭店进行盗窃，或实施公开抢劫，甚至出现对旅游者进行杀害的恶性事故，对我国旅游业声誉和国家形象造成极其恶劣的影响。因此，作为身处一线的导游人员应引起高度警惕，防止这类事故的发生。

1．处理治安事故的方法

(1)保护旅游者人身和财产的安全

作为在场的导游人员应挺身而出，保护旅游者的安全。迅速将旅游者转移到安全地点,并配合公安人员和在场群众缉拿罪犯,挽回旅游者的损失。

(2)组织抢救

如有旅游者受伤,应立即组织抢救。

(3)保护事故现场,立即报案

如遇到盗窃、行凶事故,则应保护好事故现场,以利于公安人员破案。立即向当地公安部门报告案件发生的时间、地点、经过,作案人的特征,受害者的姓名、性别、年龄、国籍、伤势,损失物品的名称、件数、大小、型号、特征等,协助公安人员破案。

(4)及时向旅行社领导报告

导游人员应及时将事故发生情况向旅行社领导报告,以便旅行社根据事故的性质向有关部门上报和对此作出明确的指示。情况严重时,应请领导前来指挥、处理。

(5)安抚旅游者的情绪

一旦事故发生,旅游者往往会有恐慌不安的情绪,导游人员应努力安抚旅游者的这种不安情绪,使旅游活动顺利进行。

(6)写出书面报告

事后,导游人员应迅速写出事故的情况报告。报告的内容应包括受害人的姓名、性别、年龄,受害情况,事故的性质,采取了哪些紧急措施,报案及公安部门侦破情况,受害者和旅游团其他成员的反应和要求等。

导游人员还要协助领导做好善后工作根据事故性质,准备好必要的证明文件、材料,处理好理赔、伤残、死亡等善后事宜。

2. 预防治安事故的措施

1)提醒旅游者将贵重财物存放在饭店保险柜,不要随身携带;不与陌生人随便接触或告知其房号或在夜间贸然开门;不与私人兑换外币。

2)离开旅游车时,要提醒旅游者不要将证件或贵重物品遗留在车内。旅游者下车后,应提醒司机锁好车门、车窗。

3)在旅游活动中,导游人员应时刻与旅游者在一起,密切注意周围的环境。

4)交通工具在行驶过程中,不得随意停车,搭乘无关人员。

三、食物中毒事故的处理和预防

食物中毒主要是吃了腐败、变质和不洁食物所引起的疾病。其症状除了腹痛、腹泻、头晕外,还伴有发烧、体力衰弱等。食物中毒潜伏期短、发病快,若抢救不及时,会导致生命危险。

在旅游过程中,一旦出现旅游者食物中毒的情况,不仅给旅游者本人造成极大的身体危害,而且还会给旅游企业的声誉造成不良的影响。为了杜绝这类事故的发生,无论是旅行社,还是导游人员都应慎重行事,防患于未然。具体措施如下:

1)旅行社应严格规定旅游团体在定点餐馆就餐。

2）导游人员应严格按照旅行社的规定,安排旅游者用餐;提醒旅游者不要在个体小摊随意吃东西,防止传染病。

3）在旅游者用餐过程中,如发现饭菜、饮料、水果等不卫生,应及时与餐厅联系,要求换餐,并请餐厅负责人出面道歉。必要时可向旅行社领导汇报,请求帮助协调处理。

在旅游过程中,发生食物中毒事故后,作为在场导游人员首先应设法催吐,并让食物中毒者多喝水以加速排泄,缓解毒性;然后将患者送往就近医院抢救,并请医生开具诊断证明;再次是立即报告旅行社,追究供餐单位的责任;最后协助旅行社帮助旅游者向有关部门索赔。若事故较严重,旅行社则应如实上报有关部门,通报国内组团社,并由国内组团社通报境外组团社。

四、火灾事故的处理和预防

1. 火灾事故的预防

在旅游活动中,为了防止火灾事故的发生,导游人员应提醒旅游者不携带易燃、易爆物品,不乱扔烟头和火种。向旅游者讲明交通运输部门的有关规定,不得将不准作为行李运输的物品夹带在行李中。

为了保证旅游者在火灾发生时能够尽快疏散,导游人员应:

1）熟悉饭店楼层的太平门、安全出口、安全楼梯的位置及安全转移的路线,并向旅游者介绍。

2）导游人员应牢记火警电话(119),掌握领队和本团旅游者所住房间号。

2. 火灾的处理

1）立即报警。

2）迅速通知领队及全团旅游者。

3）听从工作人员的统一指挥,迅速通过安全出口疏散旅游者。

4）引导旅游者自救。如果情况紧急,千万不要搭乘电梯或随意跳楼。导游人员要镇定地判断火情,引导旅游者自救:①若身上着火,可就地打滚或用厚重衣物压灭火苗;②必须穿过浓烟时,用浸湿的衣物裹住身体,捂着口鼻,贴近地面顺墙爬行;③大火封门无法逃出时,可用浸湿的衣物、被褥堵塞门缝或淡水降温,等待救援;④摇动色彩鲜艳的衣物呼唤救援人员。

5）协助处理善后事宜。旅游者得救后,导游人员应立即组织抢救受伤者,若有重伤者应迅速送医院;有旅游者死亡,按有关规定处理;采取各种措施稳定旅游者的情绪,解决因火灾造成的生活方面的困难,设法使旅游活动继续进行;协助领导处理好善后事宜;写出翔实的书面报告。

五、其他旅游安全事故的处理

所谓其他旅游安全事故,是指由于旅游者在旅游过程中不慎摔伤或被昆虫咬伤等情况导致旅游者身心的伤害。在旅游活动中一旦发生此类事故，作为导游人员首先应设法为伤者做急救处理，然后根据伤情确定是否送医院抢救。

1. 摔伤事故的处理

（1）初步处理

1）止血。发生旅游者摔伤时，导游人员首先应观察伤情，若有出血现象，则应及时止血。

止血的方法常用的有：手压法，即用手指、手掌、拳头在伤口靠近心脏的一侧压迫血管止血；加压包扎法，即在创伤处放厚敷料干洁的纱布、手帕等，用绷带加压包扎；止血带法，即有弹性止血带绑在伤口近心脏的大血管上止血。

2）包扎。包扎前要清洗伤口，包扎时要选用干洁包扎布，动作要轻，松紧要适当，绷带的结口不要在创伤处。

3）上夹板。若伤势较严重，伤者无法走动，则可能已造成骨折，则应就地取材为其上夹板，以固定两端关节，避免转动骨折肢体，增加复原难度。

（2）送医院

若摔伤严重，则应及时送医院治疗。

（3）善后工作

导游人员应将事故情况报告旅行社领导，根据旅行社领导指示，前往医院探望伤者，帮助伤者办理离团手续，帮助其按有关规定向保险公司索赔。事后，还须写出书面报告。

2. 被昆虫咬伤事故处理

（1）应急处理

在旅游过程中，发生旅游者被蝎、蜂蜇伤，导游人员应设法将毒刺拔出，将毒素吸出或挤出，然后用碱性液体冲洗伤口，以消除疼痛。被蛇咬伤，首先要注意看伤口上的牙痕，如留有两个大牙痕，是被毒蛇咬伤，要立即用带子把伤口上部扎紧，防止毒素扩散，同时，在毒牙痕处切一道深约半厘米的切口（切口方向与肢体纵向平行），再设法把毒素吸出或挤出，用肥皂清洗伤口，然后及时送医院救治。

（2）善后工作

导游人员应将事故报告旅行社领导，根据领导指示处理好善后事宜。

案 例

案例一：旅游标准不够被投诉

2002年5月1日，赵先生及同事六人参加某旅行社组织的"黄山五日游"。按旅游协议所定的游览行程、交通、住宿等标准，旅游者每人交纳旅游费880元。然而，在旅游协议的履行过程中,该旅行社原承诺的山上住宿 6~8 人高低铺,实际为 6 人高低铺,下铺两人,上铺一人,共住 12 人;行程计划中的黄山三大主峰之一"天都峰",也并未安排游览。赵先生等以旅行社所列旅游行程具有欺诈行为为由,向旅游质量监督管理所投诉,要求旅行社退赔全额旅游费用,以维护其合法权益。

被投诉方旅行社的辩解:①黄山山上接待设施有限,一般团队均为 6~8 人高低铺,"五一"期间山上住房极为紧张,各旅行社都只能按黄山方面惯例下铺全部合铺;②平时游览黄山,旅行社都安排客人远眺"天都峰",而"五一"期间,"天都峰"封山,则无该景点。旅行社之所以没有实现合同标准,是由于无法预见的客观原因造成的,并非旅行社故意行为。因此不应承担赔偿责任,至多退还山上房费差价。

质量监督管理所通过调查核实,作出以下处理意见。

1)被诉人因自身过错未达到合同约定的服务质量标准,根据《旅行社质量保证金赔偿试行标准》第十一条规定"旅行社安排的饭店,因饭店原因低于合同约定的等级档次,旅行社退还旅游者所付房费与实际费用的差额,并赔偿差额 20% 的违约金。"质量监督管理所裁定,被诉方旅行社赔偿两位下铺和铺旅游者住宿费用 220 元。

2)黄山总门票包括"天都峰"景点,旅行社并未加收门票,而因黄山方面原因,未能游览,因此旅行社不存在欺诈行为。鉴于被投诉方旅行社没有事先跟旅游者讲明有关情况,客观造成旅游者的合理期望无法实现,责成被投诉方旅行社主动道歉,并给予投诉人每人民币 30 元的适当补偿。

点评:在旅游活动的过程中,因旅行社的故意或过失未达到合同约定的服务质量标准,造成旅游者经济损失,根据旅游接待的标准化原则,旅行社应承担赔偿责任。根据《旅行社质量保证金赔偿试行标准》,旅行社在住宿、交通、景点等方面服务质量不达标准,都应退还已付费用与实际费用的差额,并赔偿差额 20% 的违约金。

案例二:错过精点,信誉降低

某散客旅游者去某旅游景区旅游,因对该景区不熟,所以聘请了当地一家知名的旅行社的一位导游,一路上导游带领他参观游览,兴致颇高,他对这位导游的讲解艺术甚为满意。可是当他要离开某风景区时,听到旁边有游人谈论起某景点,于是产生疑虑,后来一打听才知道,那是一个一般旅游团必去的重要景点,导游却没带自己去!该导游和其旅行社的信誉在他心里大打折扣。

点评:此案例中的导游没有带旅游者参观一般旅游团必去的景点,属于其职业道德方面的问题,没有真正地从旅游者的立场出发为旅游者服务。导游应该对该景点进行介绍,如果要另外收费,可以明说,如果时间上实在来不及,其他还有更重要的景点要参观,至少应该给客人一个解释。从这个案例不难发现,我国旅行社的散客旅游接待还很不规范,对散客接待旅游业务也存在重视程度不足的问题。

案例三:北京"一日游"

北京的"一日游"已有 20 多年的历史,由于具有价格适宜、方便快捷、省时省力的特点,已成为北京国内游的重要旅游产品之一,是外地散客旅游的主要方式。

然而,伴随正规"一日游"的开展,非法"一日游"亦兴风作浪,屡禁不止。尽管北京市旅游局自 1996 年起即开始重点打击"黑车"、"黑导",从 2000 年起又由市交通委牵头,旅游、工商、公安等多部门联合打击非法"一日游",但近几年的非法"一日游"仍愈演愈烈,总是季节性死灰复燃,反弹厉害。在旅游旺季"黑车"、"黑导"的欺客、宰客问题严重,旅游者投诉率居高不下,在首都机场,曾有外国人被拉坐"黑小轿车",从机场到北京饭店竟索要 1200 元天价的实例,成为北京旅游业发展的桎梏,有损北京声誉,并且对北京迎接 2008 年奥运会的人文环境氛围构成极大的危害。

这种严峻的情况已引起北京市委、市政府的高度重视。各相关部门密切配合,通力协作,齐抓共管,市、局领导先后 8 次亲赴执法检查站,进行实地考察和调研,慰问执法人员,使治理整顿初见成效。

据统计,2006 年 8 月中旬至 12 月 10 日,联合检查组共出动执法人员 7303 人次,执法车辆 2749 辆,检查过往车辆 3474 辆,商户 1372 多家,查处非法运营车辆 73 辆、黑车 15 辆、无证导游 100 多人次、"黑导"16 人。目前,已对 73 辆违规车辆罚款 17 万元,对 15 辆"黑车"罚款 12 万元,对 16 名"黑导"罚款 2 万元,对涉嫌违法经营的商户责令整改,纠正非法兜售行为 53 起,查扣假冒伪劣商品 339 件,对虚假宣传、无照经营、销假回扣等分别立案查处,进行罚款,有效地遏制了非法"一日游"的嚣张气焰。

点评:北京是我国散客出游比例最高的城市之一,北京的散客旅游市场是代表我国较高水平的散客市场。从这个案例不难发现,北京散客旅游接待还有很多不规范的地方,但随着国家对散客接待旅游业务的不断重视,对散客旅游市场的不断整治,散客旅游市场会得到健康发展。

案例四:女导游车祸后受重伤,抢先救乘客被截肢

23 岁的文花枝是湖南湘潭新天地旅行社的导游。2005 年 8 月 28 日下午,文花枝所带团队乘坐旅游大巴在陕西延安洛川境内与一辆拉煤的货车相撞。这是一次夺走 6 条生命,还造成 14 人重伤、8 人轻伤的重大交通事故。当可怕的瞬间过去,坐在前排的文花枝清醒过来时,发现和自己同坐前排的司机和西安本地导游已经罹难。她自己左腿胫骨断裂,骨头外露,腰部以下部位被卡在座位里不能动弹。

营救人员迅速赶来,他们想将坐在前排的文花枝抢救出来,她却平静地说:"我是导游,后面都是我的旅游者,请你们先救旅游者。"

长达两个多小时的艰难营救对于伤者无疑过于漫长。数次昏迷的文花枝只要一醒过来,就又给自己的旅游者打气。文花枝是最后一个被营救的伤员,当时已是下午 4 点多了。

由于腿上的伤势严重,左腿 9 处骨折,右腿大腿骨折,髋骨 3 处骨折,右胸第 4、5、6、7 根肋骨骨折,伤口已经严重感染。为避免伤势进一步恶化,医院专家小组决定立即为她做左大腿截肢手术,一位年轻的姑娘就这样失去了自己的一条腿。主治医生李军教授惋惜地说:"太可惜了,若早点做清创处理,不耽误宝贵的抢救时间,她这条腿是能够保住的。"

劫难之后,对于未来的憧憬和设想都被打乱。有人问她:"你后悔吗?"文花枝笑着

说:"我只是做了自己应该做的。"

熟悉她的人都知道,从车祸以来,不管是伤痛,还是截肢,她始终没在人前流过一滴眼泪。

点评:文花枝导游不仅在旅游团队发生交通事故、在自己重伤的情况下,有条不紊地进行事故处理,赢得宝贵的抢救时间,并且在营救人员到达后,把宝贵的时间让给了旅游者,要求先抢救旅游者。无论在业务还是人格上完美塑造了优秀导游的形象。

思考与练习

1. 在我国很多旅行社不再设立接待或导游部,从长远来看有哪些弊端?
2. 旅行社接待的性质有哪些?
3. 旅行社接待的特点有哪些?
4. 什么是旅游接待业务的标准化?
5. 旅行社接待服务标准化的必要性有哪些?
6. 什么是旅行社接待业务的程序化? 它有什么样的积极作用?
7. 团队旅游接待的特点是什么?
8. 简述团队旅游接待管理的过程?
9. 散客旅游接待的特点是什么?
10. 旅游接待中常见的问题有哪些?
11. 旅游活动中的漏接、空接、错接该如何处理?
12. 旅游活动中计划和日程变更该如何处理?
13. 旅游活动中误机(车、船)事故该如何处理?
14. 旅游活动中行李遗失该如何处理?
15. 旅游活动中发生交通事故该如何处理?
16. 旅游活动中发生治安事故该如何处理?
17. 旅游活动中发生火灾事故该如何处理?
18. 旅游活动中的食物中毒事故该如何处理?

第七章 旅行社的服务质量管理

当今社会,质量是一个世界性的热门话题,"为旅游者提供尽善尽美的服务"、"以质量求生存,以质量求效益,以质量求顾客"绝不是空洞的口号,质量已成为旅游业的生命之源、发展之本。美国著名质量管理专家朱兰博士在其著作《质量控制手册》中提出了"质量大堤"的概念,他指出:当今人类"生活在质量大堤的保护下","在质量控制的防护堤后面,不仅有个人,而且还有国家及其经济"。

作为旅游业支柱之一的旅行社,加强服务质量管理更是确保经营成功的重要保证。服务质量是旅行社的生命,早在 1994 年,世界旅游组织提出的"高质量的员工,高质量的服务,高质量的旅游"的口号,意味着旅游服务质量意识的强化和升华。旅行社所提供产品的质量决定了企业的核心竞争力。提升旅行社竞争力的途径有很多,但是,无论通过何种途径,都必须以旅游产品的质量优势为基础,没有质量优势,其他一切手段都软弱无力,只能得益于一时,而不可能取得长期的竞争优势。因此,旅行社只有树立旅游服务质量意识,加强质量管理,才会对发展旅游业产生巨大的推动力。

第一节 旅行社服务质量标准及其评估

一、旅行社服务质量的内涵

1. 质量与旅游服务质量的含义

质量是指产品、体系或过程的一组固有特性满足顾客和其他相关方要求的能力。作为术语,"质量"可以用形容词如好、差、优秀等来反映,它是反映实体满足明确和隐含需要的能力的特性总和。实体是可以单独描述和研究的事物,包括活动或过程、产品、组织、体系或人以及它们的任何组合;过程是将输入转化为输出的一组彼此相关的资源和活动。这里的资源包括人员、资金、设施、设备、技术和方法；需要是在合同环境或法规规定情况下明确规定的；而在其他情况下，应对隐含需要加以识别并确定。由于需要会随着时间而变化，因而意味着要对确定了的需要进行定期评审。无论是明确的或是隐含的需要，可化为性能、适用性、可信性、安全性、环境、经济性和美学等特性。质量要求是对需要的表述或将需要转化为一组针对实体特性的定量或定性的规定要求，以使其实现并进行考核。在转化的过程中，质量要求应全面反映顾客明确的和隐含的需要。

质量是以产品、体系或过程作为载体的，其内涵是由一组固有的特性组成，并且这些固有特性是以满足顾客及其他相关方要求的能力加以表征的，因此从固有特性的形成分析，我们应识别顾客和其他相关方的需要和期望，然后将其准确和完整地转化为产品、体系或过程的质量要求，也就是对产品、体系或过程的固有特性的要求，对产品而言，我们称为适用性；而且，根据质量要求，使产品、体系或过程的固有体系得到实现，使其达到规定的要求，我们称为符合性。当然对于服务行业来讲，如果我们从常规理解质量的含义，它还应在遵守法律、法规的前提下，以满足旅游者的需求和价值为主导因素，并包括利润、时间等都应成为质量的要素，如图 7.1 所示。

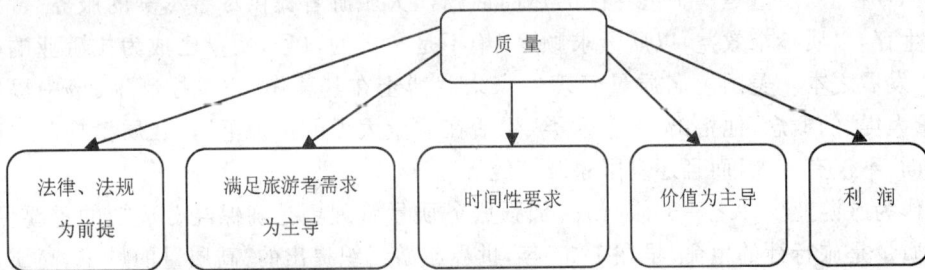

图 7.1　常规理解质量的要素

质量是一种产品或服务能够满足其声明的或暗示所需要的所有特点和特征的综合。它不仅包括各种可供观赏游览的旅游资源，各种可供住宿、饮食、交通、购物的旅游设施质量，而且包括向旅游者提供的餐饮服务、客房服务、车船服务、导游服务、购物服务等劳动服务的质量。可见旅游服务质量就是旅游企业提供的各项旅游服务适合一定用途，能够满足旅游者一定需要的特性。也就是说，旅游服务质量是旅游服务自身含有的特性能满足旅游者要求的程度，这里的旅游服务要依托于旅游资源和旅游设施，并且由提供服务的旅游从业人员向旅游者提供。

2．质量管理

所谓质量管理，是指确定质量方针、目标和职责并在质量体系中通过诸如质量策划、质量控制、质量保证和质量改进使其实施的全部管理职能的所有活动。

质量方针(quality policy)是由经济组织最高管理者正式发布的该组织总的质量宗旨和质量方向；质量管理体系(quality management system)是经济组织为实施质量管理所需的组织结构、程序、过程和资源。质量管理体系要求通过运用这一体系，对体系进行持续改进以及预防不合格来满足顾客要求，从而使顾客满意；质量策划(quality planning)

是确定质量以及采用质量体系要素的目标和要求的活动。质量策划包括产品策划、管理和作业策划,以及编制质量计划和作出质量改进的规定;质量控制(quality control)是为达到质量要求所采取的作业技术和活动;质量保证(quality assurance)是为了提供足够的信任表明实体能够满足质量要求,而在其质量体系中实施并根据需要进行证实的全部有计划和有系统的活动。质量保证有内部和外部两种目的,内部目的是向管理者提供信任,外部目的是向顾客或第三方提供信任;质量改进(quality improvement)是为向自己及其顾客提供更多的收益,在整个组织内所采取的旨在提高活动和过程的效益和效率的各种措施。质量管理是各级管理者的职责,但必须由最高管理者来领导。

3. 旅行社服务质量的内涵

旅行社服务质量是旅游服务质量的重要组成部分。从动态角度考虑旅行社服务质量的内涵,主要表现是旅行社服务质量形成的流程和规律,在旅行社对旅游者的服务过程中,从服务项目的开发、服务的设计到服务规范的提供,一直到服务提供的过程,到最终服务的结果,期间包括信息的反馈、服务的改进等,形式了一个旅游服务质量环,是旅行社实施旅游服务质量管理的基础。若从静态角度考虑旅游服务质量的内涵,主要是表明旅游服务质量在完成的过程中会受到诸多因素的影响,因为旅游活动涉及很多产业,旅游服务质量和这些产业的各个环节都有关联。

4. 旅行社加强服务质量管理的意义与必要性

掌握了服务质量的概念,就应明确旅行社要保持长久的竞争优势,不能单靠成本优势或技术优势,而应通过大量实践的积累,对质量本质不断深化认识,形成现代的服务质量观。

现代的服务质量观表现为:市场竞争由价格竞争转为服务质量竞争,21世纪是一个服务质量的世纪;服务质量就是满足需要,首先是满足顾客的需要,质量观从过去的符合性能规范转变为满足顾客的顾客型质量观;服务质量是服务行业生存发展的第一要素;提高服务质量是最大的节约;旅游业不能仅仅从服务提供者的角度来看待服务质量,应从消费者的立场来看待服务质量;服务质量的提高取决于科学技术的进步,包括科学的管理。因此,只有树立良好的现代服务质量观,旅行社才会形成良好的运转状态。

旅游业属于第三产业,其最大的特性就是服务性,因此,旅游企业要适应不断变化的市场环境和旅游者的需求,就必须把服务质量作为核心和重点。服务是为了满足旅游者的需要,在同旅游者的接触中,供方的活动和供方活动的结果,服务的提供对于旅游者的嗜好、教育程度、文化性需求等的适应,比有形产品要大得多。服务属于实体范畴,因此,服务质量就是服务固有的特性满足旅游者和其他相关方要求的能力,旅游业在建立服务质量体系时,应使质量改进和质量管理向加强服务、满足需要能力的方向发展。

二、旅行社服务质量的标准

1. 标准与旅游业标准化

2000 版 ISO9000 族标准的管理原则见图 7.2。

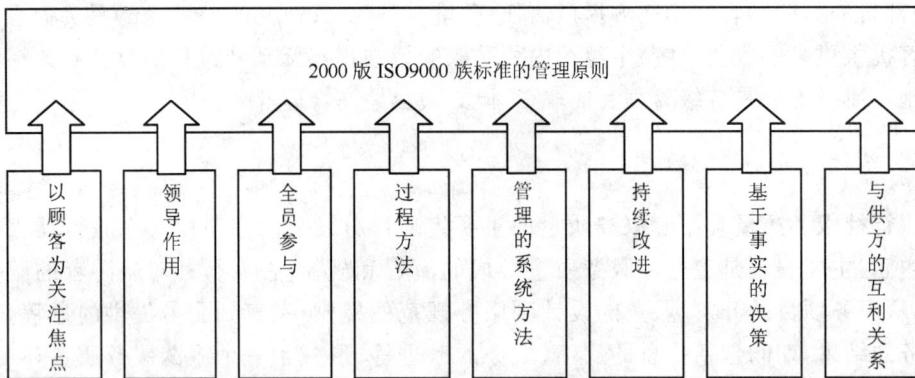

图 7.2　2000 版 ISO9000 族标准的管理原则

旅游业作为我国国民经济中快速成长的重要产业,其质量和效益成为旅游业管理的核心。目前在我国经济的运行体制中,质量管理体系成为国家三大管理体系列国家标准之一。而旅游服务质量是旅游者关注最为集中的方面,而旅游业标准化管理与旅游服务质量的核心密切相关,下面从标准化的角度阐述旅游业服务质量管理。

标准是对重复性事物和概念所做的统一规定,它以科学技术实践经验的综合成果为基础,经过有关方面的协商一致,由主管部门批准,以特定的形式发布,作为共同遵守的准则和依据。

为了在一定的范围内获得最佳秩序,对实际的或潜在的问题制定共同的和重复使用的规则的活动,称为标准化。"通过制定、发布和实施标准,达到统一"是标准化的实质;"获得最佳秩序和社会效益"是标准化的目的。国务院标准化行政主管部门统一负责指导性技术文件的管理工作,并负责编制计划、组织草拟、统一审批、编号、发布。指导性技术文件由指导性技术文件代号、顺序号和年号构成,如图 7.3 所示。

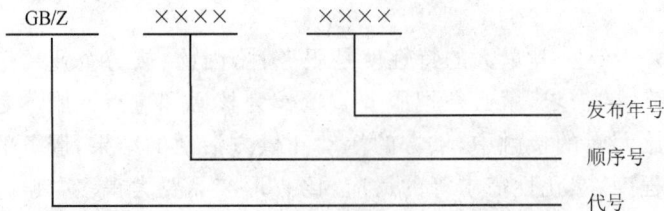

图 7.3　标准化指导性技术文件的编号规则

旅游业标准化准则是指在标准意识的指导下,在遵循标准化发展规律的基础上,针对旅游产业生产经营的全部过程和主导因素,通过规范化的管理制度、统一的岗位服务项目、程序、技术标准以及预期目标的设计与培训,向旅游产品以及服务的消费者提供可以追溯和可以检验的重复服务的管理活动与过程。所以旅游业的标准化植根在旅游业经营管理的每个细节中,其存在的目标就是要改进和提高旅游产品以及旅游服务质量,为了更好地满足旅游者的需要。

2. 旅游业标准化的分类

与国际水平相比,中国的旅游业服务距离标准化还有一定的距离,但是中国国家技术监督局在 1995 年 6 月正式实施了与国际标准化组织颁发的 ISO9004－2《Quality Management and Quality System Element》的第二部分《Guidelines For Service》完全等同的中华人民共和国国家标准 GBT19004.2《质量管理与质量体系要素第二部分:服务指南》。它所依据的有关标准与规范既来源于实践,又指导和服务于实践,从这个意义上说,旅游业标准化的管理不但是一种行政管理手段,更是一种技术管理的手段。

根据国际公认的准则和标准化法律、法规的阐述,由标准化组织或政府部门制定颁布的具有技术法规性质的"标准"文件,根据制定发布的组织机构以及适用性的不同,可以分为国际标准、国家标准、行业标准、地方标准和企业标准。

在我国,旅游行业管理的体系是一个逐步建立的过程,在依法治旅的今天,旅游的行业管理特别需要标准化的支持。1987 年,中国首次出台星级饭店评估标准,标志着中国旅游业标准化建设的开始。近几年,中国已出台 15 项旅游标准,有国家标准,也有行业标准。中国成为世界上颁布和制定旅游业标准最多的国家,其中,全国旅游标准化技术委员会还是国际上第一个国家级的旅游标准化专业委员会。

中国现已形成基础标准、设施标准、服务标准、产品标准、方法标准等涵盖食、住、行、游、购、娱的旅游六要素的旅游业标准体系。当然,由于旅游业要素涉及许多不同的产业及部门,特别是管理中部门设置不合理造成的职能交叉,造成了事实上的标准不统一的状况,也给标准化管理的协调工作带来了很大的困难,今后在标准编制过程中,应做到技术与协调的高度结合,充分反映规范对象的本质规律,充实技术含量,强化技术支撑力度,促进旅游行业的健康发展。

第二节 旅行社服务质量体系

一、旅行社服务质量体系建立

中国旅游企业的竞争越来越激烈,市场化竞争发展为四层次:一是价格竞争,二是质量竞争,三是文化竞争,四是创新竞争。对于质量竞争,可以知道竞争发展到一定程度,自然就会有一批领袖性旅游企业来研究如何提高质量,靠树立质量形象来开拓市场。因此,服务质量体系应运而生,旅游企业服务质量体系的作用就是达到和保持服务质量的目标,使服务企业质量达到要求,使旅游者相信服务符合要求。质量体系是客观存在的,服务质量管理的基础又是服务质量管理的技术和手段。

1. 旅行社服务质量体系的含义

质量对于旅游企业来说,第一就是要强调"以人为本",否则很难讲质量;第二是系统化的质量要求。质量不是一个简单的服务态度问题,服务态度只是外在的表现,旅游企业必须把服务质量管理作为企业管理的核心和重点,而且旅行社要实现自己的质量战略,没有完善的服务质量体系作保证,都将仅仅成为空洞的口号。旅行社服务质量体系就是为实施服务质量管理所需的组织结构、程序、过程和资源。

服务质量体系中人的因素是最重要的,对于它的理解应注意以下 3 个方面:

1)服务质量体系的内容应以满足质量目标的需要为准。

2)服务企业的质量体系主要是为满足服务企业的内部管理的需要而设计的。特定顾客的要求要广泛,顾客仅仅评价该服务质量体系的相关部分。

3)可根据要求对已确定的服务质量体系要素的实施情况进行证实。

服务质量体系的作用是达到和保持服务质量的目标,使服务企业内部相信服务质量达到要求,使顾客相信服务符合要求。质量体系是客观存在的事物,它是实施服务质量管理的基础,又是服务质量管理的技术和手段。建立服务质量体系要为服务企业的质量方针和目标。

2. 旅行社建立服务质量体系的指导思想

旅行社质量管理体系的建立必须与其具体目标、产品、过程及实践相结合,因而不可强制各旅游企业质量管理体系的统一。但是,在建立质量管理体系方面,企业间存在着一些共同的指导思想。

(1)质量管理体系是旅游企业成功发展的保证

旅游企业首先要关心的应是其产品的质量。为了能持续地取得成功,企业提供的产品应该:

1)满足恰当规定的需要、用途或目的。

2)满足顾客的期望。

3)符合适用的标准和规范。

4)符合社会要求。

5)反映环境需要。

6)以有竞争力的价格及时提供。

7)经济地提供。为了实现这些目标,企业要做的就是建立质量管理体系,并使其有效运行,确保影响产品质量的技术、管理和人的因素处于受控状态。

（2）质量管理体系要满足旅游者和旅行社双方的需要和期望

在满足旅游者的需要和期望方面，质量管理体系要让旅游者对旅行社具备交付期望的质量并能持续保持该质量的能力建立信任；在满足旅行社的需要和期望方面，质量体系要支持企业有计划地、有效地利用其可获得的技术、人力和物质资源，实现以适宜的成本达到并保持所期望的质量的目的。为此，质量管理体系应以文件化的形式，提供关于过程的质量和产品质量方面的客观证据。

（3）质量管理体系应在考虑旅游者和旅行社双方利益、成本和风险的基础上实现质量最佳化

利益因素对于顾客而言，是减少费用、改进适用性、提高满意度、增加信任；对于旅行社而言，是提高利润和市场占有率。成本因素对于旅游者而言，是安全性、购置费、运行费、保养费、停机损失和修理费以及可能产生的处置费用；对于旅行社而言，是由于营销和设计中的缺陷，包括不满意的线路、更换、重新加工、生产损失、担保等发生的费用。风险因素对于顾客而言，是人身健康和安全、对产品不满意、可用性、市场索赔和丧失信任等风险；对于企业而言，是由于产品有缺陷而可能导致的形象或信誉损失、丧失市场、意见、索赔、产品责任、人力和财力资源的浪费等风险。

总之，旅行社应设计出有效的质量管理体系，通过其运转而满足顾客的需要和期望，并保护企业自身的利益。完善的质量管理体系是旅行社在考虑利益、成本和风险的基础上使质量最佳化以及对质量加以控制的有价值的管理资源。

3. 服务质量体系建立的步骤

旅行社要向市场提供满足旅游者要求的产品。由于旅游者的需求和期望的变化，加上竞争的压力和技术的发展，促使组织必须持续地改进产品、过程。服务质量管理体系方法鼓励组织分析旅游者要求，规定相关的过程使其持续受控，保证和提高服务的质量。在市场经济活动当中，服务质量仅由作为市场主体一方的旅游企业本身确认显然不够，需要除旅游者以外的第三方对其加以确认，并确立一定的通用标准。由于国际贸易发展的需要，由第三方进行质量认证的方法和标准逐步得以建立。质量管理科学和方法从产品质量管理发展到建立企业质量管理体系的新阶段以来，国际标准化组织通过充分协商和反复修改，提出了关于建立和实施质量管理体系的系列国际标准，按照国际标准，旅游企业建立服务质量管理体系应包括以下步骤：

1）确定旅游者和其他相关利益者的需求和期望。
2）建立组织的质量方针和质量目标。
3）确定实现质量目标必需的过程和职责。
4）确定和提供实现质量目标所必需的资源。
5）规定测量每个过程的有效性和效率的方法。
6）应用这些测量方法确定每个过程的有效性和效率。
7）确定防止不合格并消除不合格产生原因的措施。

8)建立和应用持续改进服务质量管理体系的过程。

采用上述方法的组织能对其过程能力和服务质量树立信心,为持续改进提供基础,从而促使旅游者和其他相关利益者满意并使组织成功。这些方法不仅可以用于建立服务质量管理体系,也适用于改进现有的服务质量管理体系。

二、服务质量管理体系在旅行社中的实际运用

1. 旅行社服务质量管理体系的构成

旅行社服务质量体系主要可以由 4 个部分组成,如图 7.4 所示。

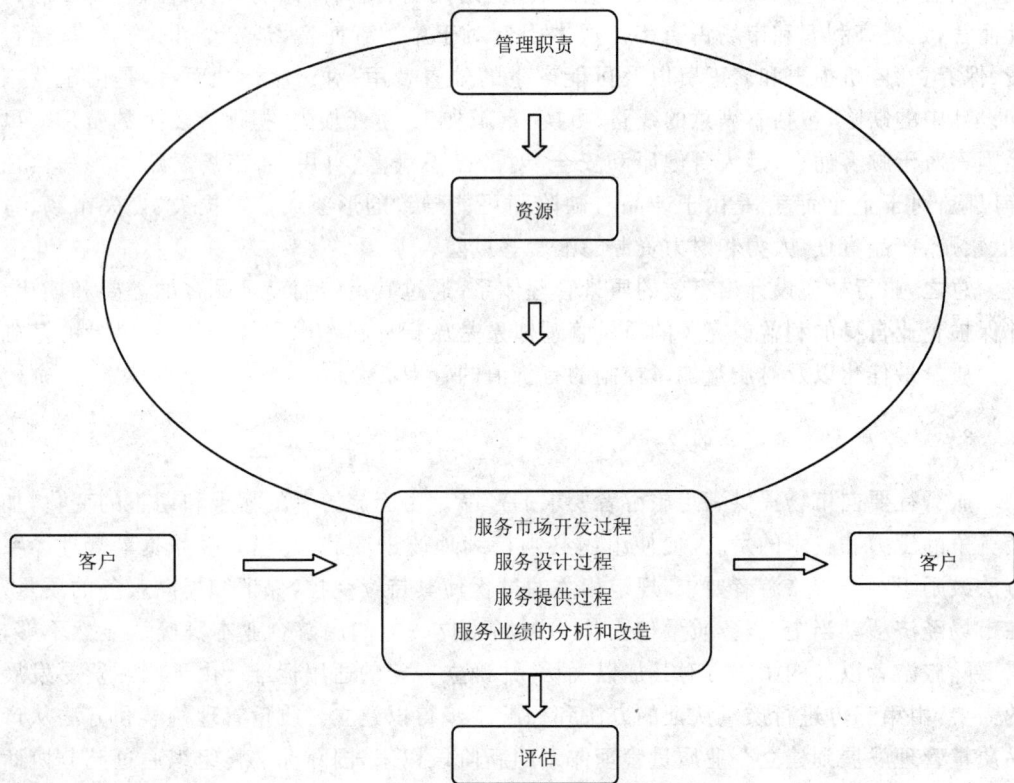

图 7.4　旅行社服务质量标准体系的组成

(1)管理职责

管理职责即制定使顾客满意的服务方针,其中包括:

1)服务等级。旅行社应根据线路、景点、住宿、餐饮等的不同,确定自己的服务等级。

2)旅行社的形象和声誉。旅行社要树立品牌意识,实施 CIS 战略,因为旅行社提供给旅游者的是无形产品,要在旅游者心中留下美好的印象,必须在视觉和内涵两方面提升,如广州广之旅国际旅行社股份有限公司在 1994 年 5 月导入 CI 战略,将"广之旅"作为旅行社竞争的关键,广之旅成为首家将旅游公司名称企业化、市场化的旅行社,2000年,成功进入全省 113 个著名商标之一,"广之旅,无限风光带给你"成为最成功、最响亮

的品牌之一。

3)质量目标。旅行社应制定详细的质量措施,并将质量目标尽可能最大地细分化,对质量措施确定定性和定量标准,全员参与,将大政方针转化为具体工作。

(2)资源

资源主要指软件和硬件,即人力资源和服务设施等,其中人的独特性、不可替代性、不可模仿性决定了人力资源构成了旅行社经营的核心,旅行社应创建一流的企业文化,企业文化是旅行社在长期为旅游者服务的经营活动中逐步形成的,带有自己特色的价值取向、行为方式、经营作风、企业精神、道德规范、发展目标和思想意识等的总和,是员工素质和外在形象的综合体现,体现了员工的精神风貌、企业的归属感程度,企业的凝聚力、向心力等,如西安金花集团"上善若水"的经营理念,为企业创造了最好的凝聚功能。而旅游服务的文化趋势中的服务本体表现为将员工利益放在首位,即说明企业建立起了与东方传统精髓相通的"亲密文化",还有服务管理上的"条规约束"向"凝聚协调"转化,服务效益上的"经济本位"向"文化本位"转化等都表现了应注重企业员工的文化品格,塑造企业良好的公众形象,从而在赢得旅游者信任和爱戴的基础之上,通过"适销对路"的产品,吸引旅游者而获利。

(3)质量管理体系结构

质量管理体系结构包括 4 个过程:

1)服务市场开发过程,如确定旅游者的喜好、服务等级、竞争对手的活动、市场宣传、调研等。

2)服务设计过程,如制定服务规范、质量控制规范、设计路线、行程等,即要完整、精确地阐述所规定提供的任务。

3)服务提供过程,即旅行社员工与旅游者直接接触的过程,是旅游者购买产品并消费的过程,服务质量就在这一过程中真正体现出来。它要求旅行社必须贯彻"顾客是上帝"的宗旨,使旅游者满意,从而实现旅行社的最高利益值。

4)服务业绩的分析和改进,即旅行社按规范提供服务,对执行服务规范予以监督,服务出现偏差时,对服务过程能及时进行调整。一般来说,对服务质量的评定可分为旅行社自评和旅游者的评定两大部分,尤其要重视旅游者的评定。

(4)评估

质量管理的活动是一个多因素的动态过程,必须不断地依据信息进行评估,是否具有灵敏、正确、有力的评估和反馈机制,是关系质量管理体系成败的关键,也是保持体系的最佳弹性和自我调节能力的关键。

2. 服务质量管理体系实施的保障条件

由该体系中引申出的几个方面还须特别强调出来:

1)所有的实现过程实际是围绕过程管理展开的,过程管理是服务的基础。

2)注重一次服务合格率。

第一印象是最持久的,它要求旅行社应提供快速、准确、细致、周到的服务,一般对旅游者来讲,按照提供服务重要性的排序,依次为服务项目专业化→快速准确提供服务→提供额外的帮助→服务设施→硬件环境。所以应保证一次服务的合格率。要确定质量保证的能力,关键在于预防,现代服务质量管理的进步就在于从"事后补救"转为"事先预防"和"事中控制",因此要尽最大努力防止一切可能发生的质量问题。

3)所形成的质量管理体系须以旅游者为中心,重视旅游者服务数据,确保能听到投诉。当旅游者永远没有反馈时,也许他正在敲竞争对手的门。只有当旅游者对旅行社有了依赖感时,才证明旅行社的服务使旅游者在情感上得到了真正的满足。在此以惠华咨询公司张宝强老师的《旅游者注重的十个方面》为例来说明旅行社的一线人员应如何对旅游者做细致的服务工作:①及时、有效地提供服务项目和过程的咨询;②对出现的问题向旅游者作出合理的解释;③向旅游者提供旅行社及导游人员的联系方法;④当某一服务项目结束后,及时通知旅游者,并明确下一步的计划;⑤允许旅游者与旅游主管部门沟通交流,并有权投诉;⑥明确告诉旅游者每一服务过程的时间限度;⑦如果旅游者的服务需求不能解决,向旅游者提供有效的替代方法;⑧将旅游者当作朋友来对待,而非陌生人;⑨向旅游者说明防止意外问题发生的有效措施;⑩当旅游者的服务需求暂时不能解决时,要通知旅游者问题解决的进度。

4)持续改进。在确定人力资源和物质环境的最佳组合、确定最具竞争力的点后,要实现持续的质量改进。大家熟悉的广告词"我们一直在努力"、"没有最好,只有更好"等都指明了质量需要全体人员的合作与不断的持续改进。旅游服务的全面质量管理,是针对旅游服务事后质量检查而言,它要求旅游企业的质量管理以系统论为指导,贯彻以防为主的原则,以控制服务过程,提供最佳的服务。尤其对于旅游企业来讲,做好细节工作,比如在对旅游者提供服务的整个过程中,必须满足符合全面质量的所有要素,而且要让旅游者满意,使旅游者对企业的认定由理性转向感性,比如旅游口号"要旅游,找中旅",此中的"要"字,表达了以旅游者为中心的全面质量管理的含义。

5)提供规范化服务和个性化服务。旅游的优质服务是由规范服务和超常服务两大部分组成的,旅行社的规范服务是基础性保证,而超常服务是规范服务的补充和提高,它使旅游服务变得更完善,使旅游者的个体需求得到了最大可能的满足。如"国际金钥匙协会"是 Concierge 的国际性组织,Concierge 在国际上已成为高档饭店个性服务的重要标志,它是饭店的灵魂。旅行社也应有代表个性化服务的精英,成为旅行社优质服务的标志,随着电脑和网络的发展,旅游者需求信息的记录和储存已无问题,所以旅行社完全可产生一对一的"量体裁衣"式的个性化服务。或者说,这是旅行社在自己内部机构模式下,通过如图 7.5 所示的质量循环,最终获得旅游者的满意,同时也实现了旅行社的最高利益值。

6)发挥良好的培训机制和激励机制。服务质量标准是系统化的工作,应实施有效的培训机制,定期对员工进行能力、意识、技能等方面的培训,并进行服务质量量化考核,以

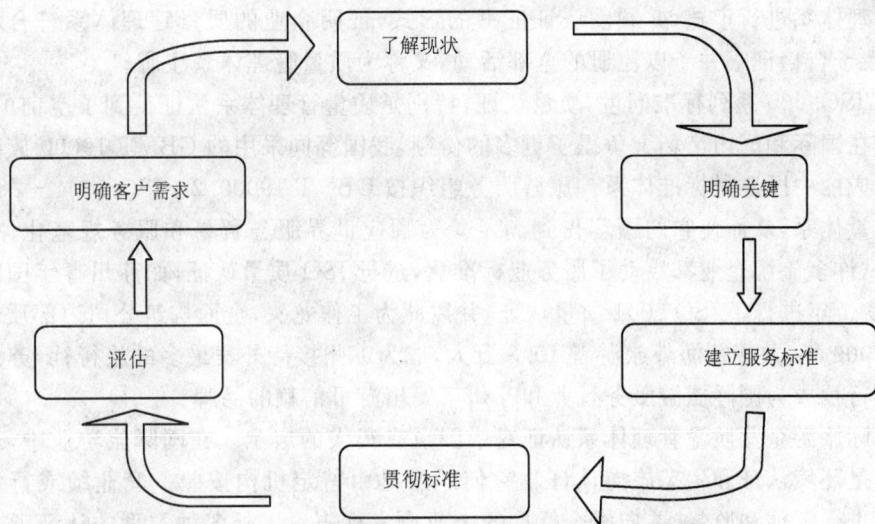

图 7.5　旅行社获得旅游者满足的内部机构循环模式

提高工作效率。为使员工积极地、主动地、创造性地去完成工作，还应运用激励的机制，使员工有动力，从而高效地完成旅游接待工作。

三、旅行社服务质量体系认证

1. 认证制度的由来

质量认证是随着现代工业的发展，作为一种外部质量保证的手段逐步发展起来的。在现代质量认证产生以前，供方为了推销产品，往往采用"合格声明"的方式，以取得买方对产品质量的信任，这对于质量特性比较简单的产品而言，不失为一种增强买方信心的有效手段，但随着科学技术的发展，产品的结构和性能日趋复杂，仅凭买方的知识和经验很难判断产品是否符合要求，在这种情况下，顺应供方树立其产品信誉、社会保障、消费者利益以及安全和立法的需要，由第三方证实产品质量的现代质量认证制度便应运而生。

现代的第三方质量认证制度起始于英国，于 1903 年便开始使用第一个质量标志——风筝标志，并于 1922 年按英国商标法注册，成为受法律保护的认证标志，至今在国际仍享有较高的信誉。"认证"的英文原意是指一种出具证明文件的行动。ISO/IEC 指南 2 中对"认证"的定义是："由可以充分信任的第三方证实某一经鉴定的产品或服务符合特定标准或规范性文件的活动。"认证制度又称为合格评定，是为进行认证制度而建立的一套程序和管理制度，其中质量认证作为第三方证实产品质量的一种外部质量保证制度，已经成为世界性潮流。

2. 旅行社服务质量管理体系认证

质量管理体系认证是指依据国际通用的 ISO9000 系列标准，经过认证机构对企业的质量管理体系进行审核,并颁发认证证书的形式,证明企业的质量管理体系符合相应的要求,授予合格证书并予以注册的全部活动,又称为质量管理体系注册。

自 ISO9000 系列标准问世,质量认证,特别是质量管理体系认证得到了空前的发展,为企业在国际和国内市场上争得了更多的份额,我国等同采用的 GB/T 19000 族准则是与之对应的中国质量标准体系。旅游服务组织按 GB/T 19000.2－ISO 9004－2 的要求建立质量体系,从而使它的顾客得到满足。为顺应世界服务贸易和服务规范化、标准化的潮流,许多旅游企业都启动了服务业标准化,进行 ISO 质量认证,如苏州青年国际旅行社在 1997 年进行了 ISO 9001 质量认证,并以此为工作龙头,全面构筑公司内部质量管理体系,2000 年,共接待海外旅游者 10.8 万人,成为苏州接待外宾最多的旅行社,苏州青年国际旅行社成为国际旅游服务行业和苏州市民出游可信赖的品牌。

国际旅游企业质量管理体系认证对中国也有很大的启示。在国际旅游业中,最常见的认证是环境认证和生态旅游认证。它们通常是由特定机构按照一套业绩或行为标准对企业进行评估和监督,并向符合标准的企业颁发标志。国外各种类型的认证项目至少有 5 个共同特点:自愿加入、易于识别的标志、遵守或者高于政府规范的标准、评估和审计、成员制和收费。由于这些认证标志能向公众展示有责任的企业形象,因此常被旅游企业看作有利的市场营销工具,例如世界旅游组织 2002 年的统计表明,全球就有 59 个生态旅游方面的标志或认证体系。

第三节　旅行社全面服务质量管理

1. 全面质量管理的含义

全面质量管理(total quality management)通常也使用其英文术语的简称 TQM,或者 TQC(全面质量控制),是美国质量管理专家费根鲍姆、朱兰等先后提出,并由戴明向日本企业传授和发展起来的管理方法。按照国际标准给出的定义,全面质量管理是一个组织以质量为中心,以本组织全体成员参与为基础,目的在于通过顾客满意和组织全体成员及社会受益而达到长远成功的管理途径。这里的全面质量包括组织内部全部过程、职能部门和全体人员的质量。按照这一管理方法,TQM 注重顾客需要,强调参与和团队工作,并力争形成一种文化,以促进所有的员工设法持续改进组织所提供产品及服务的质量。表 7.1 给出了质量和全面质量管理的区别。

2. 旅行社全面服务质量管理的含义

旅行社的全面质量管理,是针对旅游服务事后质量检查而言的,它要求旅行社的质量管理以系统论为指导,贯彻以防为主的原则,以控制服务过程,提供最佳服务,尤其是做好细节工作,比如在对旅游者提供服务的整个过程中,必须满足符合全面质量的所有要素,而且要让旅游者满意,使旅游者对企业的认定由理性转向感性,比如旅游口号"要旅游,找中旅"。旅游者在考虑选择哪家旅行社时,不是单纯考察旅行社的服务质量是否满意或不满意,全面的质量管理应在常规理解的质量要素中将客人的忠诚度视为最高的要求,当旅游者对旅行社是依赖的感受和体验时,我们才认为这样的质量是最期望的,此中的"要"字,表达了以旅游者为中心的全面质量管理含义的细节,如图7.6所示。

表 7.1　质量和全面质量管理的区别

要　　素	质　　量	全面质量管理
对象	提供产品/服务	提供产品/服务及所有与产品/服务有关的事物
相关者	外部顾客	外部顾客和内部顾客
包含过程	与产品提供直接相关的过程	所有过程
涉及人员	组织内的部分人员	组织内的所有人员
相关工作	组织内部分职能或部门	组织内所有职能或部门
培训	质量部门	组织内所有人员

资料来源:龚益鸣.2003.现代质量管理学.北京:清华大学出版社

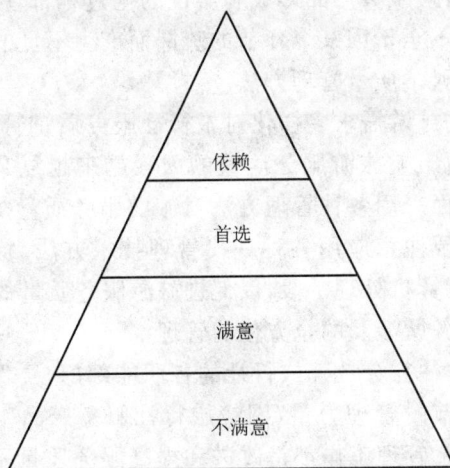

图7.6　全面质量管理——理性到感性的细节表现

3. 旅行社全面服务质量管理的主要内容

全面质量管理是一种管理途径,既不是某种狭隘的概念或简单的方法,也不是某种模式或框架。旅行社全面质量管理的特点主要表现为图7.7。

(1)旅行社员工的全体人员参与

旅游服务质量是旅行社各部门全部工作的综合反映,企业每个员工的工作状况都会不同程度地直接或者间接影响服务质量。充分发动企业各个部门的全体员工,启发大家认识质量管理与服务讲效益之间的关系,调动所有员工的积极性与创造性,人人做好本职工作,个个关心服务质量,全面参与质量管理。员工的全员参与,不仅要求组织中所有部门和所有层次的人员都要积极认真地投入各种质量管理活动,同时要求组织的最高管

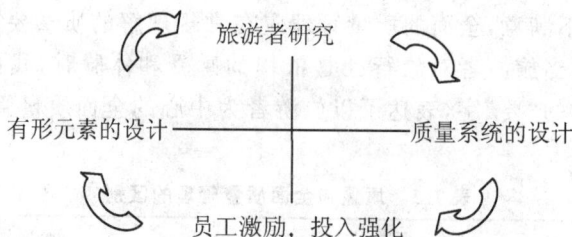

图 7.7　全面质量管理的主要内容

理者坚持强有力和持续的领导、组织、扶持以及有效的质量教育和培训工作,不断提高所有员工的素质。

(2)对服务提供的全过程进行管理

旅游服务质量不光是现场的对客服务,更涉及与服务提供相关的各个环节。从旅游市场调查、旅游产品设计、生产、销售到最后提供服务的全过程,都要考虑质量问题,都要进行服务质量管理。只有对服务产品形成和实现的全过程都注意质量管理,才能形成旅游服务质量的综合保障,不至于因某个环节的疏漏而产生不良的影响。

(3)全面采用有关的科学质量管理方法

社会经济发展导致的旅游需求多样化对旅行社服务质量管理提出了多方面的要求,旅游产品的综合性又使得影响旅游服务质量的因素越来越复杂。全面质量管理要求必须针对旅行社的实际,全面采用各种管理方法对旅游服务质量加以综合管理和控制。除了传统的管理方法以外,要注意应用各种现代管理技术方法,特别是关于质量分析统计检验的有关数学方法和计算机处理手段,以促进旅游服务质量的提高。

(4)管理对象包括服务所涉及的全方位的管理

质量管理的有关工作往往分散于旅行社的各职能部门,要保证和提高旅游服务质量就必须综合各部门、各环节的管理力量,围绕旅行社服务产品生产开展质量管理。要使大家认识到,各部门的质量管理工作都是改进和提高服务质量不可缺少的部分。不同部门从计划管理、销售管理、财务管理、安全管理、设备管理等不同方面所进行的质量管理工作,都要围绕整个旅行社进行。为在全旅行社有效地开展质量管理工作,必须加强各部门的互相协调,注意配合,形成系统力量。应该注意的是,旅行社生产不是一个封闭的系统,全面质量管理要求管理对象要从本企业扩展到企业生产的相关方,包括服务产品涉及的全系统,全面促进旅游服务质量的提高。

(5)旅游服务全效益管理

旅游服务全效益管理,主要指旅游服务既要讲求经济效益,又要讲求社会效益,并尽可能地把两者结合起来,比如社会公益活动,举办婚事新办旅游、青春旅游、教师节旅游等,虽然获利不多,但社会效益很好。

(6)构建诚信体系

中国传统美德要求人们讲求诚信,人与人之间要坦诚相待,要相互信赖。旅游服务全面质量管理的重要内容就是旅游企业内部的诚信和企业外部的诚信。企业内部的诚信就是上下级之间要相互信任,企业领导或上级管理者不欺骗员工,让员工享有一定的知情权;员工不欺骗上级,把信息及时反馈给上一级的领导,使得双方信息的交流及时、通畅无阻。企业外部的诚信,即企业与其合作者之间的友好合作,以及企业与政府督导部门的良好协调与沟通。其中旅游企业对旅游者的诚信最为重要,因为旅游者是旅游企业的衣食父母,对旅游者诚信是旅游企业的生存之本,只有在旅游者对企业放心的基础上,才有可能放心地选择和购买产品。

因此,诚信作为旅行社的无形资产越来越被旅游者和同行所重视,一些旅行社出现诚信危机问题,说明旅行社服务质量管理中诚信建设迫在眉睫,所以旅行社应把诚信作为企业生存和发展的根基,只有用诚信经营企业,才能最终赢得旅游者的信赖,获得旅游者的忠诚。

案 例

诚信为本、旅游者至上——北京市燕都国旅优质服务纪实

北京市燕都国际旅行社(简称燕都国旅)坚持诚信为本、旅游者至上的宗旨,以真诚的服务、优秀的质量赢得旅游者的赞誉和尊重,多年来无一例投诉,无一例因不遵守合同引起的纠纷,曾三次荣获"北京市旅游紫禁杯先进集体"荣誉称号,被评为全国商业系统"十佳"旅行社。

2004年7月,燕都国旅接待的一个96人陕西旅游团,于16日乘4433次火车硬卧去大同。由于是暑期旅游旺季,4433次列车又属于大同列车段管辖,北京无出票控制权,到16日中午,燕都国旅只拿到50张硬卧票,还有46张票没有着落,怎么办?一种办法是乘其他车次的列车,但到站时间均不合适;另一种方法是让客人乘硬座,旅行社给予补偿。但考虑到客人坐一夜太辛苦,旅行社认为应该进最大努力为客人解决卧铺。总经理立即召集大家出主意想办法,有人提出,4433次列车的始发站是唐山,能不能考虑从唐山订卧铺。金总认为这个办法可行。于是他们立即行动,通过唐山旅行社,买到了46张唐山至大同的4433次硬卧车票。车票一落实,金总指挥兵分三路;一路开车直奔唐山取票,然后登上4433次列车,请求列车长协助办理将火车票全部换成卧铺车牌,表明卧铺有人,凭牌上车,使空铺不得售出;第二路人马提前到北京站说明情况、疏通关系,联系好团队进站事宜;第三路人马带领96名客人准点进站,领牌等车。在金总的指挥下,三路人马顶高温、战酷暑,密切合作,把96名客人准时送上了火车,坐上了硬卧,满意离京。

像这样的例子还有很多。燕都人认为,虽然这样旅行社会在经济上受点损失,但保持良好的信誉是用金钱买不到的。

资料来源:中国旅游报.2005-12-26.

思考与练习

1. 请解释旅游服务质量的内涵。
2. 简述旅行社服务质量体系建立的结构。
3. 简要说明旅行社全面质量管理的主要内容。

第八章 旅行社的人力资源管理

现代旅行社企业的发展离不开人、财、物、信息等主要资源因素。其中旅行社人力资源是最重要、最基本、最宝贵的资源。中国加入 WTO 后,国际旅游市场将面临激烈的竞争,旅行社人力资源管理便显得更为重要。只有人才能使用和控制好其他资源,从而增强旅行社的业务接待能力,达到预期的目的。如何对人力资源进行科学而有效地开发与管理,已成为现代旅行社管理的核心工作。

第一节 旅行社人力资源管理概述

一、旅行社人力资源管理的概念

1. 人力资源的概念、特点及其主要内容

(1)人力资源的概念

目前关于人力资源的概念,概括起来,大致有以下几种说法:

1)所谓人力资源,是指能够推动整个经济和社会发展的劳动者的能力,即处在劳动年龄的已直接投入建设或尚未投入建设的人口的能力。

2)所谓人力资源,是指一切具有为社会创造物质文化财富、为社会提供劳务和服务的人。

3)所谓人力资源,是指包含在人体内的一种生产能力。若这种能力未发挥出来,它就是潜在的劳动生产力,若发挥出来了,它就变成了现实的劳动生产力。

4)所谓人力资源,是指具有智力劳动或体力劳动能力的人们的总称。

5)所谓人力资源,是指一个国家或地区有劳动能力的人口的总和。

上述 5 种说法都从人力资源的某个侧面论述了它的定义。我们认为,人力资源是指一定范围内的能够推动整个经济和社会发展的具有劳动能力的人们的总称。

(2)人力资源的主要内容

1)劳动者的体质。包含有 6 个衡量标准:身体素质、营养状况、精神状况、忍耐力、抗

病力、对自然环境和社会环境的适应力。

2）劳动者的智质。包含有 8 个衡量标准：记忆力、理解力、思维能力、应变能力、接受能力、感知能力、幽默感、条理性。

3）劳动者的文化素质和受教育程度。主要包含下述衡量标准：学历、文化知识的总量、分析能力、创造能力、决策能力、继续学习能力、组织管理能力、演讲能力、社交能力、未来感知能力、文明礼貌、写作能力等。

4）劳动者的思想觉悟和道德水平。主要包含以下衡量标准：爱国心、事业心、团结友爱心、忠诚正直心、谦虚谨慎、献身精神等。

（3）人力资源的主要特点

人力资源是最活跃、最积极、最具主动性的生产要素，是积累和创造物质资本、开发和利用自然资源、促进和发展国民经济、推动和促进社会变革的主要力量。人力资源作为经济资源中的一个特殊种类，既有质、量、时、空的属性，也有自然的生理特征。

1）生物性。劳动能力存在于人体之中，是有生命的"活"资源，与人的自然生理特征相联系。

2）能动性。人不同于自然界的其他生物的根本标志之一是人具有主观能动性，能够积极主动、有目的、有意识地认识世界和改造世界。在改造世界的过程中，人能通过意识对所采取的行为、手段及结果进行分析、判断和预测。由于人所具有的社会意识以及在社会生产过程中所处的主体地位，使得人力资源具有了能动作用。人力资源的能动性主要表现为：① 自我强化，人们通过正规教育、非正规教育和各种培训，努力学习理论知识和实际技能，刻苦锻炼意志和身体，使自己获得更高的劳动素质和能力，这就是自我强化过程；② 选择职业，在市场经济环境中，人力资源主要靠市场来调节。人作为劳动力的所有者可以自主择业，选择职业是人力资源主动与物质资源相结合的过程；③ 积极劳动，敬业、爱业、积极工作、创造性地劳动，这是人力资源能动性的最主要的方面，也是人力资源发挥潜能的决定性因素。

3）时效性。人力资源的形成、开发和利用都要受到时间方面的限制。由于人作为生物有机体有其生命周期，能从事劳动的自然时间被限定在生命周期的中间一段；人的劳动能力随时间而变化，在青年、壮年、老年各个年龄组人口的数量及其相互联系都是不断变化的。从社会角度看，人才的培养和使用也有培训期、成长期、成熟期等。因此，人力资源开发必须尊重其内在的规律，使它的形成、开发、配置和使用处于一种动态平衡之中。

4）智力性。人不仅具有主观能动性，而且还是知识的载体，这是人力资源区别于其他资源的又一特征。人在改造世界的同时可通过开发自己的智力，在劳动中创造机器和工具，使器官得到延长、放大，从而使自身能力无限扩大。同时，人的知识还可以传播、深入，正是一代又一代的人吸取了他们的先辈在生产、生活中所积累起来的知识，才使得今天的人力资源更具有价值和使用价值。

5)再生性。人力资源具有再生性。它基于人口的再生产和劳动力的再生产,通过人口总体内个体的不断更替和"劳动力耗费—劳动力生产—劳动力再次耗费—劳动力再次生产"的过程得以实现。而且,人力资源的再生性除了遵守一般生物学规律之外,它还受人类意识的支配和人类活动的影响。

6)社会性。从人类社会的经济活动角度看,人类劳动是群体性劳动,不同的劳动者一般都分别处于各个劳动集体之中,构成了人力资源社会性的微观基础。从宏观上看,人力资源总是与一定的社会环境相联系的。它的形成、配置、开发和使用都是一种社会活动。因此从本质上讲,人力资源是一种社会资源,应当归整个社会所有,而不应仅仅归属于某一个具体的社会经济单位。

7)双重性。人力资源既是生产者也是消费者,这就是人力资源的双重性。这要求我们既要重视对人口数量的控制,更要重视人力资源的开发和人才的培养;充分地利用和开发现有的人力资源,降低人力资源成本,获取人力资源收益。

2. 旅行社人力资源管理的概念

旅行社人力资源管理是指旅行社为了实现旅行社企业的战略发展目标,在人力资源的获得、开发、培养、保持和使用等方面所进行的计划、组织、控制和协调的活动。它通过人力资源的招聘、选择、录用、工作绩效、考核、评价、培训、提升、调配、奖励和福利等诸多环节,寻求旅行社组织中人际关系和人事关系的协调,调动人的积极性,挖掘人的潜能,发挥每个人的主观能动性,使人尽其才,实现每位员工的德才、资历和责权利与岗位相吻合,最终达到旅行社的经营目标。

3. 旅行社人力资源管理的内容

(1)人力资源的获取

人力资源的获取是指旅行社根据工作需要,对有资格的工作申请者提供均等的雇用机会,以吸引和寻求优秀的、合适的人力资源。选择人才的原则是"最适原则"而不一定是"最优原则"。

(2)人力资源的整合

人力资源的整合也就是使旅行社招聘到的人员在组织上、思想上、感情上和心理上与旅行社的制度文化、经营理念等融为一体。旅行社要对员工进行培训,介绍企业的宗旨和发展目标,协调好各种关系。

(3)激励措施

激励措施是指采取相应的措施调动员工的工作积极性,激发员工的工作热情,保持高昂的精神状态。这不仅从物质上依据员工的贡献大小等方面进行工资、奖金等收入分配和奖励,还包括精神上的奖励以及及时提拔等。

(4)调控手段

旅行社设置合理而可行的一系列制度,做到有章可依、有章必依、执行必严、违章必究。加强企业的制度文化建设,使员工生活在一个既紧张严肃,又轻松活泼的氛围中。

(5)培训与开发

旅行社应根据企业内外环境变化的需要,通过各种形式对员工进行定期或不定期的培训,加强人力资源开发,在人才发现、人才培养、人才使用和人才调剂上多下工夫。

二、旅行社人力资源管理的意义

在一切生产要素中,人的因素是最重要的。旅行社人力资源管理是一个关系到旅行社生死存亡的全局性、战略性问题,旅行社必须站在战略高度,充分认识加强人力资源管理的重要意义。

1. 加强旅行社人力资源管理是增强旅行社企业活力的前提

作为劳动密集型行业,也是智力密集型、人才密集型行业,旅行社业员工的素质和能力的高低决定了旅行社所提供的产品质量和旅行社经营管理水平的好坏,从而决定了旅行社的市场竞争力。旅行社业是一个垄断竞争市场,竞争不可避免。尤其在经济全球化和我国加入 WTO 后,旅行社之间的竞争更加激烈。旅行社之间的竞争归根到底是人才的竞争。任何一家旅行社要想在竞争中立于不败之地,必须吸引优秀人才,留住优秀人才;必须全方位调动员工的积极性,充分发挥员工的潜能,搞好旅行社"内部营销",形成强大的凝聚力和向心力。

2. 旅行社人力资源管理是提高旅行社服务质量,创造良好社会效益的保证

旅行社业是服务性行业,其产品是由员工提供的服务,而员工服务的对象又是需要情感的旅游者,因而其从业人员的心理因素、职业道德、业务素质和工作积极性等就直接决定了旅行社的服务质量,进而关系着旅行社经营的成败。

因此,充分调动员工的积极性,对人力资源进行科学、有效的管理,是提高旅行社服务质量、创造良好社会效益的前提和保证。

3. 加强旅行社人力资源管理是旅游业经营活动顺利进行的必要条件

旅行社和旅游交通、旅游饭店并称为现代旅游业三大支柱。旅游业的发展离不开旅行社。旅行社把航空公司提供的乘机服务,饭店业提供的客房、餐饮服务,交通部门提供的司乘服务等单项产品组合成能满足旅游者旅游过程中各种需要的整体旅游产品,设计各种满足旅游者需要的旅游线路等,都需要较好的人力资源才能完成。随着旅游饭店、旅游交通的发展,或者说,随着食、住、行、游、购、娱六环节的发展,旅行社的发展也必须与之相适应。而旅行社发展推动需要旅行社的管理者和员工。因此,加强旅行社人力资源管理是旅游业发展链上不可断裂的重要一环。

三、旅行社人力资源管理的主要特点

旅行社人力资源管理同一般企业的人力资源管理相比,既有相同之处,又有不同之

处。根据旅行社本身的工作性质、工作内容和工作特点,其人力资源的开发与管理具有以下几个方面的特点:

1. 综合性

旅行社人力资源管理是一门相当复杂的综合性的科学,它涉及到经济学、社会学、人类学、心理学、管理学等多种学科。

2. 独立性

旅行社业务的强独立性在旅行社的接待业务中表现得非常突出。旅行社许多业务的开展通常是落实到个人,由员工个人独立完成。他们要独立完成各自的业务指标,有各自独特的工作方式,工作的效果在很大程度上取决于个人的独立工作能力。由此可能带来员工在工作绩效和收入水平方面的较大差别。同时出于自利,他们可能会对工作挑三拣四、可能会采取不合作态度、可能会凭借工作业绩向企业讨价还价,甚至构成对某方面业务的不正常垄断。这就要求旅行社加强人力资源的管理,一方面要鼓励和肯定员工的积极性和创造性,充分挖掘每个人的潜能,另一方面要公平、合理地调配人员和调整分配方案,培养和倡导团队意识和协作精神,实行规范化、制度化和人性化管理,保证工作有条不紊地进行。

3. 季节性

由于旅游业具有明显的季节性,有淡季和旺季之分,因而旅行社所需员工特别是需要导游的数量上存在明显的季节差别。无论是在淡季配备旺季的人员还是在旺季配备淡季的人员都是不利的。前者会造成人浮于事,增加成本;后者会造成人力短缺,业务丢失。总之,不利于企业盈利。当然,对此,一方面可以采取聘用专职导游和兼职导游相结合的方法来解决,但另一方面也带来了兼职导游的有效监督问题。可见,旅行社业务的季节性加大了人力资源管理的广度和深度,这迫使旅行社从实际情况出发,从不同角度调控好人力资源。

4. 社会性

企业的发展与社会制度有着密切的关系,人力资源管理更不能忽略社会制度的影响,应反映社会发展、意识形态、生产关系等。

5. 发展性

旅行社人力资源管理的发展,经历了古代以量的管理为主的人事管理时期,近代以效率为中心的科学化、系统化的科学管理时期,现代以人为中心的科学管理与行为科学相结合时期。

6. 流动性

在市场经济条件下,人才流动是正常的。旅行社业与其他企业相比,其人员的流动更为频繁。然而人员流动率过高会带来企业在这方面的成本上升,还可能会使旅行社提供的服务产品质量不稳定而带来旅行社声誉的不良影响。针对旅行社员工流动性高的特点,旅行社要想方设法留住和吸引优秀人才,应该在工资待遇、个人发展、人文关怀、企业凝聚力等方面多做工作。要建立人力资源信息库,及时招聘补充合格人才,加强在服务态度、服务知识和服务技能的培训,保障在旅行社人员流动的大环境中,拥有一支高素质的、相对稳定的员工队伍。

7. 分散性

旅行社的工作人员经常是独自分散地与客户接洽,广泛地分散在各条旅游线路上陪同旅游者旅游,在联系业务或接待服务过程中往往没有来自管理者和同事直接面对面的监督,工作时间弹性大,生活规律难以保证。为了确保工作质量和顾客满意,旅行社必须向员工提出明确的工作要求,要通过填写工作记录和顾客满意表等方法对员工的工作业绩做出客观、公正的评价,建立有效的激励机制和奖惩制度,保证服务质量。

第二节 旅行社人力资源的配置与选聘

一、旅行社员工的配置

1. 旅行社员工的构成

旅行社员工主要由导游人员、市场营销人员、管理人员、财务人员和其他后勤人员构成。

(1)导游人员

导游服务是旅游服务的灵魂。导游人员(地陪、全陪、领队)作为旅行社的主要构成人员,他们的职责是接受旅行社的委派,为旅游者提供向导、讲解及相关的旅游服务。

(2)市场销售人员

市场销售人员担负着旅行社对外销售、增加客源的工作。掌握营销工作的销售人员从某种意义上来说,应该是整个旅行社旅游业务活动的精英。

(3)管理人员

旅行社管理人员是指旅行社中层以上的管理人员。人事部门有责任协助总经理做好管理人员的选择、培养、使用以及向总经理推荐优秀人才。

(4)财务人员

按照《旅行社管理条例》的规定,国际旅行社必须具有取得会计师职称的财务人员,国内旅行社必须具有取得助理会计师职称以上的财务人员。

（5）其他后勤人员

其他后勤人员是指旅行社的办公人员、行政人员、行李员、司机和其他勤杂人员。旅行社虽有"一线"和后勤之分，但没有后勤人员的辛勤劳动和后备保障，一线人员的工作就不能顺利地完成。

2. 旅行社员工的配置计划

旅行社员工配置计划的主要内容有旅行社用工人数、劳动生产率、旅行社经济效益指标、工资总额与平均工资及其增加幅度、员工培训等。作为总经理，还应考虑旅行社对各种技术与管理人员的需求、储备、使用与培养。

（1）旅行社用工人数计划指标

旅行社用工人数计划指标是在保证旅行社劳动生产率不断提高的前提下，根据旅行社经营内容与目标确定的计划期内各类员工的需求量，用工数量包括计划期末人数和计划期内平均人数。

期末人数是指在本计划期内最后一天旅行社可望达到的员工人数与规模，它包括各种不同形式的用工人数。该指标能较好地体现旅行社根据业务发展需要有计划地安排员工数量，避免盲目用人。但仅有期末人数指标还不能准确反映旅行社完成任务所需要的劳动数量，也不能控制企业对临时工、计划外用工的使用情况。

平均人数是指在计划期内旅行社平均每天使用的员工数量，它能更为确切地反映旅行社在计划期内员工的使用情况，其实质是计划期内的劳动数量指标，常常作为计算劳动生产率、工资总额、比较各部门或企业间人力资源消耗的依据。因此，平均人数可以部分弥补期末人数的某些不足。

（2）工资总额与平均工资计划指标

旅行社工资总额是根据企业用工人数计划、劳动生产率及企业经济效益指标编制的，指的是企业在计划期内应付给员工的劳动报酬的总量，它同时又是企业编制成本财务计划的依据。旅行社员工工资总额应包括各类工资、奖金、津贴、补贴及其他工资性收入。

平均工资是指旅行社员工在计划期内所得工资性收入的平均数额，可由以下公式计算：

$$平均工资＝计划期内工资总额／计划期内平均人数$$

一定时期内的平均工资数额反映着企业职工的工资水平的高低。但是，由于当前旅行社员工非工资性收入占全部收入的比重较大，平均工资通常只反映员工比较稳定的那部分收入情况，然而，分析企业平均工资的增长幅度，尤其是各部门因平均人数增长而增加的工资数额，并将这些指标与企业劳动率的增长、利税等经济指标的变化相比较，可以认识与把握企业劳动人事管理的重要经济联系。

（3）劳动生产率与其他经济效益指标

劳动生产率是衡量旅行社生产力发展水平的重要指标，是企业生产成果与劳动消耗

之间的比值。由于旅行社本身的特殊性,其劳动生产率通常用以下两种方式表示:

1)人均接待人天数,这是用于反映旅行社服务效率的概念,是旅行社在一定时期内接待旅游者的总人天数与相应的员工平均人数的比值。

$$人均接待人天数 = 旅行社接待总人天数 / 平均人数$$

一般而言,旅行社在计划期内接待的越多,人均停留时间越长,员工人数越少,其服务效率也就越高。

2)人均营业收入,这是用货币收入表示的企业劳动生产率指标,是指在计划期内旅行社全部营业收入与平均人数的比值。

$$人均营业收入 = 旅行社全部营业收入 / 平均人数$$

然而,评价企业经营好坏,仅用劳动生产率指标是不够的,有时虽然旅行社人均接待人天数、人均营业收入均不错,但是经营成本昂贵,其经济效益依然不会很理想。为了避免高收入掩盖高支出、高消耗的现象,还需要计算企业经济效益指标,在劳动计划中常见的人均利税指标,它是旅行社在计划期内利税总额与平均人数的比值。

$$人均利税 = 旅行社利税总额 / 平均人数$$

二、旅行社员工的选聘

旅行社员工的选聘是指根据旅行社的发展需要,通过对内选拔和对外招聘的方式寻求适合某一工作岗位的个体的全过程。

1. 旅行社聘用员工的标准

(1)政治思想标准

要成为旅行社的员工,必须坚持四项基本原则,热爱旅游事业,作风正派,遵纪守法,并有一定的道德修养。

(2)文化程度标准

旅行社员工一般应具有大专以上的文化程度,某些特殊工种还应具备国家认可的有效证书。同其他行业相比,旅行社人力资源中智力密集度高。具备良好的知识结构,是旅行社从业人员的基本素质要求。旅行社招聘过程中,既要重视人员的学历和专业知识水平,又要重视其专业服务能力、丰富的经验。

(3)身体条件

旅行社在招聘员工时应进行体格检查。因为旅行社工作的特殊性,尤其是一线接待人员,要有充沛的精力、健康的体魄。因此,招聘员工年龄不宜太大,要身体健康。

(4)合作能力

由于旅行社工作的特点,决定了旅行社接待服务工作需要旅行社内部,如外联、采购、接待等部门的密切配合才能为旅游者提供优质的服务;而且,旅行社还必须把处理好与相关行业和部门,如交通、饭店、餐厅、旅游景点的关系放在首位,这就要求旅行社专业服务人员有极强的协调、沟通能力。因此,旅行社招聘员工时,应重视应聘者的公关能力、互助精神和合作能力,能与各类人士建立良好的合作关系。

(5)对企业的忠诚感

旅游业的迅速发展,人才市场的竞争也日益激烈,旅游从业人员的流动率很高。旅行社在招聘员工时,应重视应聘者吃苦耐劳、乐于奉献的精神,而对于只讲待遇、不求奉献、金钱至上的求职人员,旅行社不应聘用。因为一旦其他旅行社有更优厚的待遇,这些人便可能跳槽,给旅行社造成损失。招聘、培养对旅行社有忠诚感的优秀人才,才是旅行社企业长期发展的基础。

2. 旅行社员工的招聘原则

(1)因事择人原则

招聘员工应以空缺职位为本,从实际需要出发。就是按照实际工作性质、责任大小、难易程度及任职资格条件来衡量应聘者的品德、能力等情况是否符合要求,最终实现人才与职位最佳配置。

(2)公开操作原则

公开操作即招聘工作必须做到五点公开,即录用计划、报考政策、报考须知、考试须知、录取结果5个方面的公开。

(3)公平竞争原则

公平竞争原则主要包括两个方面,一方面是指所有的适用人选都必须经过前期招聘过程中各类严格的科学测评、考核程序,并有客观的测定成绩记录,为适用人选的确定提供参考依据;另一方面是指招聘者在确定适用人选时,要以前期选拔程序中应聘者的各项成绩为依据,尽量避免招聘者的成见、偏好、个人价值观、情感等因素的影响。也不能因应聘者的身份、种族、宗教、党派、性别、籍贯和容貌等条件的不同而造成对应聘者形成高低贵贱之分,影响决策的公平性。只有通过公平竞争才能使人才脱颖而出,吸引真正的人才,才能起激励作用。

(4)全面考核原则

全面考核原则不仅是指适用决策前的测评和考核应该兼顾德、智、体、能等多方面,对知识、能力、思想、品德进行全面考核,而且是指在做出适用决策之前,决策者必须对应聘者各方面的素质条件进行综合性的分析和考虑,从总体上对应聘者的适合性做出判断。特别值得注意的是,不能因为某些应聘者的现有能力非常符合工作岗位要求,就忽视其人格、思想、修养及其潜能等因素。因为这些因素对应聘者在工作岗位上的实际表现以及所产生的社会影响和社会效益往往起着重要作用。当然,也不能聘用那些有德无能的人。

(5)择优选拔原则

择优就是广揽人才,选贤任能,从应聘者中选择出优秀者。做出试用决策前要全面测评和考核,招聘者要根据综合考核成绩,认真比较,谨慎筛选,做出适用决定。为确保择优性原则,应制定明确具体的录用标准。

（6）双向选择原则

所谓双向选择原则，是指旅行社根据自己经营业务的要求能自主地选择自己所需要的人员，而应聘人员也可以自主地选择是否到该旅行社工作，双方都无权强制对方。这一原则一方面可以促使旅行社不断地提高效率，改善自身的形象，增强自身的吸引力；另一方面，还能促使劳动者为获取到手的职业而努力提高自己的知识和技术业务等方面的素质。

（7）效率优先原则

效率优先原则即力争用尽可能少的招聘费用和时间录用到高素质、适合旅行社需要的人员，或者说以尽可能低的招聘成本录用到同样素质的人员。效率优先体现在招聘之中要根据不同的招聘要求，灵活选择适当的招聘形式和方法，在保证招聘员工质量的前提下，尽可能地降低成本。

3．旅行社员工招聘的途径——内部招聘、外部招聘

（1）内部招聘

内部招聘是指向旅行社现有人员传递有关职位空缺信息，吸引其中具有相应资格者应聘，或对有关职位适合者提出邀请，通过选拔以调动和提升的方式安置到有关职位。内部招聘一般包括提升、调动、工作轮换和再聘等。

旅行社实行内部招聘的优势主要有以下几个方面：

1）旅行社很了解自己员工的长处和短处，能将员工安排到更合适的位置，使其更好地发挥自己的能力。

2）得到升迁的员工会认为自己的才干得到了旅行社的承认，因此，他的积极性和绩效就会提高。

3）一般而言，旅行社已为在职员工支出了一笔可观的费用，如用于培训、福利等，因而旅行社最大可能地利用现有员工的能力也是理所当然的，这样可减少对新员工的培训费用。

4）提拔内部员工可以提高所有员工对旅行社的忠诚度，使他们在制定管理决策时做比较长远的考虑。

但内部招聘也有缺点，主要表现为：

1）那些没有得到提拔的应征者会不满，因此需要做解释和鼓励工作。

2）新主管从同级的员工中产生时，会引起团队其他人员的不满，从而使新主管较难树立领导声望。

3）如果旅行社已经有了内部晋升的惯例，当旅行社由于创新需要急需从外部招聘人才时，就可能会遇到现有员工的抵制，损害员工工作的积极性。

（2）外部招聘

外部招聘是旅行社面向全社会进行的招聘活动。一般采取广告招聘、校园招聘、借助职业介绍机构招聘或参加社会性人才交流活动以及借助猎头公司的办法。

1）广告招聘。广告招聘是通过报纸、杂志、广播电视等大众传播媒介来传递招聘信

息的招聘活动。旅行社招聘广告的内容主要包括：①职位名称、工作内容、工作时间以及工作条件；②职位的大概收入与一般待遇；③招聘的基本条件，包括所学专业、学历、学位，有无相关经验，有无户口、住房、性格能力，需要何种资格证书等；④基本情况介绍，介绍旅行社规模、性质、所在地、福利设施、福利待遇等；⑤应聘办法，告诉应聘者应准备哪些应聘材料，应聘期限如何，如何联系等。

2）校园招聘。大学校园是旅行社主要人才来源之地。采用到大学校园现场面试等招聘形式，不仅简化了招聘的程序，而且缩短了招聘周期。旅行社的人力资源部门要与企业所在地的大专院校保持比较密切的关系，及时掌握大专院校相关专业的设置和毕业生情况。而且旅行社也应主动与学校建立各种横向联系，如采用设立奖学金、提供助学金、为学生提供毕业实习场所等方法，以提高企业在学生中的知名度和威望感，增强企业对潜在人才市场的吸引力。

通过职业介绍机构或参加人才交流活动。职业介绍机构是专门从事人才流动中介工作的，其联系面广，掌握信息多，因此虽然委托其招聘需要支付一定的费用，但是与旅行社自己进行招聘所需投入的人力与资源相比，招聘成本差别不大，而效果有时却会更好。此外，参加社会性的人才交流活动也是旅行社招聘人才的一大途径。参加人才交流活动不仅能达到招聘目的，广泛宣传本旅行社及其人才招聘信息，而且能掌握旅游人才市场发展变化的动态。通过社会上的人才招聘活动，有利于与各类旅游人才建立联系，为吸引人才前来求职打下基础。

猎头公司是一种与职业介绍机构类似的就业中介组织，但是由于它特殊的市场运作方式，以及服务对象的特殊性，因此经常被看作是一种独立的招聘渠道。一个已经被旅行社人力资源部门广泛接受的看法是，那些最好的人才已经处于就业状态，而猎头公司是一种专门为雇主"搜捕"和推荐高级主管人员和高级技术人员的公司，他们设法诱使这些人才离开正在服务的公司。猎头公司的联系面广，而且特别擅长接触那些正在工作并对更换工作还没有积极性的人。它可以帮助公司最高管理当局节省很多招聘和选拔高级主管人员等专门人才的时间。但是，借助于猎头公司招聘人才的费用相对较高。

另外，旅行社还可采用熟人推荐的途径，招聘所需岗位的人员。

4. 旅行社员工的招聘过程

（1）确定旅行社的用人要求

它主要是在旅行社人力资源规划的指导下，根据岗位工作的需要，通过职务分析确定用人数量、类别和条件，拟订招聘人员的年龄、学历、经验、资历、教育程度等要求。

1）工作分析。工作分析是对各个岗位的任务、责任、性质及工作人员的条件进行分析、研究并做出明确的规定。一般来说，工作分析主要包括：工作内容、工作职责、与旅行社内部其他工作的关系、担任该工作的年龄、学历、经验、资历、教育程度等要求以及工作环境等。

2）工作说明书。工作说明书是在职务分析的基础上，用以记载职务的工作内容、职责、要求及其特性的文件。工作说明书一般包括：工作识别项，如工作名称、编号、所属部门等；工作概要，如工作范围、目的、内容等；具体工作，如工作的具体目的、对象、方法；其他特殊事项，如加班、恶劣的工作环境等事项的说明。

3)工作规范。工作规范明确规定特定工作的操作规程、标准和具体要求。在实践中，可以把工作说明书与工作规范合二为一，形成一个文件。

（2）制定招聘计划

制定招聘计划包括确定招聘的数量、类别和条件，组成招聘工作小组，制定招聘政策，选择招聘方案，以及制定预算等。

（3）确定招聘人员

一个合格的旅行社招聘人员首先要具有良好的个性品质和修养，能客观、公正地评价应聘人员；其次，要有丰富的社会工作经验，善于把握人际关系，掌握相关的人员测评技术；再次，要具备相关专业知识，能熟练地运用各种面试技巧，有效地面对各类应聘者。

（4）准备招聘信息

准备的信息包括旅行社的基本情况、岗位的具体要求、工作条件、工资福利、必备能力等信息。由于内部选聘和外部招聘都有缺点，因此，可以按照对内选聘与对外招聘相结合的方式来执行招聘计划。

（5）考核

考核的方式常用以下 3 种：笔试、面试和心理测试。

1)笔试。笔试是我国选拔人才最常见的传统考核方法。一般采用论文式笔试和直答式笔试两种。论文式笔试通常是应试人按照论文题目，写出一定字数的文章，发表自己的观点、看法和主张。主要是了解应试者的创造能力、决策能力、推理判断能力和综合分析能力以及应试者对某一问题的独特见解和态度。直答式笔试是通过填空、判断、选择、问答等形式来测试应试者的知识水平，主要考察应试者的学历以及记忆能力和理解能力。

2)面试。面试是挑选员工的一种重要方法。面试人员可由人力资源和管理人员或用人部门的工作人员来担当或由双方组成面试小组共同承担。面试可使面试人有机会直观地了解申请人的外表、举止、表达与社交能力，以及某些气质和对人的基本态度等。面试为旅行社和应聘者之间提供了一次交换信息的机会，有利于加强双方的相互了解，有利于双方做出是否录用或者是否应聘的决定。

3)心理测试。所谓心理测试，就是在控制的情境下，向应试者提供一组标准化的刺激，以所引起的反应作为代表行为的样本，从而对其个人的行为做出量的评定。包括智力测验、能力测验和成果测验。目的是用以判断应试者的心理品质与能力，从而考察应试者对招聘职位的适应性和显示应试者在某些工作上的可能成就。

（6）体检和政审

应聘者必须体检和政审都合格才有可能被旅行社考虑录用。

（7）录用

根据公开、公平、公正的原则对符合岗位要求的应聘者予以录用。旅行社应将录用决定正式通知被聘者。

5. 招聘效果的评价

招聘工作结束后，要从员工数量和质量上对招聘效果进行评价。从数量上主要是对招聘的成本、录用人员进行评估。从质量上对招聘结果进行评价的时间较长，主要通过一段时间的观察来看新招聘人员的业绩等，并把观察到的结果反馈到人力资源管理部门，进行评估或再作安排，如可采用试用期，再决定留用、提升或辞退等。

三、旅行社岗位的培训

1. 旅行社员工培训的重要性

旅行社属于服务行业，旅行社的服务质量完全依赖于旅行社员工的主观能动性、创造性和工作热情，是以旅行社工作人员的服务意识和服务技巧为基础的，因此，培养员工良好的服务意识、熟练的工作技能和技巧显得十分重要，它有助于增强企业的凝聚力和向心力。

（1）旅行社员工培训是提高服务质量的需要

旅行社服务质量好坏直接影响旅行社声望，服务质量是核心竞争力。优质的服务来自旅行社员工的努力，为旅游者提供符合国际标准的服务要求，既要为旅游者提供良好的硬件服务，又要提供良好的软件服务。

（2）旅行社员工培训是适应市场经济全球化发展需要

随着我国加入 WTO 和旅游业的发展，国内外旅行社业市场竞争日益激烈，这就要求旅行社管理者及时改变传统的工作方法和管理方法，向国际化、规范化、科学化服务靠拢。通过培训可获得具备高素质的员工队伍。

（3）旅行社员工培训是旅行社人力资源开发的重要途径

旅行社之间的竞争归根到底是技术能力和管理水平的竞争，是人才的竞争。我们应将人才培训工作放在重要的位置，训练出一批有高尚品德、过硬的业务能力、较强的管理能力的员工队伍。

此外，旅行社员工培训有利于增强企业凝聚力，培育企业文化，更好地塑造企业形象。

2. 旅行社员工培训的种类和方法

（1）旅行社员工培训的种类

1）岗前培训。又称就业培训，即旅行社员工上岗前的训练和引导。岗前培训对旅行社服务质量的提高和业务的发展起着至关重要的决策作用。岗前培训经常由经验丰富、业务熟练的老员工担任。按培训所侧重的内容不同，岗前培训可分为一般性岗前培训和专业性岗前培训。

一般性岗前培训通常指"入社教育"。在这个阶段主要为新员介绍本企业的基本情况,旅行社行业知识,旅行社工作性质与特点,旅行社工作人员素质要求与职业道德、礼节礼貌等常识性内容。通过培训增进新员工对旅行社工作的了解与信心。

专业性岗前培训是旅行社根据新员工分配的部门和岗位有针对性地进行专业训练,要求员工在上岗前切实了解处理所在部门业务的原则、规范、程序、技术与方法,以便培训后立即能适应并胜任所分配的工作。

2)在岗培训。是指旅行社员工在工作场所、在完成生产任务过程中所接受的培训。在岗培训是岗前培训的继续与发展,是培训从初级阶段向中级阶段的发展。岗前培训是为旅行社员工做就业的准备,而在岗培训是岗前培训的深化过程,它持续的时间远比岗前培训要长,对一个注重培训的旅行社来说,在岗培训应始终贯彻在每一个员工就业的全过程。

在岗培训是在旅行社照常营业的情况下进行的长期活动,主要是为了解决日常工作中出现的各种问题,使员工适应新形式、新方法,增强服务意识。因而在职培训在计划制定、训练方式选择、培训实施上都有特殊的难度。因此,旅行社在岗培训要重视对旅行社关键工作岗位的员工,如导游人员、财务人员等,定期进行培训与考核,并使培训考核结果与员工工资及职务晋升挂钩。

3)岗位职务培训。根据国务院颁布的《旅行社管理条例》和《导游人员管理条例》的规定:旅行社所聘用的领队、导游、财务、司机等人员都必须通过考核,获得有关部门颁发的资格证书。虽然岗位职务培训工作一般是由国家或省、市、自治区、直辖市统一培训和发证,但是旅行社人事部门也应积极做好配合工作。

4)岗外培训。是因旅行社经营业务发展的需要或员工职位晋升等需要接受某种专门训练,这种培训要求受训员工暂时脱离岗位参加学习或进修。

岗外培训的组织者一般是旅行社所属的上级主管公司、局或行业协会、学会、大专院校等部门与机构。旅行社人事培训部门要充分利用这些部门与机构的教育资源,为开展岗外培训所用,也可计划安排与有关单位联合举办各种形式的培训班、报告会、参观考察活动等岗外培训项目。

(2)旅行社员工培训的方式

1)课堂讲授法。课堂讲授法要求培训者应该做好以下方面工作:培训者在课前应有充分的准备,教学大纲、设备、进度要做到位;培训者应保留适当的时间与学员进行沟通,相互交换意见,鼓励学员提出问题;为增强受训学员对课程内容的理解深度,应采用各种辅助方式,如录像、幻灯等补充和扩展教学内容。这种方法的缺点是针对性和受训者参与性较差。

2)专题研讨法。专题研讨法是由培训人员领导讨论某一专题问题。其目的是为了解决某些复杂的问题,或通过讨论的形式,使众多受训员工就某个主题进行意见的沟通,谋求观念看法的一致。这种培训方式的特点是信息交流为多向传递,参训者的参与性高,适用于巩固知识,训练受训人员分析问题、解决问题的能力以及与人交往的能力。

3)案例研讨法。案例研讨法是一种应用集体讨论方式进行培训的方法,它与专题讨论法不同的是,通过企业成功经验或失败教训进行讨论,不仅为了解决问题,而侧重于培养受训学员对问题的判断能力及解决能力,鼓励受训人员思考。这种培训方式学员的参与程度较高,能有效地提高受训学员的分析、决策能力,帮助他们学习如何在紧急状况下处理事件。

4)角色扮演法。角色扮演法又称职位扮演法,是一种模拟训练方法。这种方法通常用于情境培训中,培训学员创造和模拟一种实际情景,让学员在其中扮演各种不同的角色,使学员真正体验到所扮演角色的感受与行为,以发现和改进自己原先职位上的工作态度与行为表现。此种培训方法多用于改善人际关系的训练中。

5)操作示范法。操作示范法培训是旅行社在职前事务训练中,或适用于工作流程的改进、引进新设备等而广泛采用的一种方法。为了使受训员工了解和掌握新的工作程序和新技术的操作方式,培训人员在工作现场利用实际设备采用边演示、边操作、边讲解的方法进行培训,学员反复模仿实习,经过一段时间的训练,使操作逐渐熟练直至符合规范程序的要求,达到运用自如的程度。

6)视听法。视听法培训指使用电视机、录像机、影碟机、幻灯机、投影仪、录放机、电影放映机等视听教学设备为主要培训手段进行培训的方法,如外语培训、操作规范程序、礼貌礼节要求等都可以采用此方法。教学内容可以由旅行社运用摄像机自行摄制培训录像带。

7)利用互联网进行培训。旅行社可以充分利用互联网这一新的、快捷的培训方式,可以及时、迅速地更新网页,互联网可以持续提供最新的培训资料,这样就使培训的循环和更新变得方便、容易、简单,而且可以为旅行社节省成本。互联网需要用户善于在大量的信息中收集、比较,找出自己需要的信息。开展这种培训方式的前提是旅行社的员工经常上网。

目前,旅行社培训的方式主要以讲授为主,授课方式比较单一,导致培训针对性不强,培训效果不显著。为提高培训成效,旅行社要结合培训对象的特点进行变革,多采用启发式、研讨式、活动式、互联网教学,充分利用案例分析、角色扮演、拓展训练等多种方式方法,促使旅行社员工在轻松的学习氛围中获得知识、能力、理念等各方面的提高。

(3)旅行社员工培训的内容

1)思想素质和职业道德培训。通过这方面的培训,要使员工了解国家发展旅游业的意义、旅行社在旅游业中的作用,了解本企业的经营目标、经营理念,帮助员工树立主人翁意识和职业自豪感、荣誉感,培养员工敬业爱岗的精神,增强员工的团队意识与合作精神,自觉维护国家利益和企业形象。

2)相关知识培训。旅行社是知识密集型企业,应当通过培训使员工掌握工作所必需的广泛的知识,如地理、文化、自然、科技、历史、民俗、政治、经济、社会等。此外,还应当让员工了解本旅行社的基本经营情况,如发展战略、目标、经营方针、经营状况、规章制度等,以便于员工参与企业的民主管理,增强员工的主人翁意识。

3)服务技能培训。通过技能培训,使员工掌握完成本职工作所必须具备的技能,如翻译导游、公共关系、谈判沟通、演讲技巧、应付突发事件的能力等。高超的技能除了通过培训掌握之外,更多的是靠平时用心积累。旅行社应当同时把技能培训当作员工技能创新的向导,当作员工之间进行工作经验交流的渠道。

4)服务意识和服务理念的培训。旅行社要通过培训增强员工的服务意识和管理者的服务理念。要使企业经营独具风格、富有特色、增强魅力,能给顾客带来高价值的服务,关键是要具备明确的经营理念,即"优等的产品品质,高质量的服务,清洁、舒畅的设备设施和顾客价值"。经营理念应始终贯穿于企业的营销管理和为顾客服务的行动中,成为全体员工的行为准则。

(4)旅行社员工培训的过程

1)培训需求评估。培训应有必要性和针对性,培训需求评估的具体步骤是:对组织进行检查以确定完整的、有针对性的培训和发展需求;进行工作分析以确定某一工作岗位所包含的任务以及完成这些任务所需要的知识、技能和态度;对员工进行评估,找出他们工作中的不足,以确定培训重点,明确特定的培训需求。

2)确定培训目标。培训目标主要是根据任务要求、技能、知识和态度等来确定的。培训目标要明确,既要有短期目标,又要有长远目标。

3)选择培训的种类和方法。根据需要选择是岗前培训、在岗培训还是岗位职务培训、岗外培训等,是采用课堂讲解还是其他方法。

4)制定培训计划。在培训需求、目标、种类等内容确定后,就要制定详细的培训计划。培训计划是培训工作的具体安排。制定培训计划要以旅行社的经营目标和发展方向、人力资源规划和培训任务等为依据。培训计划主要包括培训项目、培训目标、培训时间、培训的地点、培训负责人、培训内容、培训进度、培训教师、接受培训的员工、培训费用预算等方面。

5)实施培训计划。根据制定的计划,开始实施培训。

6)培训评估。培训的评估是培训工作的最后一个环节,主要是检查上一阶段完成培训的效果。即检查是否实现了培训的目标及计划等工作,从中总结经验教训,使以后的培训工作做得更好。

(5)评估培训

对培训效果的评估主要从质和量两个方面进行。

1)培训效果的质的评估。对培训效果的质的评估可从三个方面进行:第一是后果评价,即如果不进行培训会有什么后果;第二是效果分析,进行培训会收到什么样的效果以及效果的程度如何,属于收益评价;第三是项目评估,即对培训本身进行得如何开展系统分析,最终对项目做出评估,属于项目整体评估,可采取测试比较评价法、工作绩效评价法、工作态度考察评价法、工作标准对照评价法。

2)培训效果的量的评估。主要通过培训投资的使用率和培训的经济效益两个指标进行评估。培训投资的使用率是指培训的直接成果与培训投入之比,数量、质量越高,培训投资的使用效率越高。培训的经济效益是培训的间接产出与培训投入之比。

第三节　旅行社绩效的考评

一、旅行社绩效考评的概念

绩效考评又称人事评估、绩效考核、员工考核等,是通过系统的方法和原理来评定和测量员工在职务上的工作行为和工作效果的一种正式的员工评估制度,是管理者与员工的一项管理沟通活动。绩效考评的结果直接影响到员工的切身利益。旅行社通过绩效考评可以改善员工的工作表现,提高员工的满意度和成就感,最终达到旅行社的经营目标。

二、旅行社绩效考评的原则

1. 明确、公开的原则

旅行社必须有明确的绩效考评标准、程序和责任的规定,这些规定必须向全体员工公示,使员工清楚、明白,并在绩效考评工作中严格遵守。这样考评才能有可信度,才有权威性。

2. 客观、公正、公平的原则

考评应当按照明确规定的考评标准,根据客观考评资料进行评估,尽量降低主观因素和感情色彩。在考评标准面前,人人平等。一定要用"客观事实"说话,用既定的考评标准来衡量客观事实。

3. 及时反馈的原则

旅行社考评的结果一定要及时反馈给被考评者本人,否则就起不到考评应有的教育和促进作用。在反馈考评结果的同时,应向被考评者就评语进行必要的解释说明,肯定成绩和进步,指出缺点和不足,为今后的努力方向提供参考性的意见。

4. 差别与激励的原则

差别主要是指考核标准的不同等级之间应有明显的界限,并针对不同的考评结果,在今后的工资、晋升等方面体现出差异。激励是指考评结果要与员工的发展前途挂钩,要能鼓励先进、鞭策落后、带动中间,以形成一种你追我赶的良好有序竞争局面。

三、旅行社绩效考评的类型与内容

旅行社绩效考评的目的是多方面的。如想了解员工和团队对旅行社的贡献,对工作计划、预算评估和人力资源规划提供信息、了解员工和团队是否需要及时的教育和培训

等。根据旅行社绩效考评的具体目的的不同,可将旅行社绩效考评分为不同类型。常见的类型与内容如下:

1．职务考评

职务考评主要从两方面入手:一是考察员工对本职工作的熟练程度;二是考察员工的工作能力和适应性,以决定是否需要调整工作或职务。伴随着职务的调整,可能带来岗位职务工资的变化。

2．奖金考评

奖金是对员工超额劳动的报酬。对此,必须要坚持实事求是、按劳分配、多劳多得的原则,对员工工作付出的劳动和做出的成绩进行客观考评。

3．提薪考评

提薪考评与奖金考评相比,前者是"展望性"的,是预计被考评者今后可能发挥多大的作用,以决定未来相应的工资水平;后者是"回顾性"的,是根据被考评者过去的工作业绩决定报酬的多少。提薪考评既然是预计被考评者今后可能的贡献,当然要参考过去的工作成绩,同时还要对工作能力的提高程度做出评价。

4．晋升考评

这是对晋升对象的特殊考评。由于晋升工作关系到旅行社管理者队伍的素质,关系到人心的稳定,关系到旅行社的发展前途,因而必须慎重。晋升考评是对被考评者的全面、综合的考察和评估,主要是依据平时积累的考评材料。晋升审查过程中的重点内容,也是依据平时的考评资料确定的。

四、旅行社绩效考评的方法

1．关键事件法

关键事件法是客观评价体系中最简单的一种形式。在运用这种方法时,负责考评的主管人员把员工在完成工作任务时所表现出来的特别有效的行为和特别无效的行为记录下来,形成一份书面报告。考评者在对员工的优点、缺点和潜能进行考评的基础上提出改进工作绩效的意见。如果考评者能长期观察员工的工作行为,对员工的工作情况十分了解,同时也很公正和坦率,那么这种考评报告是很有效的。它有助于为培训工作提供基础。但是,由于书面报告是对不同员工进行侧面描述,无法在员工之间、团队之间和部门之间进行工作情况的比较,此外,考评者用自己制定的标准来衡量员工,员工不参与,因而一般不适合用于进行人事决策。它必须在大多数绩效考评方法中结合使用。

2. 行为对照表法

行为对照表法是应用最广泛的绩效考评方法。在运用这种方法时,人力资源管理部门要给被考评者提供一份描述员工规范的工作行为的表格,考评者将员工的工作行为与表中的描述进行对照,找出准确描述员工行为的陈述。这个表格中通常包括几项有关的考评项目。如考评中级管理人员的工作实绩时,一般制定的考评项目有:政策水平、责任心、决策能力、组织能力、协调能力、应变能力和社交能力等方面,对每一项设立评分标准,每一标准都被赋予不同的分数,最后把各项得分相加,即得出每个人的绩效评分。这种方法可以减少考评者对员工的宽容成分,建立更加客观的评价系统,但设计和制作表格需较多的时间和费用。

3. 混合标准法

混合标准法综合了关键事件法和行为对照法的长处,尽量避免了两者的弊端,作为一种实践发展的产物,它是有较大优越性的。混合标准法使用混合标准表,此表在设计的系统性方面与行为对照表法很相似,但它不同于行为对照表法对每一行为表现的精确量化,它是就某项工作的几个特定方面分别做出 3 种行为,描述表示绩效的高、中、低三档,而没有明确的分值。

混合标准法的优点在于使评估者的注意力不会过度集中在分值上,而同时也会注重被评估者的行为模式。因为,对某一特定工作来说,并非整体分值越高的员工越胜任,而应是在某一特定方面有专长或有特定行为模式的员工最胜任。此外,它还克服了关键事件法的缺点,即收集和分析员工行为表现时的随机性和不确定性,而在评估表格设计时就体现了高度的系统性。

4. 指数评估法

指数评估法通过客观的标准(如生产率、出勤率、跳槽率等)来评估绩效。一般来说,指数评估法分为定性评估和定量评估两个方面。定性评估包括接待服务质量状况、旅游者满意度、有无重大责任事故等,定量评估包括接团人数、外联人天数、销售总额、销售利润和旅游者投诉量等。在指数评估法中,以定量评估为主,定性评估为辅,当员工的工作成果完全量化为指数时,评价孰优孰劣也就有了依据。

第四节 旅行社收入分配管理

一、旅行社员工收入分配的原则

1. 公平性原则

公平性原则是制定收入分配制度的首要原则。公平从客观上讲是指员工在报酬的取得上应以同一尺度操作。公平从主观上讲是指员工被公正对待的感受。员工对收入感到公平与否会大大影响其工作的积极性和主动性。强烈的不公平感可导致员工士气低落、工作乏劲、没有动力,同时会造成人际关系紧张、人才外流,极大地影响旅行社人力资源的稳定和旅行社的发展。因此,这个原则应贯穿收入分配全过程。

2. 激励性原则

薪酬设计的最终目标是调动员工的工作积极性。在收入分配上要坚持按劳分配、多劳多得、优劳优酬的原则,破除平均主义和"大锅饭"的思想。否则,会导致做与不做一个样、做好做坏一个样,包庇和纵容懒惰者和落后者,使旅行社的工作无法顺利开展或工作效率低下。

3. 竞争性原则

竞争性原则是指旅行社的报酬标准在社会上和人才市场上具有吸引力,能吸引和招聘到旅行社所需要的人才。

4. 合法性原则

旅行社的收入分配制度一定要符合国家的法律、法规和政策,特别是要遵守《中华人民共和国劳动法》、《中华人民共和国妇女权益保护法》等,不得随意扣发或拖欠员工的工资等收入,保证员工的基本生活水平不受影响。

5. 经济性原则

经济性原则是指员工的薪酬水平要与组织的财务能力相适应。旅行社作为企业,必须要盈利才能生存和发展。人力成本的控制也是增加利润的重要方面。旅行社在制定收入分配制度时必须充分考虑工资的收入成本,在权衡成本与工作绩效的基础上,使薪酬增长率不高于利润增长率,以较好的利润空间推动旅行社的发展。

二、旅行社员工薪酬的构成

一般认为,所谓薪酬,是指以货币形式表现出来的支付给劳动者的劳动报酬,即工资和奖金等。薪酬分为直接薪酬和间接薪酬,直接薪酬包括基本工资、奖金、津贴、补贴和股权,间接薪酬即福利。

1. 工资

工资是指根据劳动者的数量和质量,按照实际规定的标准支付给劳动者的劳动报酬。它不仅是保证社会再生产顺利进行的必要条件,也是按劳分配原则的重要体现。工资是企业就员工劳动支付给员工的稳定的货币收入,是报酬系统的一个主要组成部分。目前比较广泛实行的是基本工资制和岗位技能工资制两种工资分配制度。

　　基本工资是支付给劳动者的固定报酬。在基本工资中，又包括基础工资、岗位工资、技能工资和工龄工资。基础工资是保障劳动者基本生活的部分，是取平均形式的最低需要，它是劳动力再生产的必要条件。岗位工资是对员工履行了其职务说明书中规定的基本职责而做出贡献的酬金。即担任什么职务，就确定什么工资标准。其岗位分类是在考虑岗位责任、贡献、技能要求、工作强度、工作环境、社会劳动价格等因素的基础上设置的。岗位工资的运行体现"以岗定薪、岗变薪变"的原则。技能工资则是以员工掌握的技能为依据，根据员工在工作中使用知识的相关度、深度和类型来支付给员工的报酬。工龄工资以工龄为主，结合考勤和工作业绩来确定，它意味着员工增加工龄就积累了相应的工作经验而得到回报。

2. 奖金

　　奖金是支付给那些工作超过给定标准的个别员工的货币奖励部分。它随着员工工作努力程度和劳动成果的变化而变化。由于奖金的发放不具有普遍性，所以它能激励员工努力工作，提高了员工的劳动积极性。通常奖金可以分为两类：按照投入发放的奖金和按照产出发放的奖金。前者的依据是员工的"投入"，即员工"投入"工作的时间和精力，具体的指标可能包括是否准时上下班、是否努力工作等。后者则注重对员工"产出"结果的考核。其具体形式更多，如佣金、年终奖、绩效奖、计件奖、特殊贡献奖、利润分成和收益分成等。一般而言，后者更加具有可操作性而且更加有效。因为员工的"产出"比"投入"更加易于用量化的指标衡量，更能体现公平原则，激励员工努力工作。

3. 津贴和补贴

　　津贴是对薪酬的补充，它是在特殊劳动条件、工作环境中对超额劳动和特殊劳动的报酬形式。在我国，通常把与工作联系的补偿称为津贴，与生活相联系的补偿称为补贴。它与奖金的显著不同之处在于，津贴与补贴一般不与业绩直接挂钩，而是作为政策性的报酬。从津贴的定义分析，我们也能发现，津贴分配的唯一依据是劳动所处的环境和条件的优劣，而不与劳动者的努力程度、技能或者劳动成果相联系，因此，它的主要功能在于"补偿"劳动者在特殊劳动条件或环境下工作的不利特征。

4. 福利

　　福利是旅行社员工收入的一种补充形式。常见的福利项目有各种保险（如医疗保险、养老保险、劳动保险、待业保险等）、节日赠品、哺乳补贴、职工或子女教育补贴、带薪假期等。通常是以平均或需要为原则。福利的作用在于让员工感到企业的温暖，增强员工对企业的忠诚度。同时也体现以人为本、人文关怀的新理念，有利于创建和谐企业氛围，解决员工后顾之忧，使员工和企业的发展共容，更有利于现代企业的发展。

案 例

培养快乐，注意细节

据统计，到迪斯尼参观的人有 70% 会再度光临。面对激烈的市场竞争，是什么力量使迪斯尼经久不衰呢？它的娱乐设施主题突出，造型奇特，创意新颖，理念先进，追求创新与发展，使旅游者不断有新的乐趣和体验，这是迪斯尼乐园始终保持巨大魅力的主要原因。同时，迪斯尼人力资源管理的成功经验也是其成为主题公园佼佼者的秘诀。营造欢乐气氛，把握旅游者需求，提高员工素质和完善服务系统，迪斯尼的经营理念和质量管理模式简明而又实际。把握和了解它们并不难，难的是把它落实到实际工作当中。迪斯尼人力资源管理的成功经验就在于它懂得把一个个平凡无奇的"人"，改变成一个个可以产生无限附加价值的"迪斯尼人"。

"迪斯尼人"之所以受到好评，精髓在于全体员工不是以从业人员的心态工作，而是以剧场的意识在工作。他们好比舞台上的演员，身着戏服，嘴里念着台词，该说什么，该演什么，全部根据"脚本"的规定来进行。这个脚本就是"作业手册"。基于迪斯尼"使旅游者欢乐"的经营理念，迪斯尼乐园要求每位员工学会正确与旅游者沟通和处事。为此，公司提供统一的服务行为处事原则，即"SCSE"，依次为：安全（safety）、礼貌（courtesy）、表演（show）和效率（efficiency）。

思考与练习

1. 何谓人力资源？人力资源的主要特点有哪些？
2. 简答旅行社人力资源管理的概念及其特性。
3. 旅行社员工的招聘应遵循什么原则？
4. 何谓绩效考评？旅行社绩效考评的方法有哪些？
5. 简述旅行社员工培训的过程。
6. 旅行社员工收入分配的原则是什么？

第九章 旅行社的财务管理

学习目标

1. 了解旅行社的资产管理
2. 掌握旅行社的成本费用管理
3. 掌握旅行社收入与利润的管理
4. 了解旅行社的结算管理
5. 了解旅行社的财务分析

　　旅行社财务管理,就是利用货币的形式对旅行社经营活动进行全过程的管理,即旅行社利用货币形式,通过预测、计划、核算、分析、监督与控制,对旅行社的资金运动和业务收支进行综合管理,使旅行社遵守国家法律、行政法规与规章制度,改善经营管理,加强经济核算,提高旅行社的经济效益。

第一节 旅行社的资产管理

　　资产管理是旅行社财务管理的一项重要内容。资产是旅行社所拥有的全部资本的具体化。旅行社凭借其所拥有的资产经营各种旅游产品,并获得预期的经济收益。虽然旅行社的资产构成与饭店、车船公司等其他旅游企业基本相同,主要包括流动资产、固定资产、无形资产和其他资产,但由于各种资产所占的比例与其他旅游企业相差比较大,因此,旅行社的资产管理又具有一定的特殊性。目前,我国多数旅行社资产管理的重点是流动资产管理和固定资产管理。

一、旅行社流动资产的管理

　　旅行社流动资产是指旅行社可以在一年内或者超过一年的一个营业周期内将其转变成为现金或者耗用的资产。旅行社的流动资产主要由货币资产、生息资产、债权资产和存货资产4个部分构成,它是旅行社业务经营活动不可缺少的重要条件之一,其数额大小及其构成情况,在一定程度上制约着企业的财务状况,反映着企业的支付能力和短期偿还能力。同旅游业的其他部门相比,旅行社的流动资产在其总资产中占有较大的比重,因此,控制流动资产的规模和内部构成比例、加速流动资金的周转便成为旅行社财务管理的重要内容。

1. 货币资产的管理

旅行社的货币资产主要包括现金和银行存款,是旅行社所有资产中最具有流动性的一种资产。现金经常用于向旅游供应部门和企业采购各种旅游服务、支付旅行社各类劳务费用及其他各种费用,偿还到期的债务等。银行存款主要用于旅行社的各种经济往来与结算、发放工资和补充旅行社的库存现金等。现金虽然具有较强的支付能力,但在未使用前不能给旅行社带来任何利润,反而还需要承担一定的筹资成本,而旅行社将现金存入银行所获得的利息也是微乎其微的,所以,在保证旅行社经营活动顺利进行的前提下,旅行社必须设法缩短现金在周转过程中占用的时间,减少实际占用的现金总量。旅行社在货币资产管理中主要采取以下措施:

(1)确定旅行社的现金库存控制

随着社会主义市场经济的逐步确立,许多商业银行已经不再为旅行社核定库存现金的限额。因此旅行社必须根据本企业在日常经营活动中的需要,自行确定库存现金的数量。旅行社日常开支所需要的现金数量要适宜,既不能出现经营中的现金短缺的现象,也不能造成资金的闲置和浪费。

(2)严格控制现金的使用范围

除以卜各项款项可用于现金支付以外,旅行社不能随意扩大现金使用范围:

1)职工工资、各种工资性津贴和支付给个人的各种奖金。

2)各种劳保、福利费用以及国家规定的对个人的其他现金支出。

3)个人劳动报酬,包括稿费、讲课费及其他专门工作报酬。

4)出差人员必须随身携带的差旅费。

5)结算起点 1000 元以下的零星支出。

6)确定需要现金支付的其他支出。

(3)严格现金收支管理制度

旅行社应将现金收入于当日送存开户银行。旅行社不得坐支现金,即不得从本企业的现金收入中直接支付。如因特殊情况需现金支付的可以从本单位的库存现金限额中支付,或从开户银行提取。

(4)加强银行存款管理

按照国家的有关规定,旅行社作为经营企业必须在所在地的银行开立账户(分为人民币存款和外汇存款)。为保证银行存款与旅行社日记账所记业务及金额的一致性,旅行社财务人员应定期与银行对账。银行则应定期编制对账单,列明旅行社在一个会计期内通过银行实际收付的资金。旅行社应将日记账与对账单进行认真的核对,如发现不符,要及时查明调整。旅行社对其银行存款要加强管理,不得出租、出借账户,不得套取银行信用,不得签发空头支票或远期支票。

(5)严格控制现金支出

旅行社应充分利用商业信用所提供的方便,严格控制现金的支出,尽量避免在应付账款到期日之前支付现金,并设法减少某些非必要性开支或推迟支付时间。应付账款是指旅行社在经营活动中向饭店、餐馆、交通部门、旅游景点以及其他社会服务部门采购或接受各种旅游服务产品时,因赊购而出现的短期负债。

1)应付账款的类型。旅行社的应付账款主要包括旅行社应付旅游住宿单位住宿费、应付餐馆等餐饮单位餐费、应付旅游景点门票费、应付交通部门交通费、应付接团社综合服务费等。这些应付账款的产生是因为饭店、餐馆、交通部门、旅游景点以及其他社会服务部门向旅行社提供了商业信用。

• 住宿费。旅行社在饭店、旅馆、招待所等旅游住宿单位安排旅游者住宿时,通常采取"先住宿,后付款"的结算方式。同时,旅游目的地的旅游住宿企业大多情形下处于买方市场,它们往往以赊销的方式向拥有旅游客源的旅行社提供商业信用,以吸引更多的客源。旅游住宿企业定期向旅行社结算。

• 餐费。为了招徕更多的食客,多数饮食单位都会同旅行社签订定点接待合同,具体约定了接待费用的结算方式。日常接待就餐由陪同人员签字即可,饮食单位定期凭陪同人员签字的餐费单或用餐凭证向旅行社结算。

• 门票费。有些旅游景点同旅行社签订协议,规定旅行社的陪同人员在带领旅游者前往游览时,无须即购门票。旅游景点凭陪同人员提供的结算凭证定期向旅行社结算门票费用。

• 交通费。目前,航空公司、铁路等交通部门尚未向旅行社提供任何商业信用。但是,一些公路汽运公司则希望同旅行社签订协议,通过"先坐车,后付款"的结算方式来吸引他们租用其车辆旅游。因此,旅行社与汽运公司也会发生往来应付账款。

• 综合服务费。不论是入境旅游、出境旅游还是国内旅游,目前我国旅游行业的通行做法是:由旅游目的地的结团社先提供接待服务,当旅游者离开后,再按照合同或协议与组团社进行结算。组团社与接团社之间产生了商业信用,对于组团社来说,这种商业信用就是应付账款。

2)应付账款的管理。应付账款属于商业信用范畴。旅游服务企业通过向旅行社提供商业信用,使旅行社购买其服务产品。这种商业信用一方面解决了旅行社资金周转的问题,有利于旅行社的经营;另一方面,旅游服务企业通过向旅行社提供商业信用会带来更多的经济效益,有利于其自身的发展。所以说,只要运用得当,商业信用对购销双方都有好处。

然而,应付账款作为旅行社的负债,如果旅行社处理不当,也会给其旅游服务企业带来各种不利。因此,财务部门加强对应付账款的管理,也是旅行社的重要业务之一。一般情况下,旅行社对应付账款应做好以下两个方面的工作:

• 控制还款时间。旅行社对应付账款进行时间上的控制是管理应付账款最常用的方法。旅行社在向其他旅游服务企业赊购旅游服务时,双方通常约定一个具体的还款时间。为了维持企业在旅游市场上的信誉,旅行社应该遵照约定按期偿还欠款。然而,有时一些旅游服务企业为了加速应收账款的回收,规定如果欠款的旅行社比约定的还款期提前一段时间偿还欠款,可以享受一定比例的现金折扣。旅行社则应该将对方提供的现金折扣比率同当地银行的利息率进行比较。如果现金折扣比率高于利息率,旅行社应设法提前偿还欠款,以获得更多的利益。如果现金折扣比率低于利息率,旅行社则应该放弃现金折扣,将资金存入银行,等到双方约定的还款期末时再偿还欠款。这样,旅行社既没有违反双方的约定,也避免了经济损失。

·控制欠款规模。旅行社管理应付账款的另一个重要的方法就是控制其欠款的规模。尽管旅行社在经营活动中利用其他旅游服务企业提供的商用信用可以给其带来节省资金占用时间、减少经营成本等好处,但如果旅行社不将应付账款控制在适当的规模,则可能会产生流动比率过低、还款负担过重、失去商业信用等弊病。因此,旅行社在处理应付账款时,应该设法控制应付账款的规模。如果发现某一时期的应付账款比重过大,旅行社应立即偿还其中的一部分,以便将应付账款的比重降下来。

2. 生息资产的管理

为了减少因在企业内保持超出日常开支所需的货币资金而蒙受利润损失,旅行社应将其暂时闲置的货币资金投资于生息资产。生息资产亦称短期有价证券或者金融资产,主要包括期限在一年以下(含一年)的国库券、商业票据、银行承兑票和可转让定期存单等。生息资产一般具有如下 3 个特点:

1)能够在短期内变成现金。

2)能够产生较(银行存款)多的利息。

3)市场风险小。

由于生息资产具有以上的优点,所以又常被看成"准现金"。但是,生息资产有时候也会出现因为货币市场上供求关系的变化造成价格的波动,在个别情况下某些票据发生违约的风险等情况,这些都是旅行社的管理者应予以注意的。

3. 债权资产的管理

旅行社的债权资产主要指应收账款,应收账款是指旅行社业务经营中应当收回而尚未收回的被商品赊购单位、劳务接受单位以及其他单位暂时占用的资金。在国内旅游市场上,应收账款主要发生在组团社与接团社,接团社与饭店、餐馆、交通部门、旅游景点以及其他社会服务部门之间;在国际旅游市场上,还存在着组团社与客源地组团社之间的应收账款的往来业务。对于旅行社来说只有收回并取得这些暂时被占用的货币资金,才能补偿其经营中的各种耗费,确保企业资金的循环周转。应收账款在旅行社的流动资产中占有较大的比例。所以,旅行社的经营人员应努力设法去控制应收账款的限额和回收的时间。加强债权资产的管理对于旅行社具有重要的意义。债权资产的管理主要采取以下措施:

(1)制定和执行正确的信用政策

旅行社的债权资产状况取决于旅行社制定的信用政策及其执行情况。当信用政策宽松时,债权资产和旅行社的业务量往往增加,一方面导致边际利润的增加和市场占有量的扩大;另一方面也容易造成应收账款回收的管理费用及坏账损失增加。当信用政策紧缩时,一方面可以减少回收应收账款的管理费用及坏账损失的风险;另一方面却不利于边际利润的增加和市场占有量的扩大。因此,旅行社必须根据自身所处的市场条件及客户的资信状况,制定适当的信用政策。

1)信用标准。旅行社制定信用政策,主要包括针对不同的客户规定出相应的赊账信用标准、赊销条件及收取账款的程序。而信用标准是客户获得商业信用所应具备的最低条件,通常旅行社在制定或选择信用标准时应考虑如下 3 个基本因素:

·同行业竞争对手的情况。如果竞争对手很强,旅行社欲在竞争中取得或保持优势地位,就会采取相对较低的信用标准,反之,其信用标准可以相应严格一些。

·旅行社承担违约风险的能力。当旅行社有着较强的违约风险承担能力时,就可以以较低的信用标准争取客户、扩大销售,反之,则会选择较严格的信用标准以尽可能地降低违约风险。

·信用调查。旅行社在制定信用标准时,必须对客户的资信程度进行调查、分析,然后在此基础上判断客户的信用等级并决定是否给予客户信用优惠。国际上通用的方法是采用"5C 评估法"对客户进行信用状况重点分析。所谓 5C,就是:品格(character),是指客户的商业信誉,即其愿意履行其偿债义务的可能性。这一点十分重要,因为客户是否愿意尽自己最大的努力来归还货款,直接决定着账款收回的速度和数量,所以对企业而言,客户的品格因素相当重要;能力(capacity),是指客户的偿债能力,即其具有速动资产的数量、质量以及与流动负债的比例。速动资产是指企业流动资产减去存货和预付费用后的净额,主要包括现金及存款、短期投资、应收票据、应收账款等项目;资本(capital),是指客户的财务实力和财务状况,如客户的负债比率、流动比率、速动比率等;担保品(collateral),是指客户为了获得收益而提供给企业作为担保用的资产。客户在无力支付货款和拒付款项时,有作为担保的资产,这时的信用标准可以适当放宽;环境(conditions),是指行业、地区与社会经济发展情况对客户偿债能力的影响。如经济不景气会对客户付款产生什么影响,客户会采取什么样的对策等。

2)信用条件。在目前我国旅游市场条件下,旅行社为了扩大市场占有量,吸引更多的客户从而获得更大的边际利润,故允许部分客户在一定的条件下先接受服务后结算,然而,这种赊销信用经常是无担保的,使旅行社承担了较大的风险,因此,旅行社在接受客户信用订单时可以依据客户的信用等级,对客户提出包括信用期限、折扣期限和现金折扣等付款要求。这种信用条件的基本表现方式有:"2/10,N/45",意思是,若客户能够在 10 日内付款就可以享受 2％的现金折扣,如放弃折扣优惠,则全部款项必须在 45 日付清。其中,45 天为信用期限,10 天为折扣期限,2％为现金折扣率。

3)收账政策。收账政策是指当客户违反信用条件、拖欠甚至拒付账款时,旅行社所采取的收账策略与措施。例如,当账款被客户拖欠或拒付时,旅行社应当首先分析现有的信用标准和信用审批制度是否存有纰漏,然后重新对违约客户的资信等级进行调查、评价。对于信用品质恶劣的客户应从信用名单中排除,对客户所欠之款项,旅行社可依照以下信用期限催款。

• 提醒期一般在 20 天以内,即还款时间已过双方签订的合同时间,但未超出 20 天,这时就要及时提醒欠款单位履行合同。

• 追踪期一般为 3 个月。其间可采用信函、电话、电报、登门造访等形式追踪收款。

• 强硬期一般为半年。对账款拖欠超过 3 个月至半年的单位,旅行社应采取强硬手段加以催讨,避免坏账的发生。例如,旅行社应在一笔应收账款刚过偿付期时,立即给客户发函或电话催收欠款。如经过数次催收后客户仍继续拖欠,旅行社可以停止向其提供赊销信用,直至诉诸法律以求解决。当继续催收账款已经得不偿失之时,旅行社应该停止对其催收而将这笔账款经报批后作为坏账损失注销。

(2)应收账款的管理方法

1)比较应收账款的回收期。旅行社将应收账款的实际回收期同规定的回收期进行对比,找出差距分析出问题之所在,以便采取相应的纠正措施。

2)账龄分析。旅行社可将所有赊销客户所欠的应收账款,按时间长短顺序编织成表(见表 9.1),分析其中拖欠时间超过规定回收期的客户及其拖欠原因,确定客户的信用程度。旅行社可以根据所分析的结果采取相应的措施,以避免可能发生的坏账损失。

表 9.1　某旅行社应收账款账龄分析

应收账款账龄	客户数量/个	金额/千元	权重/%
1.信用期内	60	100	20.0
2.超过信用期 1～20 天	38	90	25.5
3.超过信用期 21～40 天	20	80	22.0
4.超过信用期 41～60 天	15	60	15.0
5.超过信用期 61～80 天	10	40	10.0
6.超过信用期 81～100 天	8	20	5.0
7.超过信用期 100 天以上	2	10	2.5
应收账款总额		400	100

表 9.1 显示,有 80% 的应收账款超过了信用期,其价值达 30 万元,这对企业是极为不利的。不过,其中尚有 25.5% 的应收账款在 20 天以内,只有 2.5% 的应收账款超过 100 天。对不同账龄的账款,应采取不同的收账策略,尽快收回。

3)定期检查客户的应收账款。旅行社在应收账款的管理中,可以采取定期检查客户应收账款偿付情况的方法。检查的主要内容包括:客户对本旅行社招徕客源的重要程度及其占旅行社总接待量的比重、应收账款的支付情况、客户未能偿付欠款的原因等。通过检查,旅行社可以对客户进行信用评价,判断发生坏账的可能性,并根据客户的信用程度重新确定向其提供的信用条件。

二、旅行社固定资产的管理

固定资产是指使用年限在一年以上的房屋、建筑物、机器、机械、运输工具和其他与生产经营有关的设备、器具、工具等。不属于生产经营主要设备但单位价值在 2000 元以上，并且使用年限超过两年的物品，也应当作为固定资产。旅行社固定资产相对其他旅游企业（如旅游交通部门、旅游住宿部门等）而言是较少的，主要是房屋、建筑物和运输工具等。旅行社对固定资产的管理，主要应从以下几个方面入手：

1. 固定资产的折旧计提

（1）固定资产计提折旧的范围

计提折旧的固定资产包括房屋和建筑物，在用的机器设备、运输车辆，季节性停用、修理停用的设备，融资租用的设备，以经营租赁方式租出的固定资产。

不准计提折旧的固定资产包括房屋和建筑物以外的未使用、不需用的机器设备，以经营租赁方式租入的固定资产，已提足折旧仍继续使用的固定资产和未提足折旧提前报废的固定资产，国家规定不计提折旧的其他固定资产（如土地等）。

（2）固定资产计提折旧的方法

固定资产折旧是指固定资产由于磨损（包括有形磨损和无形磨损）而转移到产品和服务成本中去的那部分价值。旅行社固定资产折旧方法一般分为两种，即平均年限法和工作量法。

1）平均年限法，又称年限法或直线法，它是根据固定资产的原始价值，扣除预计净残值，然后按照固定资产的预计使用年限进行平均分摊，计算每年或每月的折旧额或折旧率。这是一种较为简单的折旧计提方法，通常用于房屋等建筑物和贵重办公设备的折旧计提。平均年限法的计算公式为

$$年折旧率 = \frac{(1 - 预计净残值率)}{固定资产的预计使用年限} \times 100\%$$

$$月折旧率 = \frac{年折旧率}{12}$$

$$月折旧额 = 固定资产原始价值 \times 月折旧率$$

固定资产净残值率，一般按照固定资产原值的 3%～5%确定。对不同的固定资产，旅行社应按其类别规定具体的折旧年限。目前，国家对于不同类别固定资产折旧年限的规定为：营业用房 20～40 年，非营业用房 35～45 年，简易房 5～10 年，建筑物 10～25 年；大型客车（33 座以上）30 万千米或 5～10 年，中型客车（32 座以上）30 万千米或 7～8 年，小轿车 20 万千米或 5～7 年，行李车 30 万千米或 7～8 年，货车 50 万千米或 12 年，摩托车 15 万千米或 5 年。

2）工作量法。有些固定资产（如接待旅游者的旅游大客车）在不同的经营期间使用的程度不均衡，发生的磨损的程度也相差较大，难以用平均年限法确定其每年的折旧额。对于这类资产，旅行社可以采用工作量法来计提折旧。工作量法是一种以固定资产的具

体使用时间或使用量为自变量,且与年限无绝对直接依存关系的折旧方法。这种折旧计提方法适用于汽车等固定资产。工作量法的计算公式为

$$单位工作量折旧额 = \frac{原值(1-预计净残值率)}{预计使用年限内可以完成的工作量}$$

2. 固定资产的处理

(1)修理费用的提取

旅行社发生的固定资产修理费用,应计入当期成本费用。对数额较大、发生不均衡的修理费用,可以分期摊入成本费用,也可以根据修理计划分期从成本中预提。

(2)固定资产盘亏、盘盈及报废的处理

对盘亏及毁损的固定资产应按原价扣除累计折旧、过失人及保险公司赔款后的差额计入营业外支出。对盘盈的固定资产应按其原价减去估计折旧后的差额计入营业外收入。

对出售或清理报废固定资产变价净收入(变价收入、残料价值减清理费用后的净额)与固定资产净值(原价减累计折旧)的差额,计入营业外收入或营业外支出。

第二节 旅行社的成本费用管理

旅行社成本费用管理就是对旅行社经营过程中所有费用的发生和成本的形成所进行的预测、决策、计划、控制、分析和考核等一系列的有组织、有系统的科学管理工作。它是旅行社财务管理的一项重要内容,旅行社管理者在进行成本费用管理的过程中,应按照客观经济规律的要求,特别是价值规律的要求,对旅行社的经营成本和各种费用进行计划、控制、核算和分析,以促进旅行社人、财、物的合理利用,不断降低成本费用,提高经济效益。

一、成本费用分析

成本是影响旅行社经济效益的一个重要因素。在营业量一定的前提下,成本费用越低,经济效益就越高。旅行社的成本费用分析,包括研究成本费用的构成和按照单团或部门批量对成本费用进行的分析。

1. 成本费用的构成

旅行社的成本费用主要由营业成本、营业费用、管理费用和财务费用所构成。

(1)营业成本

旅行社的营业成本是指在经营过程中发生的各项直接支出,包括房费、餐费、交通费、文娱费、行李托运费、票务费、门票费、专业活动费、签证费、陪同费、劳务费、宣传费、保险费、机场建设费等代收代付费用。

（2）营业费用

营业费用是指旅行社各营业部门在经营中发生的各项费用,包括运输费、装卸费、包装费、保管费、保险费、燃料费、水电费、展览费、广告宣传费、邮电费、差旅费、洗涤费、清洁卫生费、低值易耗品摊销、物料消耗、经营人员的工资(含奖金、津贴和补贴)、职工福利费、服装费及其他营业费用。

（3）管理费用

管理费用是指旅行社组织和管理经营活动而发生的费用,以及由旅行社统一负担的费用,包括公司经费、工会经费、职工教育经费、劳动保险费、待业保险费、劳动保护费、董事会费、外事费、租赁费、咨询费、审计费、诉讼费、排污费、绿化费、土地使用费、土地损失补偿费、技术转让费、研究开发费、税金、燃料费、水电费、折旧费、修理费、无形资产摊销、低值易耗品摊销、开办费摊销、交际应酬费、坏账损失、上级管理费及其他管理费用。

（4）财务费用

财务费用是指旅行社为筹集资金而发生的费用,包括旅行社在经营期间发生的利息净支出、汇兑净损失、金融机构手续费及筹资发生的其他费用。

2. 成本费用的具体分析

对成本费用分析可以按核算的要求实行单团成本分析和部门批量成本分析。

（1）单团成本分析

单团成本分析的前提是实行单团成本核算。为了达到控制成本、提高旅行社经济效益的目的,应采取以下几个步骤:

1)在综合分析市场状况和旅行社自身经营状况的基础上编制成本计划,制定出一套分等级的计划成本并以此作为衡量旅行社经济效益的标准。

2)将单团的实际成本与计划成本进行对比,找出差异。对于差异较大的旅游团要逐项进行分析,找出导致成本上升或下降的原因并加以改进。

3)加强信息反馈,把在成本分析中发现的差异及其原因及时送到有关领导和部门,以便加强对成本的控制。

（2）部门批量成本分析

接待业务量较大的旅行社应实行部门批量成本分析和核算,将不同部门接待的旅游团作为成本核算的对象进行成本的归集和分配,核算出各个部门接待一定批量旅游者的成本水平和经济效益。旅行社在进行成本分析和核算时应采取以下几个步骤:

1)编制各部门接待一定批量旅游者的计划成本及计划成本降低额(率),核算出实际成本及实际降低额。

2)按照部门接待旅游者的数量变动、产品结构变动、成本变动等三个方面进行因素替代分析,找出各因素的影响程度。

3)将信息反馈给有关部门,采取措施,扭转不利因素的影响。

二、成本费用核算

旅行社成本费用核算可以根据旅行社的经营规模和范围分别实行单团核算和部门批量核算。

（1）单团核算

单团核算是指旅行社就接待的每一个旅游团（者）为核算对象进行经营盈亏的核算。单团核算有利于考核每个团队的经济效益，有利于各项费用的清算和考核，有利于降低成本。但单团核算的工作量较大，一般适用于业务量较小的旅行社。

（2）部门批量核算

部门批量核算是指旅行社的业务部门以在规定期限内接待的旅游团（者）的批量为核算对象进行的核算。部门批量核算虽不像单团核算那样详细，但它能从不同的侧面反映出旅行社经营的盈亏状况，为开拓市场、改善经营管理提供依据。这种核算方法适用于业务量较大的旅行社。

三、成本费用的控制

成本费用控制是指旅行社在经营过程中，按照事先制定的成本目标，对旅行社日常发生的各项经营活动按照一定的原则，采用专门的方法进行严格的管理和监督，把各项成本费用控制在一个容许范围之内的成本费用管理方法。旅行社通过对产品设计、产品开发、旅游服务采购、产品销售与促销和旅游接待等方面的成本和费用形成过程进行监督和分析，及时纠正所发生的偏差，把经营成本限制在目标决策的范围内，以保证目标成本的实现。旅行社成本费用控制的内容主要包括：

1. 制定成本费用的标准

旅行社在经营过程中需要付出大量的成本费用，以获得预期的经营收入。如果成本费用过高，会使旅行社的经济利润大幅度下降，甚至造成亏损。因此，旅行社管理者必须根据本企业的实际情况和经营目标，并参照其他旅行社的成本费用水平，制定出本旅行社的成本费用标准。这是旅行社成本控制的首要步骤。旅行社制定成本费用标准的方法主要有分解法、定额法和预算法。

（1）分解法

分解法是指将目标成本和成本降低目标按成本项目进行分解，明确各成本项目应达到的目标和降低的幅度。在此基础上，把各成本项目的分解指标按部门进行归口分解。然后，各部门再把成本指标落实到各个岗位或个人，再由各个岗位或个人分别制定各项费用支出的目标和措施，对分解指标进行修订。各项修订后的指标要以实现目标成本为标准，进行综合平衡，然后即可形成各项成本费用开支的标准。

（2）定额法

定额法是指旅行社首先确定各种经营成本或费用的合理定额，并以此为依据制定成本费用标准。凡是能够直接确定定额的成本或费用,都应制定标准成本。不能直接确定定额的成本费用,也要比照本行业平均水平确定成本费用开支标准限额,用以控制盲目的费用开支。

(3)预算法

预算法是指把经营成本划分为同销售收入成比例增加的变动费用,不成比例增加的半固定成本费用或半变动成本费用,以及与销售收入增减无关的固定费用,按照业务量分别制定预算,作为成本控制标准。业务量不同,其成本费用预算也不一样。因此,可针对不同的业务量制定弹性预算。

2. 日常控制

旅行社应当在日常经营管理中,按照预先制定的成本费用标准,严格控制各项消耗和支出,并根据已发生的误差,及时进行调整,以指导当前的经营活动。旅行社成本费用的日常控制主要包括建立成本控制信息系统、实行责任成本制和进行重点控制三项措施,并通过这些措施对旅行社的经营管理成本费用实行全过程、全面、全员的控制。

(1)建立成本控制信息系统

旅行社应通过建立成本控制信息系统来对经营活动过程中产生的成本费用进行成本控制。成本控制信息系统主要包括3个部分:成本指标、标准、定额等输入系统,核算、控制、反馈系统分析、预测系统。这3个系统构成一个整体,对成本信息发挥提供、传递与反馈作用,成为成本控制的有效手段。

(2)实行责任成本制

为了加强成本控制,旅行社应实行责任成本制度,把负有成本责任的部门作为成本责任中心,使其对可控成本负完全责任。通过责任成本制度,可以把经济责任落实到旅行社内部的各个部门,推动各部门控制其所负责的成本。

(3)进行重点控制

旅行社的管理者应在日常成本费用控制中对占成本比重较大的部门或岗位、成本降低目标较大的部门或岗位和目标成本实现较难的部门或岗位进行重点控制。按照确定的标准,对这些部门或岗位的成本费用进行检查和监督,以降低成本费用,提高经营利润。

3. 检查与考核

旅行社管理者应定期对各部门控制其成本费用情况及整个旅行社的成本费用控制情况进行检查和考核。在检查与考核过程中,旅行社管理者应着重做好以下几项工作:

1)检查成本计划的完成情况,查找和分析产生成本差异的原因。

2)评价各部门和个人在完成成本计划过程中的成绩和缺点,给予应有的奖励和惩罚。

3)总结经验、找出缺点、提出办法,为进一步降低经营成本提供资料。总结和推广先进经验,为修订标准提供可靠的参数,把成本控制的科学方法标准化。

成本控制的这三项内容是紧密联系、循环往复的,每经历一次循环,成本控制标准都应有所改善,成本控制手段都应更加科学。

第三节　旅行社收入与利润的管理

作为以营利为目的的旅游企业,旅行社通过向旅游者提供各种旅游服务获得其所预期的营业收入和利润。利润来源于旅行社的营业收入,只有营业收入增加了,利润才可能增加。同时,利润又是旅行社在一时期内的经营成果,利润的多寡反映出旅行社经营水平的高低。因此,旅行社经营者必须重视对营业收入和利润的管理。

一、营业收入管理

1. 旅行社营业收入的构成

旅行社的营业收入是指旅行社在一定时期内,由于向旅游者提供服务而获得的全部收入。旅行社的营业收入主要由以下几个部分构成:

(1)综合服务费收入

综合服务费收入指为旅游者提供综合服务所收取的综合服务收入,包括导游费、餐饮费、市内交通费、全程陪同费、组团费和接团手续费。

(2)房费收入

房费收入指旅行社为旅游者代订饭店的住房后,按照旅游者实际住房登记和过夜天数收取的住宿费用。

(3)城市间交通费收入

城市间交通费收入指旅游者旅游期间在旅游客源地与旅游目的地之间,即在旅游目的地的各城市或地区之间,乘坐各种交通工具所付出的费用而形成的收入。

(4)专项附加费收入

专项附加费收入主要指旅行社向旅游者收取的汽车超公里费、风味餐费、游江(湖)费、特殊游览门票费、文娱费、专业活动费、保险费、不可预见费等收入。

(5)单项服务收入

单项服务收入主要指旅行社接待零散旅游者和委托代办事项所取得的服务收入、代理代售国际联运客票和国内客票的佣金收入以及代办签证收费等收入。

2. 旅行社营业收入的管理

在旅行社的营业收入中,代收代支的款项占了很大的比重。这是旅行社在业务经营方面区别于其他旅游企业的一个重要特点。旅行社在核算其营业收入时应根据这一特点,加强对营业收入的管理,准确地对其进行确认和时间上的界定。

(1)确认营业收入的原则

按照国家的有关规定,旅行社在确认营业收入时应实行权责发生制。根据权责发生制,旅行社在符合以下两种条件时,可确认其获得了营业收入:

1) 旅行社已经向旅游者提供了合同上所规定的服务。

2) 旅行社已经向旅游者提供或者组团旅行社处收到价款或取得了收到价款权利的证据, 如承兑支票、汇票、欠条、合同等。

(2) 界定营业收入实现时间的原则

由于旅行社经营的旅游产品不同, 其营业收入实现的时间也各异。根据有关规定, 对旅行社营业收入实现时间的界定原则为:

1) 入境旅游。旅行社组织境外旅游者到境内旅游, 以旅游者离境或离开本地时作为确认其营业收入实现的时间。

2) 国内旅游。旅行社组织国内旅游者在国内旅游, 接团旅行社应以旅游者离开本地时, 组团旅行社应以旅游者旅行结束返回原出发地时作为确认其营业收入实现的时间。

3) 出境旅游。旅行社组织中国公民到境外旅游, 以旅游者旅行结束返回原出发地时作为确认其营业收入实现的时间。

二、利润分析与管理

利润是旅行社在一定时期内经营活动的最终财务成果, 是旅行社经营活动的效率和效益的最终体现。它不仅是反映旅行社经营状况的一个基本指标, 也是考核、衡量旅行社经营成果与经济效益最重要的标准。

1. 利润的构成

旅行社的利润由营业利润、投资净收益和营业外收支净额所构成, 是旅行社在一定时期内经营的最终成果。通过对旅行社利润指标的考核和比较, 能够综合地反映出旅行社在这段时期内取得的经济效益。

(1) 旅行社营业利润

旅行社营业利润是指营业收入扣除营业成本、营业费用、营业税金、管理费用和财务费用后的净额。

(2) 旅行社投资净收益

旅行社投资净收益是指投资收益扣除投资损失后的数额。投资收益包括对外投资分得的利润、取得的股利、债券利息、投资到期收回或中途转让取得的款项高于投出资产账面净值的差额。投资损失是投资不当而产生的投资亏损额或指投资到期收回或中途转让取得的款项抵于投出资产的账面净值的差额。

(3) 旅行社营业外收支净额

旅行社营业外收支净额是指营业外收入减营业外支出后的差额。营业外收入包括固定资产盘盈和变卖的净收益、罚款净收入、确实无法支付而按规定程序批准后转作营业外收入的应付账款、礼品折价和其他收入等。营业外支出包括固定资产盘亏和毁损、报废的净损失、非常损失、技工学校经费、赔偿费、违约金、罚息和公益性捐赠等。

2. 利润的分析

获取利润是旅行社的主要经营目标,反映了旅行社的综合素质。旅行社只有获得较高的利润,才能在激烈的市场竞争当中得到生存和发展。利润分析是指旅行社根据初期的利润计划对本期内所实现的利润进行初步的评价,主要包括利润总额分析和利润总额构成因素分析。

(1)利润总额分析

利润总额分析是指用比较分析法将本期的利润总额同上期的利润总额或本期的计划利润指标进行对比,分析其增减变动的情况。本期利润比上期的利润增长(减少)的情况的计算公式为:

$$本期利润比上期利润的增减额＝本期利润总额－上期利润总额$$

$$利润增减率＝\frac{利润增减额}{上一期利润总额}\times100\%$$

本期计划利润完成情况的计算公式为

$$完成计划百分比＝\frac{本期实际利润总额}{本期计划利润总额}\times100\%$$

$$超额或未完成计划百分比＝完成计划百分比－100\%$$

(2)利润总额构成因素分析

旅行社在分析其利润总额增长情况后,还应对利润的构成因素进行分析,以便发现导致本期利润变化的主要因素,并采取相应的措施。如果发现某项因素的增长比例或绝对额与上一期相差较大,则应对其发生的原因进行深入的分析。

(3)营业利润分析

营业利润分析是通过将旅行社利润计划指标与实际结果对比,运用因素分析法,找出影响营业利润实现的因素,采取措施,加强管理,为进一步增加营业利润指明方向。在营业收入一定的情况下,影响营业利润高低的因素是营业成本、营业费用、营业税金、管理费用和财务费用。尽可能降低成本费用,特别是严格控制费用的支出是增加营业利润的有效途径。

3. 利润的管理

利润管理是旅行社财务管理的一项重要任务,其主要内容是确定目标利润和进行利润分配。

(1)确定目标利润

旅行社应该在每一个营业期之初确定将在这个营业期内获得多少利润,即确定其目标利润,以便采用各种合理而且可能的方法努力实现这个目标。此外,旅行社在确定了目标利润后,还能够使其在营业期结束时用实际完成的利润同目标利润进行对比,以加强对利润的管理。

旅行社计算目标利润的公式为

目标利润＝预计营业收入－目标营业成本－预计营业税金－预计费用

旅行社在确定了目标利润后,可以运用各种方法来测算出为实现目标利润所应完成的销售量及所产生的各种成本和费用。成本-业务量-利润分析法(简称量、本、利法)是进行这种测算的一种有效方法。量、本、利法将成本分解为固定成本和变动成本,并根据由此获得的信息,预测出旅行社的保本销售量和为完成目标利润而需增加的销售量。

量、本、利分析法的计算公式为

$$保本销售量＝\frac{固定成本费用总额}{单位销售价格×(1－税率)－单位变动成本}$$

$$实现目标利润的销售量＝\frac{固定成本费用总额＋目标利润}{单位销售价格}×(1－税率)－单位变动成本$$

$$实现目标利润的销售收入＝\frac{固定成本费用总额＋目标利润}{1－税率}－\frac{单位变动成本}{单位销售价格}$$

对于产品单一、售价和成本稳定的旅行社,使用量、本、利分析法能够做出比较准确的预测。但是,对于多数旅行社来说,其产品、成本和售价因受市场供求关系、同行之间的竞争激烈程度以及其产品的规格、内容和档次等因素的影响,使用量、本、利分析法存在着一定的难度。旅行社可以参考上期的平均成本和营业收入,按照上述的公式进行估算。

(2)进行利润分配

进行利润分配是旅行社利润管理的另一项重要内容。由于旅行社的经营体制不同,利润分配的方式也存在一定的差异。目前我国旅行社主要分为股份制旅行社和非股份制旅行社两种类型。

1)股份制旅行社。根据国家的有关规定,股份制旅行社在依法向国家交纳所得税后,应首先提取公益金。然后,旅行社应按下列顺序分配所剩余的利润:支付优先股股利;按公司章程或股东会决议提取任意盈余公积金;支付普通股股利。

2)非股份制旅行社。非股份制旅行社应在依法向国家交纳所得税后,按照以下顺序分配税后利润:支付和没收财物损失和各项税收的滞纳金、罚款;弥补旅行社以前年度的亏损(根据国家有关规定,旅行社发生亏损,可用下一年度的利润弥补,延续5年未弥补的亏损,可用所得税后的利润弥补);提取法定盈余公积金;提取公益金;向投资者分配利润(旅行社过去年度未分配的利润,可以并入本年度利润一并分配)。

根据国家有关规定,旅行社提取的法定盈余公积金应为税后利润的10%,法定盈余公积金已达到旅行社注册资金的50%后,可不再提取。旅行社提取的盈余公积金用于弥补亏损或按规定转增资本金。旅行社提取的公益金主要用于职工集体福利设施支出。

第四节　旅行社的结算管理

在旅行社行业中,除少数新建旅行社和部分信誉较差的旅行社,再向其他旅行社及各种旅游服务供应部门或企业采购旅游服务时,必须采取现金支付方式外,在实际工作中,多数旅行社都会利用商业信用进行结算,因此在旅行社之间和旅行社与其他旅游服务供应部门之间便产生了大量因赊购或赊销而造成的应收账款和应付账款。旅行社结算业务就是指对应收账款和应付账款的结算。

根据旅游季节及旅游过程中发生的不同情况,旅行社的结算业务分为正常情况的结算业务和特殊情况的结算业务。

一、旅行社正常情况的结算业务

旅行社之间正常情况结算业务分为综合服务费的结算和其他旅游费用的结算两大部分。

1. 综合服务费结算

综合服务费的结算业务包括审核结算内容和确定结算方式两方面的内容。

(1)审核结算内容

旅行社财务人员在审核综合服务费结算内容时,应对照旅游计划和陪同该旅游团(者)的导游所填写的结算通知单,对所需结算的各项费用进行认真审查。旅行社之间所涉及的综合服务费一般包括市内交通费、杂费、领队减免费、地方导游费、接待手续费和接待宣传费。其结算方式为

综合服务费=实际接待旅游者人数×实际接待天数×人·天综合服务费价格

当旅行团内成年旅游者的人数达到 16 人时,应免收人的综合服务费;旅游者所携带的 2~12 周岁(不含 12 周岁)的儿童,应按照成年旅游者标准的 50% 收取综合服务费;12 周岁以上(含 12 周岁)的儿童、少年旅游者按照成年旅游者标准收取综合服务费;2 周岁以下的儿童在未发生费用的情况下,不收取综合服务费,如果发生费用,由携带儿童的旅游者现付。

(2)确定结算方式

旅游者在一地停留时间满 24 小时的,按一天的综合服务费结算;停留时间超过 24 小时、未满 48 小时的部分和停留时间未满 24 小时的,按照有关标准结算。目前,我国旅行社主要采用的结算方式由中国国际旅行社的结算标准(简称国旅标准)、中国旅行社的结算标准(简称中旅标准)和中国青年旅行社的结算标准(简称青旅标准)3 种。其具体结算标准如下:

1)国旅标准。国旅系统采用的结算方式是按旅游者用餐地点划分综合服务费结算比例,具体做法如表 9.2 所示。

表 9.2　国旅标准

地　　点	综合服务费(扣除餐费)所占比例
用早餐(7 时)地点	33%
用午餐(12 时)地点	34%
用晚餐(18 时)地点	33%

2)中旅标准。中旅系统采用的结算方式是按抵离时间分段划分综合服务费,具体做法如表9.3所示。

表 9.3　中旅标准

抵达当地时间	服务费所占百分比	离开当地时间	服务费所占百分比
0:01～9:00	100%	0:01～9:00	20%
9:01～11:00	85%	9:01～11:00	30%
11:01～13:30	70%	11:01～13:30	60%
13:31～17:00	45%	13:31～17:00	80%
17:01～19:30	35%	17:01～24:00	100%
19:31～24:00	15%		

3)青旅标准。青旅系统采用的结算方式是按照旅游者停留小时划分综合服务费结算比例,具体做法如表9.4所示。

表 9.4　青旅标准

停留小时数	综合服务费(扣除餐费)
4 小时以内	按 10 小时结算
4～10 小时	按 15 小时结算
11～18 小时	按 18 小时结算
18 小时以上	按实际停留小时结算
去外地一日游当天返回驻地的外地接待社	按 16 小时结算

2. 其他旅游费用结算

这里所说的其他旅游费用,包括旅游者的房费、餐费、城市间交通费、门票费和专项附加费,其中后三项费用统称为其他费用。

(1)房费的结算

房费分为自订房和代订房两种。自订房房费由订房单位或旅游者本人直接向饭店结算,代订房房费由接待旅行社结算,其结算公式为

$$房费=实用房间数×实际过夜数×房价$$

在实际经营中,旅行社一般为旅行团队安排双人房间。有时,旅游团队因人数或性别原因可能出现自然单间,由此而产生的房费差额可根据事先达成的协议由组团旅行社或接待旅行社承担。

旅行社应按照饭店的规定在旅游团队(者)离开本地当天 12 时以前办理退房手续。凡因接待旅行社退房延误造成的损失由接待旅行社承担;如果旅游者要求延迟退房,则由旅游者直接向饭店现付房差费用。

(2)餐费的结算

餐费的结算有两种形式:一种是将餐费(午、晚餐)纳入综合服务费一起结算;另一种是将餐费单列,根据人数、次数和用餐标准结算。餐费的计算公式为

$$餐费=用餐人数×用餐次数×用餐标准$$

(3)其他费用的结算

如前所述,其他费用是指城市间交通费、门票费和专项附加费的统称。在结算这些费用时,旅行社应按照双方事先达成的协议及有关旅游服务供应企业和单位的收费标准处理。

二、特殊情况的结算业务

旅行社在组团或接团过程中往往会遇到一些特殊的情况,并相应地反映到会计核算中。旅行社应根据不同的情况分别加以妥善处理。

1. 跨季节结算

我国的旅行社多以每年12月初至转年3月底作为旅游淡季,其余的月份作为旅游旺季或平季。旅游者在异地停留的时间恰逢旅游淡季与旺季交替时,旅行社应按照旅游者在该地实际停留日期的季节价格标准分段结算。

例如,某旅游团一行12人于2005年3月30日16:05抵达A城游览,并于4月2日8:33离开该城前往B市。该旅行社淡季团体包价旅游的综合服务费标准为每人/天85元,平级和旺季综合服务费为每人/天95元。那么,A城的接待旅行社应收的综合服务费为

$$85×(1+33\%)+95×(1+33\%)=239.4(元)$$

2. 等级变化的结算

(1)因分团活动导致等级变化

旅游团在成行后因某种特殊原因要求分团活动,并因此导致旅游团等级发生变化时,应按分团后的等级收费或结算。结算的方式有两种:一种是由旅游者现付分团后新等级费用标准和原等级费用标准之间的差额;另一种是接待旅行社在征得组团旅行社同意后按新等级标准向组团旅行社结算。

(2)因部分旅游者中途退团造成的等级变化

参加团体包价旅游团的旅游者,在旅行途中因特殊原因退团,造成旅游团队因退团后人数不足10人而发生等级变化时,原则上仍按旅游团的人数和等级标准收费和结算。退团的旅游者离团后的费用由旅游者自理。

3. 晚间抵达或清晨离开的旅游团队的结算

包价旅游团队在晚餐后抵达或早餐后离开某地时,接待旅行社按照人数和等级标准向组团旅行社结算接送费用。其计算公式为

$$接送费用=人数×计价标准$$

例如,某市一家旅行社接待了一个来自香港的旅游团,全团共有旅游者 20 人,于 2008 年 1 月 20 日晚 21:00 抵达该市机场。此团在该市游览 1 天后于 1 月 22 日清晨 4:30 分未用早餐即乘机离开。该旅行社到机场的接送费为每人次 5 元,该团的综合服务费为每人/天 105 元。那么,这家旅行社应得的综合服务费和接送费收入是

$$105×20+5×2×20=2300(元)$$

三、付款方式

1. 国际结算业务

旅行社的国际结算方式一般采用汇付法,即汇款结算的方式。它是指付款方式通过银行使用各种结算工具,将款项汇交收款方的一种结算方法,主要包括电汇、信汇和票汇 3 种。

(1)电汇

电汇是汇出行应汇款人的申请,拍发加密电报或电传给在另一个国家汇入行,指示给付一定金额给收款人的一种汇款方式。其特点是:收款迅速、费用较高。

(2)信汇

信汇是汇出行应汇款人的申请,将信汇委托书寄入汇入行,授权给付一定金额给收款人的一种汇款方式,其特点是:费用低廉,但因邮递关系,收款时间较晚。

(3)票汇

票汇是汇出行应汇款人的申请,代汇款人开立银行即期汇票,支付一定金额给收款人的一种汇款方式。特点是:汇入行不需通知收款人取款,汇票经收款人背书,可以转让流通。

此外,旅行社还可以使用信用证、旅行支票、信用卡等国际结算方式。

目前,我国国际旅行社的结算业务程序如下:

1)国际旅行社根据旅游日程表所附价格提前 15 天汇款,旅行社同时实行预定金和取消费制度。

2)旅行社核对"外汇水单"(即银行办妥收款后通知入账的存款单据)。

3)旅行社编制结算账单,与日程表核对后填写结算通知单,经审核无误后将有关票据汇往国外旅行社,并在其上注明处理意见,通过银行退款或加收款项。

2. 国内结算业务

在我国旅行社的入境旅游团接待业务中组团社与接团社之间,接团社与饭店、交通部门等旅游企业之间的结算方式不划归在国内结算。它一般采取银行转账的形式,又称拨款。对国内计价结算部分,旅行社要按规定及双方签订的协议价格进行结算,具体结算办法每年确定一次。国内主要旅行社多采用以旅行团费用结算表为准的方式进行结算。

第五节　旅行社的财务分析

财务分析是旅行社财务管理的重要办法,它是指旅行社的管理者以财务报表和其他资料为依据和起点,采用专门的方法,系统地分析和评价企业的过去和现在的经营成果、财务状况及其变动,目的是了解过去、评价现在、预测未来。财务分析的最基本功能是将大量的报表数据转换成对旅行社决策者有用的信息,减少其决策的不确定性。

一、财务报表

旅行社的财务报表是反映旅行社财务状况和经营成果的书面文件,主要包括资产负债表、损益表和现金流量表及有关附表。在此,我们主要了解及介绍与旅行社业务关系最为密切的资产负债表、损益表和现金流量表。

1. 旅行社的资产负债表

资产负债表(见表9.5)是反映旅行社在某一特定日期(如月末、年末)财务状况的会计报表,它以"资产＝负债＋所有者权益"这一会计基本等式为依据,按照一定的分类标准和次序反映旅行社在某一时间点上资产、负债和所有者权益的基本状况。

表9.5　资产负债表

编制单位:　　　年　月　日　　　　　　　　　　　　　　　　　　　　单位:元

资　产	行次	年初数	年末数	负债及所有者权益	行次	年初数	年末数
流动资产:				流动负债:			
货币资金	1			短期借款	25		
短期投资	2			应付账款	26		
应收账款	3			其它应付账款	27		
减:坏账准备	4			应付工资	28		
应收账款净额	5			应付福利费	29		
其他应收款	6			未交税金	30		
存货	7			其他未交款	31		
待摊费用	8			预提费用	32		
待处理流动资产净损益	9			一年内到期的长期负债	33		
一年到期的长期债券投资	10			其他流动负债	34		
其他流动资产	11			流动负债合计	35		
流动资产合计	12						
长期投资:				长期负债:			
长期投资	13			长期借款	36		
固定资产				应付债券	37		

资　产	行次	年初数	年末数	负债及所有者权益	行次	年初数	年末数
固定资产原价	14			长期应付款	38		
减:累计折旧	15			其他长期付债	39		
固定资产净值	16			长期负债合计	40		
固定资产清理	17						
待处理固定资产净损益	18			所有者权益:			
固定资产合计	19			实收资本	41		
无形及递延资产:				资本公积	42		
无形资产	20			盈余公积	43		
递延资产	21			未分配利润	44		
无形及递延资产合计	22			所有者权益合计	45		
其它资产:							
其它长期资产	23						
资产总计	24			负债及所有者权益者总计	46		

资产负债表包括三大类项目:资产、负债和所有者权益。资产类科目反映了旅行社拥有资产的分布状况。它分为流动资产、长期投资、固定资产、无形资产、递延资产和其他长期资产六个类型。负债类及所有者权益类科目反映了旅行社所负债务和所有者权益的状况,表明其资金的来源情况。负债是指旅行社所承担的能以货币计量且需以资产或劳务偿还的债务,分为流动负债和长期负债。所有者权益是指旅行社投资者对旅行社净资产的所有权,包括实收资本、资本公积、盈余公积和未分配利润等。

资产负债表揭示了旅行社的资产结构、流动性、资金来源、负债水平、负债结构等方面的状况,反映了旅行社的变现能力、偿债能力和资产管理水平,为旅行社的投资者和管理者提供了重要的决策依据。

2. 损益表

损益表又称收益表或利润表(见表 9.6),是反映旅行社在一定期间内的经营成果及其分配情况的报表,其基本等式为

$$利润(亏损)=收入-费用(成本)$$

损益表分为 5 个主要部分:营业收入、经营利润、营业利润、利润总额和净利润。它为旅行社的投资者和管理者提供了有关旅行社的获利能力、利润变化原因、企业利润发展趋势等方面的大量信息,是参考旅行社利润计划完成情况和经营水平的重要依据。

表 9.6 利 润 表

编制单位： 年度 单位：元

项 目	行 次	上 年 数	本 年 数
一、营业收入	1		
减：营业成本	2		
营业费用	3		
营业税金及附加	4		
二、经营业务利润	5		
加：其他业务利润	6		
减：管理费用	7		
财务费用	8		
三、营业利润	9		
加：投资收益	10		
补贴收入	11		
营业外收入	12		
减：营业外支出	13		
加：以前年度损益调整	14		
四、利润总额	15		
减：所得税	16		
五、净利润	17		

3. 现金流量表

在旅行社的经营活动中，现金所起的作用非常重要。旅行社在偿还到期的各种债务，向许多旅游服务供应部门和企业支付其所采购的旅游服务及向其员工支付工资时，都需要使用现金。除了经营活动外，旅行社所从事的投资和筹资活动同样影响着现金流量，从而影响其财务状况。现金流量表（见表 9.7）即是以旅行社的现金为基础编制的财务状况变动表，它反映了旅行社在一定会计期间内的现金和现金等价物的流入和流出情况，也就是反映了旅行社在一定会计期间内的经营活动、投资活动和筹资活动的动态情况，体现了旅行社现金流入和流出的全貌。

现金流量表向旅行社的管理者及其他有关单位和部门，提供了新的信息，使他们能更直观地了解旅行社当前的财务状况，对旅行社的支付能力、偿债能力及资金需求情况做出较为可靠的判断。同时现金流量表对旅行社整体财务状况作出了客观评价，也有助于投资者和债权人对旅行社的发展情况进行预测，从而做出正确的决策。

表 9.7 现金流量表

编制单位：　　　　　　　　　　　　　　　　　　　年度　　　　　单位:元

项　　目	行　　次	金　　额
一、经营活动产生的现金流量		
销售商品、提供劳务收到的现金	1	
收取的租金	2	
收到的税费返还	3	
收到的其他与经营活动有关的现金	4	
现金流入小计	5	
购买商品、接受劳务支付的现金	6	
经营租赁所支付的现金	7	
支付给职工以及为职工支付的现金	8	
实际缴纳的增值税款	9	
支付的所得税款	10	
支付的除增值税、所得税以外的其他税款	11	
支付的其他与经营活动有关的现金	12	
现金流出小计	13	
经营活动产生的现金流量净额	14	
二、投资活动产生的现金流量		
收回投资所取得的现金	15	
分得股利或利润所收到的现金	16	
取得的债券利息收入所收到的现金	17	
处置固定资产、无形资产和其他长期资产而收到的现金净额	18	
收到的其他与投资活动有关的现金	19	
现金流入小计	20	
购建固定资产、无形资产和其他长期资产所支付的现金	21	
权益性投资所支付的现金	22	
债权性投资所支付的现金	23	
支付的其他与投资活动有关的现金	24	
现金流出小计	25	
投资活动产生的现金流量净额	26	
三、筹资活动产生的现金流量		
吸收权益性投资所收到的现金	27	
发行债券所收到的现金	28	
借款所收到的现金	29	

续表

项　　目	行　次	金　额
收到的其他与筹资活动有关的现金	30	
现金流入小计	31	
偿还债务所支付的现金	32	
发生筹资费用所支付的现金	33	
分配股利或利润所支付的现金	34	
融资租赁所支付的现金	36	
减少注册资本所支付的现金	37	
支付的其他与筹资活动有关的现金	38	
现金流出小计	39	
筹资活动产生的现金流量净额	40	
四、汇率变动对现金的影响额	41	
五、现金及现金等价物的净增加额	42	

二、财务分析

　　财务分析是在财务报表的基础上对旅行社在一定时期内的财务状况和经营成果进行的一种评价。通过对财务报表的分析,旅行社管理者能够了解本企业财产的流动性、负债水平、资金周转情况、偿还债务能力、获利能力及其未来发展的趋势,从而对旅行社的财务状况和经营风险做出比较合乎实际的评价,避免因方向性决策失误给旅行社带来重大损失,旅行社的财务分析主要包括定性分析、定量分析两大类。

　　1. 定性分析法

　　定性分析法是指主要依靠熟悉企业实际经营业务和市场动态,具有丰富经验及综合分析能力的专家和财务管理人员来进行预测、分析、判断等的财务管理办法。具体又可以分为以下两种:
　　(1)经验判断法
　　经验判断法是指依靠熟悉经营业务、具有丰富经验和综合分析能力的人员通过分析,提出一些特定的问题,然后征求有关人员的意见,进行归纳、做出判断的方法。
　　(2)调查研究法
　　调查研究法是指根据某一目的进行调查,取得相关的所需资料,进行加工整理和研究,从而做出判断的一种方法。
　　定性分析法的优点是能发挥财务管理人员的主观能动性,比较灵活主动,方法简单,操作性强;缺点是过于依赖于人的经验和判断分析能力,容易受主观因素的影响。

2. 定量分析法

定量分析法也叫技术分析法,主要是应用各类财务指标及其变化关系来评价企业的经营情况和财务状况,是一种数量分析方法。旅行社运用的定量分析法主要有比率分析法、比较分析法、趋势分析法、因素分析法等。

(1)比率分析法

比率分析是指在同一财务报表的不同项目之间或在不同报表的有关项目之间进行对比,以计算出来的比率反映各项目之间的相互关系,据以评价旅行社财务状况和经营成果的一种方法。旅行社分析和评价本企业财务状况和经营成果的主要财务指标包括,流动比率、速动比率、应收账款周转率、资产负债率、资本金利润率、营业利润率和成本费用利润率。

1)流动比率。流动比率是反映旅行社短期偿债能力的一项指标,它表明旅行社偿还流动负债的保障程度,其计算公式为

$$流动比率 = \frac{流动资产}{流动负债} \times 100\%$$

2)速动比率。速动比率是速动资产(流动资产-库存资产)和流动负债之间的比率。它反映旅行社在最短时间内偿还流动负债的能力,其计算公式为

$$速动比率 = \frac{速动资产}{流动负债} \times 100\%$$

$$= \frac{流动资产-存货资产}{流动负债} \times 100\%$$

3)应收账款周转率。应收账款周转率是旅行社赊销收入净额与应收账款平均余额的比率,它反映应收账款的周转速度,其计算公式为

$$应收账款周转率 = \frac{赊销收入净额}{应收账款平均余额}$$

其中: 赊销收入净额 = 营业收入 - 现金收入

$$应收账款平均余额 = \frac{期初应收账款余额+期末应收账款余额}{2}$$

4)资产负债率。资产负债率又称举债经营比率,是旅行社负债总额(短期负债+长期负债)与其资产总额之间的比例关系。资产负债率是反映旅行社偿债能力大小的一个标志,揭示出负债在全部资产中所占的比重以及资产对负债的保障程度,其计算公式为

$$资产负债率 = \frac{负债总额}{资产总额} \times 100\%$$

5)资本金利润率。资本金利润率是指旅行社利润总额与资本金总额的比率,它用于衡量投资者投入旅行社资本金的获利能力,其计算公式为

$$资本金利润率 = \frac{利润总额}{资本金总额} \times 100\%$$

6)营业利润率。营业利润率是旅行社利润总额与营业收入净额之间的比率。它是衡量旅行社盈利水平的重要指标,表明在一定时期内旅行社每 100 元的营业净收入能够

产生多少利润,其计算公式为

$$营业利润率 = \frac{利润总额}{营业收入净额} \times 100\%$$

7)成本费用利润率。成本费用利润率反映的是旅行社在营业过程中为取得利润而消耗的成本和费用的情况,它是利润总额与成本费用总额之间的比率,其计算公式为

$$成本费用利润率 = \frac{利润总额}{成本费用总额} \times 100\%$$

(2)比较分析法

比较分析法也叫对比分析法,是将同一经济指标在不同时期的执行结果进行对比,从而进行差异分析的一种方法。比较有 3 种类型:实际和预算进行对比、当期和历史同期进行对比、同行业之间进行对比。

(3)趋势分析法

趋势分析法是将两个或两个以上连续期的财务指标进行对比,以计算出它们增减变动的数额、方向以及变动的幅度,从企业的财务状况和经营成果的发展变化寻求其变动的原因、性质和规律,从而预测其未来发展趋势的一种分析方法。

(4)因素分析法

因素分析法又称因素替代法,是对某项综合指标的变动原因按其内在的组合因素进行数量分析,用于确定各个因素对指标的影响程度和方向。

案 例

某旅行社控股股份公司有限公司董事会资产负债表

编制单位:某旅行社控股股份有限公司　　　　2001 年 12 月 31 日　　　　单位:人民币元

项　目	注释号	合并报表	
		年初数	年末数
流动资产:			
货币资金	1	221 940 334.04	249 668 955.48
短期投资	2	20 112 122.43	375 962 823.51
应收票据		—	
应收股利			12 000 000.00
应收利息			
应收账款	3	222 250 405.26	186 606 797.75
其他应收款	4	39 458 589.46	78 010 909.81
预付账款	5	326 149 386.45	28 420 688.77
应收补贴款		—	
存货	6	160 376 812.36	183 033 865.39
待摊费用	7	2 436 843.17	2 049 599.41

续表

项　目	注释号	合并报表	
		年初数	年末数
一年内到期的长期债权投资		—	
其他流动资产		—	
流动资产合计		992 724 493.17	1 115 753 640.12
长期投资:			
长期股权投资	8	243 433 849.39	142 406 648.27
其中:合并价差		7 307 869.99	7 931 114.83
长期债权投资			
长期投资合计		243 433 849.39	142 406 648.27
固定资产:			
固定资产原价	9	606 135 086.48	518 783 000.57
减:累计折旧		146 483 431.27	120 412 968.67
固定资产净值		459 651 655.21	398 370 031.90
减:固定资产减值准备		25 079 274.10	36 612 847.76
固定资产净额		434 572 381.11	361 757 184.14
工程物资		—	
在建工程	10	4 274 956.77	528 089.98
固定资产清理		—	62 156.84
固定资产合计		438 847 337.88	362 347 430.96
无形资产及其他资产:			
无形资产	11	7 867 534.66	4 787 241.41
长期待摊费用	12	43 093 549.74	21 285 908.39
其他长期资产	13	14 819 137.00	14 272 000.00
无形资产及其他资产合计		65 780 221.40	40 345 149.80
递延税项:			
递延税款借项			
资产总计		1 740 785 901.84	1 660 852 869.15

思考与练习

1. 旅行社的流动资产主要包括哪几类？它们各自有什么特点？
2. 旅行社应如何进行货币资产管理？
3. 在市场竞争中旅行社应制定怎样的信用政策？
4. 旅行社对于固定资产的管理应从哪些方面进行？
5. 旅行社的利润由哪些部分构成？应如何进行管理？
6. 旅行社之间的结算业务有什么特殊情况？如何进行结算？

第十章 旅行社的风险与危机管理

学习目标

1. 了解旅行社的风险与危机管理的意义
2. 了解旅行社的危机管理的表现形式
3. 掌握旅行社的危机管理的原则与措施
4. 了解旅行社的危机管理的处理策略和方法

由于旅游业具有敏感性的特点,受外部环境的影响较大,旅行社企业的经营和管理活动,也具有对外部环境的敏感性,由于自然因素和非自然因素的影响,存在着大量的经营不确定性,有可能给企业带来经营收益上的损失,甚至会造成旅行社的破产。在任何组织系统及其子系统中,因其外部环境和内部条件的突变,对组织系统的总体目标和利益构成威胁而导致的紧张状态就是危机。因此,风险和危机管理便成为旅行社企业经营管理活动中的一项重要内容。

第一节 旅行社的风险与危机管理的意义

一、旅行社风险管理的基本概念

1. 旅行社风险的概念和含义

至目前为止,理论界和实业界就"风险"这一基本概念还没有形成统一的认识。美国学者艾姆迈特·海尼斯认为:"在经济学和其他领域中,风险一词并无任何技术上的内容,它意指损害的可能性"。而墨特·罗森布朗则把风险概括为"风险损失的不确定性"。随着时代的发展,人们对于风险又有了新的认识:"风险是预期与实际结果的差异"。国际标准组织将风险定义为:"风险是事件发生的可能性及其后果的综合"。由此可见,人们对风险的认识在进步。当代的风险管理不仅是研究可能造成经济损失的风险,也开始研究可以带来收益的风险。对于旅行社企业的经营管理者来说,前者是负面风险,后者是正面风险。从旅行社企业的经营管理实践出发,可以把旅行社风险概括为"任何影响旅行社企业实现目标的事项",即"对实现旅行社企业经营目标,具有关键作用的因素的不确定性"。从损失发生的可能性来分,旅行社风险包括已经发生的恶性事件对企业带来的威胁,尚不能确定后果的事件和可转化为机会的事件等 3 个层次。

2. 旅行社风险的特点

(1) 客观性

风险存在于旅行社的经营活动之中,风险的大小是可以估测和度量的。企业采取的经营管理方式、业务操作程序不同,产生风险的程度也会相应地不同。例如,我国一些旅行社企业的管理者认为,旅行社企业管理难度大,因此便采取"承包管理模式",将企业的经营管理权按照部门进行承包式管理。每年给业务部门制定相应的承包上缴金额,对于业务部门的具体业务运作则放任自流,对于业务收入、旅游服务质量也没有任何要求。这样的管理方式,虽然降低了管理难度,但却给企业带来了很大的风险。一旦某一部门发生恶性服务质量事故,就会影响到企业的生存。

(2) 长期性

旅行社企业的风险是和旅行社企业的经营活动联系在一起的,只要旅行社企业的经营活动不停止,风险就会存在。风险是一种影响企业实现目标关键事项的不确定性,是不可能被永远消除的。风险是随着旅行社企业的发展成长和外部环境的变化而变化的,是和一定的时空条件联系在一起的,即使企业采取同样的经营管理方式和业务操作流程,时空条件不同,产生的风险也会不同。

(3) 可防范性

旅行社企业的风险虽然是客观存的,但随着企业管理水平的提高和管理手段的高科技化,企业管理者可以通过制定科学的管理制度,采取有效的管理手段,对风险的发生进行准确的预测,并采取相应的预防控制措施,减少各种风险的发生或者降低风险对企业的损失。

(4) 负面性

旅行社风险的发生会不同程度地影响企业的利益,使企业遭受一定程度的损失,从而影响旅行社企业的企业形象和经济利益。例如,A 市某旅行社在接待某旅游团队时,由于雨天路滑,导致旅游车辆在行进中操控失灵,车毁人亡,虽然旅行社企业进行了及时的伤员抢救,但仍然不可避免地给企业带来了几百万元的经济损失。

(5) 可转化性

旅行社的风险还可具有可转化性,即风险总是与机遇联系在一起的,当企业预测到风险并采取相应的控制措施时,风险会有可能转化为企业发展的机遇。例如,信息技术的快速发展带来了互联网的迅速普及,互联网迅速成为旅游者获得旅游信息的最快捷的通道。如果旅行社没有意识到网络的重要性,仍然坚持原来的经营模式,则互联网就会成为旅行社企业的致命威胁。相反,如果旅行社的经营管理者及时认识到了这一点,将企业自身的经营优势和互联网进行有机结合,则企业就成功地将互联网的风险转化为企业又一次跨越式发展的机遇。

二、旅行社危机管理的概念和意义

危机(crisis)一词来源于希腊语中的 krinein,其原始含义是筛选,目前,由于研究的角度差异,不同学科对危机的含义有着不同的定义。危机管理理论认为:危机是事物的一种不稳定状态,在危机到来时,当务之急是要实行一种决定性的变革。企业管理学认为:危机是一种决策形势,在此形势下,企业的利益受到威胁,任何拖延可能会失控而导致巨大损失。组织行为学认为:危机是组织明显难以维持现状的一种状态。综上所述可知,所谓危机管理,就是指为应付各种危机情境所进行的信息收集、信息分析、问题决策、计划制订、措施制定、化解处理、动态调整、经验总结和自我诊断的全过程。危机管理的目标就是变危险为机遇,使企业越过陷阱进入新的发展阶段。

众所周知,危机的发生必然会导致组织管理系统内部的无序和系统失衡,从而影响组织的管理绩效。实施危机管理可以保证组织系统在相对稳定的环境下运行,也可以使组织实现渐进式的管理变革,促进组织兴旺发达;实施危机管理是提高组织管理水平的必需,历史和现实已经证明,缺乏危机意识必然会导致管理水平低下;实施危机管理是防止组织老化,使组织之树常青的关键所在。在经济学中,有个"帕金森"定律,即所有组织从成立之日起就日渐倾颓,也就是说,所有组织存在的最重要职能便是防止老化。随着社会和经济的发展,组织的生存威胁越来越大,遇到的危机越来越多,因此,要防止组织老化,就必须在组织中实施和加强危机管理。

第二节　旅行社危机管理的表现形式

在激烈的市场竞争情况下,旅行社的危机并不是指旅行社的消亡,而是指弱势旅行社被强势旅行社所取代、兼并,或者被挤出市场。事实上,市场份额萎缩、旅游客源流失便是旅行社危机的征兆。于是有不少有识之士面对旅行社日趋严峻的生存环境大声呼吁;对旅行社员工进行忧患意识教育,在旅行社中尽快实行危机管理。

中国加入 WTO 后,具有雄厚经济实力、先进技术、优质服务和丰富市场经验的外国旅行社竞争对手将对中国旅行社构成强大威胁,缺少创新精神和责任意识,没有危机感,将会使我国的旅行社面临极大的危机。

总之,认识危机、了解危机、确定危机管理的战略战术,这应是我国旅行社行业的当务之急。

因此,学习预防危机的方法,掌握处理危机的措施,就成为旅行社经营者的重要课题。在当今世界经济一体化、市场竞争全球化和社会信息网络化的背景下,任何组织无论其规模、性质和类型如何,在其产生、发展、成熟和衰落的各个阶段中,都免不了出现各种各样的危机。然而,在现实中,危机管理是被许多组织(不仅是旅行社行业)所忽略的关键的管理领域之一。

在我国,真正把旅行社列入企业的范畴才仅仅十几年的时间,又加上旅行社自身管理与经营上的一些特点,使得人们在概念中往往把旅行社与企业分而治之,于是就忽略了旅行社管理中的有些问题,对旅行社的危机管理就是其中之一。

旅行社危机管理主要应包括两个方面,即危机预防与危机处理。一是积极采取各种预防性措施,防止各种潜在危机的发生,使旅行社在激烈的市场竞争中始终沿着健康的轨道前进;二是当旅行社突然遇到因服务质量、财务亏损、人才流失等问题而形成的严重威胁时,可通过适当措施使其转危为安。前者是经常性的管理,后者是应急时的管理,二者都是非常重要的。其目的就是要防范危机和化解危机,把危机给旅行社带来的威胁降至最低限度,使旅行社化险为夷,健康发展。

旅行社危机的形式可大体分为 4 种,即产品与价格危机、信誉与人才危机、财务危机和突发事故危机。

1. 产品与价格危机

由于我国旅行社普遍规模较小,对产品的开发、营销与推广较少下工夫,投资不力,往往出现"一家开发、大家搭车"的现象,产品质量标准化程度较低,产品重复利用,压价竞争现象严重,造成产品质量参差不齐,甚至产品质量低劣,在旅游市场上就出现了严重的旅游产品与价格危机现象。

2. 信誉与人才危机

旅行社信誉是在长期的服务过程中,其产品和服务给社会公众及顾客带来的整体印象和评价。由于产品质量、性能、售后服务、商务合同等方面的原因,给旅行社整体形象带来损害,使旅行社信誉降低,都会给旅行社造成信誉危机。如近年来出现在旅游市场上的一系列旅游投诉事件,涉及到的黑社,超范围经营,非法、变相转让许可证,零团费和负团费,虚假旅游业务广告,黑车,野导,私拿私授回扣等现象,殃及到了很多旅行社,就连老牌、名牌旅行社也不断受到牵连。旅行社的人才危机是指由于某种原因,掌握旅行社核心客源、商业秘密的人员以及外联、营销方面的骨干突然流失,给旅行社的经营活动带来困难。

3. 财务危机

财务危机是由于旅行社合作伙伴的变化,重要客户的流失,三角债务的出现,呆账、死账的增加,投资决策的失误,或是利率、汇率的调整,使旅行社投入增加,收益减少,使旅行社财务出现了前所未有的亏空,入不敷出。

4. 突发事故危机

突发事故危机首先是不可抗拒的自然灾害,如地震、水灾、火灾等;再就是人为造成的事故,如人身伤害、行程变更、刑事案件、疾病及财产损失、交通事故等。对旅行社来说,以上这些情形都表现为突发性、紧迫性、威胁性的特点,不及时处理或处理方法不当,或在危机面前惊慌失措都是不允许的。对旅行社经营者来说,这无疑是对整个旅行社的应变能力、经营者的决策能力及全体员工的综合素质的最严峻考验。因此,学习预防危机的方法,掌握处理危机的措施,就成为旅行社经营者的重要课题。在当今世界经济一体化、市场竞争全球化和社会信息网络化的背景下,任何组织无论其规模、性质和类型如何,在其产生、发展、成熟和衰落的各个阶段中,都免不了出现各种各样的危机。

第三节 旅行社危机管理的原则与措施

旅行社要针对危机本身有一定的防范措施,对各种不同的危机采取不同的应对方法,以求在危机到来时能沉着应战,妥善处理。

一、旅行社处理危机的原则

危机处理主要应包括危机事件处理和危机问题处理两个方面,所以就应据此遵守以下原则。

1)危机事件的处理原则:主动性原则、诚意性原则、真实性原则、协同性原则和沟通性原则。

2)危机问题的处理原则:危机管理征服原则、寻求有限的现实目标原则、行为上的克制与为双方着想原则、非原则问题上的妥协原则、分散危机的原则和创新与完善的原则。

简而言之,旅行社处理危机的首要原则就是以旅游者利益和社会利益为最高利益,尤其是对待一些重要的人身伤亡、刑事案件、交通事故等危机,处理起来就更应慎之又慎。宁愿自身受损失,也不能拿公众利益当儿戏。发生在我国某些旅行社的一些事故,尤其是用逃避责任的处理方式来应付危机的行为,都是让人难以理解的。以侥幸心理和心态来对待自己的服务对象,其结果也只能是自欺欺人,对最终解决危机起不到任何的积极效用。

二、旅行社处理危机的措施

旅行社处理危机的措施即旅行社危机管理的应急计划。一般来说,全面的反危机计划主要应包括:针对引发危机的可能因素制定出各种危机预案,组建危机管理小组,以便在最短的时间内集结处理危机。有效的危机管理是错综复杂的工作,彻底遏制危机可能会花费大量的人力、物力和财力,但是,纵观许多企业的发展历史,凡是能居安思危的企业均能不断发展壮大,而安于现状、安于常态的企业则会被逐渐淘汰。

在旅行社处理危机的措施中,首先要收集危机事实材料,弄清事实真相。在此基础上,决策者对危机及其影响应有一个大概的了解,并适当采取果断的应急措施,如实施既定的危机处理新闻联系和发布计划等。然后应针对不同的情况,选用危机处理策略,如危机中止策略、危机隔离策略、危机排除策略、危机利用策略。其标准为"以最小的费用获得最好的危机管理效果"。

危机中止策略就是要根据危机发展的不同阶段、不同程度、不同范围,主动承担危机造成的损失,如在旅行活动进行时主动停止运作,当机立断中止旅程。危机隔离策略就是在发生危机时设法把危机的负面影响限制在最小范围之内,避免使危机发生连锁反应,尤其是一些实行多元化经营的旅行社,更要注意这一点。危机排除策略则是需要旅行社的危机处理小组根据既定的危机处理措施,对症下药,迅速、有效地消除危机带来的负面影响,将危机发生的真相告知本旅行社员工,对客户说明局势已得到控制,以增强他们对本旅行社的信心。危机利用策略则是变"危机"为"转机"的重要一环,更显示了经营者的危机处理艺术,处理得当,就会收到坏事变好事的效果。当旅行社在服务质量等方面出现问题时,迅速采取补救措施,并通过新闻媒介让旅游者看到本单位对服务质量认真负责的精神,使本旅行社的声誉不但不会因出现的危机而在市场上受到影响,反而会使其知名度大为提高。

另外,还应通过各种媒体及广告来消除因危机而带来的负面影响。如通过新闻界传达旅行社对危机后果的关切、采取的措施等,并随时接受媒体的访问并回答记者的提问,或以广告的形式向公众直接传达处理危机的信息。总之,旅行社要善于利用正面材料,冲淡危机的负面影响,重新树立本旅行社在旅游者心目中的良好形象。

"提前预防,及时发现,妥善处理"是旅行社危机管理中的3个重要环节,只要在建立危机意识的前提下抓好这三大环节,并利用科学、有效的措施和方法对旅行社的危机进行全方位的监控、分析和判断,那么就能使旅行社在经营管理的过程中避开危机的事端,保持发展的态势,处于常胜不败的位置。

第四节　旅行社危机管理的处理策略和方法

对重大危机的应急管理,具体可以分为紧急应对管理、沟通管理、善后管理3个方面。

一、重大危机发生时的紧急应对管理

重大危机发生之后,旅行社企业管理层应该沉着冷静,马上根据危机管理预案进行任务编组,合理地分配企业的资源,正确地对发生的风险进行处理。

1. 危机发生后的高效领导行为

1)马上派遣一名高级专员或亲自到危机现场,向社会传达两条重要信息,即"我关注"和"我负责"。
2)企业的首席执行官和总裁,能最先获得危机进展资讯,以便正确决策。
3)企业应当指定一名新闻发言人,所有面向媒体的发言都由其主讲。
4)讲求实效的领导者应该临危不乱,懂得区分轻重缓急,以免因小失大。
5)危机中高效的领导行为有利于实施危机"准备"阶段制定的应变计划。

2. 危机发生后的任务编组

旅行社企业在危机发生时,应迅速成立各种任务编组,如紧急应变小组、危机处理小组与营运持续执行督导小组等。

首先,建立紧急应变小组,作为事故发生后第一时间抵达现场的危机处理人员。企业内部成立紧急应变小组的目的,是通过紧急应变小组的应变人员,及时提供应变措施方案,将危机造成的不良后果控制在一定范围;然后,企业建立危机处理小组,依据危机管理手册的步骤,接管风险的后续发展与灾后复原任务;最后,企业要确保日常营运尽快恢复正常,使企业在面临重大危机后,对客户的重要营运机构仍能持续而不中断,所以需要成立督导小组来控制企业的营运品质。

任务编组对于危机管理的意义主要体现在:

1)任务编组的作用,在于重大危机发生后,企业能及时制定应对计划并迅速付诸实施,尽快让企业恢复到正常的状态。

2)在那些涉及多方权限的危机处理中,应及时通知其他相关企业,调整适当的应对方案。

3)任务小组能客观地调查取证,沉着应对旅游者、旅游服务人员各执一词的局面。

4)任务小组与新闻媒体进行及时的沟通,不至于出现危机后的信息真空,防止媒体大肆炒作。

5)任务小组能冷静地分析问题,如果必要,可以就有关问题咨询内外部专家顾问,对应对方案进行利弊分析并迅速采取行动。

6)企业新的危机发生时,任务小组的危机管理经验会有很大的提升。

3. 危机处理时的资源分配

为了能有效解决危机处理中资源运用的问题,旅行社企业应该设立危机资源管理系统,包括资源的种类、数量、配置地点等,从而建立资源管理系统的数据库,以供紧急处理危机时使用。旅行社企业应该针对危机发生频率高的关键风险,制定应急管理计划,并对员工进行系统培训,使员工了解应急计划及危机发生时自己的职责、任务。旅行社管理者必须根据企业的情况合理分配企业的预算、人员、反应能力和设施等资源。

4. 恰当的事故处理

(1)进行客观的调查,了解危机事故的所有细节

1)突发事故的基本情况。如事故发生的时间、地点、原因、时间及周围环境等。

2)突发事故的现状与发展趋势。如目前状况是否在发展、采取何种措施、措施的实施情况及效果反映。如果事态仍在发展,需调查恶化的原因,预测继续发展会造成什么后果和影响等,以便对事态的发展进行相应的控制。

3)事故产生的原因和影响。包括引发事故的原因、人员伤亡情况、财产损失情况、事

故涉及的范围及产生的政治影响等。应通过周密的调查,迅速查明情况,判断事故的性质、种类,进而判断事故的现状、后果及其影响。

4)查明事故涉及的公众对象。包括直接和间接的受害者,与事故有直接关系和间接关系的组织和个人,与企业有利害关系的部门和个人,与事故处理有关的部门机构、新闻界和舆论界的人士等。此外,还要与事故的见证人保持密切的联系。

(2)采取正确的应对措施

1)对事故进行调查并提交调查报告后,旅行社企业应及时会同有关部门,进行分析、决策,针对不同公众确定相应的对策,迅速制定消除危机影响的具体处理方案。

2)企业会同有关部门制定出对策后,要积极组织力量,实施既定的消除危机事件影响的活动方案。这是危机管理工作的中心环节。

(3)建立危机处理网络,寻求网络单位的帮助

1)应与处理危机的有关单位(包括新闻媒介、医院、消防、公安部门、保险公司、旅游服务要素服务提供商)建立联系,形成危机处理网络。

2)向处理危机的有关单位告知可能出现的危机及需要寻求的帮助,以便危机出现后能及时有效地进行沟通与合作。

二、重大危机处理时的沟通管理

沟通管理是重大危机处理时的重要工具。旅行社企业应该根据不同受众的关注点不同,与之进行恰当的沟通。其中,与危机受害者、新闻界的沟通是沟通管理的重点。

1. 与受害者的沟通

1)迅速确定专人与事故受害旅游者或其家属进行接触。
2)迅速确定关于危机责任方面的承诺内容与承诺方式。
3)迅速制定损失赔偿方案。具体内容包括补偿方法与补偿标准。
4)迅速制定善后工作方案。如果是因为旅游服务人员引起的恶性事故,要立即对相关责任人进行处理,如果是旅游要素提供商引起的事故,应该与要素提供商进行协商,尽快落实对受害者的赔偿,同时对企业采购制度中关于安全管理的条款进行修订。
5)迅速确定向旅游者致歉、安慰的方式、方法。

2. 与新闻界的沟通

1)确定配合新闻媒介工作的具体方式。
2)向新闻媒介及时通报危机事件的调查情况和处理方面的动态信息,应在第一时间提供公众所关心的消息(如善后处理、补偿办法等)。
3)确定与新闻媒介保持联系、沟通的具体方式,并告知将于何时何地召开新闻发布会。
4)确定对待不利于企业的新闻报道和记者的基本态度。

5)除新闻报道外,企业还可在有关报刊发表道歉公告,向公众说明事实真相,向有关公众表示道歉并承担责任,使社会公众充分感受到企业的诚意。道歉公告的内容包括说明道歉所针对的公众、介绍公众希望了解的事项、表明企业知错必改的态度和决心。

6)当记者发表不符合事实的报道时,要尽快指出其中的不实之处,及时提出更正要求,但要尽量避免对方产生对立情绪。

3．与企业内部员工的沟通

1)在稳定情绪和秩序的基础上,向员工告知事故真相和企业采取的具体措施,使员工同心协力,共度难关。

2)搜集和了解员工的建议和意见,做好耐心、细致的解释工作。

3)如果因自然灾害或政治事件造成旅行社企业员工的伤亡损失,应做好抢救治疗和抚恤工作,并通知家属或亲属,进行慰问等善后处理。

4)制定挽回不良影响和完善企业形象的工作方案与具体措施。

4．与上级有关部门的沟通

危机发生后,企业要与上级有关部门保持密切联系,以求得指导和帮助。

1)企业要及时地、实事求是地汇报情况,不隐瞒、不歪曲事实真相,随时汇报事态发展情况。

2)事件处理后,要向上级有关部门详细报告事件经过、处理措施、解决办法和防范措施。

5．与其他公众的沟通

旅行社企业应根据具体情况,及时向合作伙伴、社区公众、社会机构、政府部门通报危机事件及其处理措施,并迅速制定出相应的方案,全面消除危机事件的不良影响。

三、危机的善后管理

危机的善后管理主要分为遗留问题处理、滞后效应处理和危机管理评估等3个方面的工作。

1．遗留问题处理

就旅行社企业外部的利害关系而言,企业除应勇于向社会公众说明危机发生的原因与处理情形外,还应声明愿意负起道义上的责任,而不是一味地推卸责任。就企业内部而言,管理者应通过沟通的方式来治愈企业成员心理上的创伤,或是使企业成员们了解危机对于企业所造成的严重影响,来获取成员们的认同,进而导向企业业务恢复的工作。

2. 滞后效应处理

旅行社还必须重新建立起旅游市场对旅行社企业的信心，可以展开一次宣传攻势，告诉旅游者企业又恢复了元气，制定了更严格的质量管理体系和有效的危机管理体系。

旅行社企业的管理者应该密切注意社会公众和旅游者对企业形象的看法，采取积极的实质性措施，来维护企业在公众面前的形象。

3. 危机管理评估

在危机结束后，旅行社企业需要成立一个调查及评估小组，对整个危机管理活动展开调查及评估工作，以供总结经验教训。这里包含两个层次的总结，第一个层次的总结是针对所发生危机本身的总结，即调查问题是怎样发生的，查明问题的原因，采取必要的步骤，以防再次发生。第二层次的总结则是针对企业危机管理的总结，即反思企业应对、处理整个危机的全过程，检查企业在应对危机中所做的决策与所采取的行动，从中发现危机管理的不足之处，进一步完善企业的危机管理程序与制度。

案 例

春秋国旅风险管理对策分析

2003 年上半年，当国内不少旅行社都遭受到突如其来的"非典"疫情重创时，上海的一家旅游企业却依靠完善的预警机制"幸运"地躲过了这场"灾难"，将损失降到最低程度。

上海春秋国旅是一家大型综合性旅游企业，其境内游业务连续 9 年居全国首位。2003 年初，和国内绝大多数同行一样，这家旅行社迎来了历史上最兴旺的"牛市"。但 3 月下旬公司的经营却出现了异动：在江浙旅游线路和外地市场十分火爆的时候，针对白领市场精心开发的一些高端旅游产品，如"自由人"、"纯玩团"等出现了滞销迹象——根据测算，整个 3 月份这些高端旅游产品的销售量比 2 月份降低了 40%～50%。

高端产品卖不动，说明外国旅游者和外企白领旅游者减少了。上海春秋国旅隐隐感到一丝先兆，通过连续几昼夜的数据搜集和分析，他们终于得出了结论："非典"疫情会对当地旅游市场产生重大的影响。于是，当国内绝大多数旅游企业依旧因 3、4 月份旅游产品价格走高而坚决不肯降低销售利润时，春秋国旅已抢先在全国 31 家分社打响应对"非典"的紧急战役，为化解风险争取了时间。

措施一：断然舍弃短期利益。

4 月 1 日，春秋国旅正式向国内各大航空公司递交报告，分析"非典"疫情的严重性；4 月 5 日起，旅行社包机部所有工作人员被派往各家航空公司，商酌包机停飞以及可能形成损失的分担方案。

当时，"非典"疫情对国内旅游行业的影响尚未显现，旅游市场价格继续走高。此时，春秋国旅停退包机的举动招来诸多非议，内部员工也颇有怨言。但春秋国旅高层的态度十分鲜明,"不管别人说什么,包机坚决要退,而且只能快不能慢",不仅如此,他们还紧急下达了第二道让同行费解的命令——全国各分社将包机销售流量尽量往前推,即使不赚钱,甚至赔点钱也要把机票尽早售出。

事实证明,春秋国旅的急救措施很奏效。到 4 月 24 日,最后一家公司四川航空公司也同意停退包机。在所有航线停退之前,春秋国旅包下的多数航班都已卖掉 99% 的座位,损失被减少到最低程度。与此形成鲜明对比的是,许多旅行社直到 4 月下旬方才察觉手中的机票滞销,甚至完全卖不动,心急火燎地要求航空公司停飞,却为时已晚;有的旅行社包机,一个航班只卖出四五个座位,而一个航班一趟来回的成本高达 20 万元。停退包机、降价出票给春秋国旅造成 600 多万元的经济损失,但当时如果顾惜眼前利益,整个旅行社的潜在损失将超过一亿元,企业将被逼入死亡的边缘。

措施二:48 小时收款制度规避"三角债"。

"三角债"是国内旅游行业的顽疾,一家旅行社有几百万元乃至上千万元"三角债"的现象司空见惯。针对"三角债",春秋国旅制定了一项"48 小时收款制度":通过网络销售的旅游产品要求入网 48 小时内收款;票务中心下属的业务部要求 24 小时内收款;春秋国旅的入境部、华东部都规定"先收款,后做团"。

针对"48 小时收款制度"平常执行中存在的一些漏洞,春秋国旅严查这项制度的执行情况,严格规定,不执行 48 小时收款制度的人员,一经发现立即开除。由于发现及时、措施得力,春秋国旅不仅在关键时刻回笼了大笔资金,而且躲过了受"三角债"牵连导致破产的风险。

由于应对及时,春秋国旅尽管业务受到损失,但保存了企业的实力,积蓄了发展的力量。从这一点来看,春秋国旅是幸运的,但"幸运"总是常光顾那些有准备的人的。为应对自然界的大灾大难,旅行社需要建立风险管理机制。企业方面要形成自觉的风险意识,当灾难发生时,要采取多种手段弥补损失,努力实现自助、自救。同时,要关注国际、国内信息,注意变化动向,以便出了问题及时应对。

资料来源:纪俊超.2005.旅行社经营管理.广州:华南理工大学出版社

思考与练习

1. 简述旅行社风险和危机的概念。
2. 旅行社的风险具有哪些特点?
3. 旅行社危机的形式可大体分为哪些?
4. 旅行社危机管理主要有哪些方面?
5. 旅行社处理危机的原则有哪些?
6. 简述旅行社处理危机的措施。
7. 对重大危机的应急管理,具体可以分为哪 3 个方面?
8. 危机的善后管理主要分为哪 3 个方面的工作?
9. 简述重大危机处理时的沟通管理。

第十一章 旅行社的发展趋势

学习目标

1. 了解中国加入WTO对旅行社业的影响
2. 了解旅行社业务的多元化与规模化经营
3. 掌握旅行社产品的创新及品牌产品的打造
4. 了解信息技术对旅行社业务的影响

中国旅行社业发展历史较短,市场的不成熟和技术手段的落后,使我国旅行社业与旅游业发达国家之间的差距很大。2001 年 12 月 11 日,中国正式加入 WTO,这是我国改革开放史上的又一个里程碑。

第一节 中国加入 WTO 对旅行社业的影响

加入 WTO 后,对我国旅游业影响不会太大,因为我国饭店业早在 20 世纪 80 年代就已经改革开放在先,经过 20 多年的发展我国饭店业已经基本上与国际接轨,具有相当规模,加入 WTO,更加有利于饭店业的发展。

一、加入 WTO 对我国旅行社业的积极意义

加入 WTO,在一个短时期内,我国旅行社业肯定会受到冲击,付出一定代价。改革开放以来,旅行社业是我国旅游业中对外开放程度较低的领域之一,这在一定程度上保护了国内旅行社的利益,但也造成我国旅行社业长期以来一直处于"散、小、弱、差"的状况,成为我国旅游业发展中的薄弱环节。但是,从我国旅行社长期发展来看,加入 WTO 是利大于弊,其积极意义在于:

1. 有利于引进先进的旅行社经营管理经验,加速我国旅行社业与国际接轨的进程

中国加入 WTO,在以往积极参与国际旅游服务贸易的基础上进一步扩大发展空间,将和占全球经济贸易 95% 以上的国家和地区开展多种形式的旅游合作,做到更充分地利用国内外两种旅游资源、两个旅游市场,优化旅游资源配置。这将对我国 21 世纪实现由亚洲旅游大国向世界旅游强国的跨越,进一步提高我国旅行社业的整体水平,实现与国际旅游业的全面接轨发挥积极意义。

2. 有利于引进新的旅行社运行机制，促进我国旅行社业的进一步对外开放

在经济全球化的今天，无论各国内部还是各国之间都必须遵守统一的市场规则。我国政府通过加入WTO，承诺按照WTO的国际规则和国际惯例办事，这就给我国旅行社业的进一步开放、规范旅行社的服务水准，全面与国际通行的旅行社经营规则接轨创造了机遇和外部条件，同时，这一承诺也会增强国际旅游者对中国旅游环境的信心，有利于中国旅游市场的繁荣。

3. 有利于保护我国旅行社的经济利益

我国加入WTO，就拥有了参与国际服务贸易规则这一全球"游戏规则"的制定和决策权。我国在对外开放的旅游中产生的各种摩擦、纠纷和限制，就可以避免受制于人，旅游经济活动按照国际惯例进行，摩擦、纠纷通过法律和仲裁的形式解决，将减少人为的国与国之间政治冲突对旅游经济活动的干扰，解决长期以来的国外旅行社拖欠我国旅行社旅行费用等问题，为我国旅游经济的发展创造良好的外部环境。

4. 有利于提高旅行社业的整体素质和竞争能力

我国加入WTO后，外国旅行社进入我国旅行社市场的动机是占领市场、获取利润，但他们全方位的进入，客观上为国内旅行社业提供了参照和示范，这必将推动我国国有旅行社改变传统的经营模式，向现代旅行社经营管理水平看齐。

5. 有利于增强国家对旅行社行业的宏观调控能力

在社会主义市场经济条件下，国家应当是运用法律、法规、产业政策对旅行社行业进行管理。我国加入WTO，必将给旅行社的管理体制深化改革注入新的驱动力，随着各种经济成份所有制的旅行社出现与增多，将有利于增强国家对旅行社行业的宏观管理能力。

6. 有利于我国旅行社拓展海外业务

根据WTO的互惠原则，在允许外资旅行社进入中国旅行社市场的同时，也应当允许我国旅行社进入外国旅行社市场。随着我国社会经济的发展，中国公民不仅需要中国旅行社在境内提供旅行服务，同时还需要中国旅行社在境外提供旅行服务，这就要求我国旅行社要走出国门，拓展海外旅行市场，在国外旅行社市场争得一席之地。我国旅行社也可以从中提高知名度，借鉴国外旅行社的管理经验，培养人才，扩大发展空间。为此，加入WTO后，将有利于我国旅行同时从国内、国外两个市场全面发展。

二、加入WTO对我国旅行社业的挑战

加入WTO，我国旅行社由于本身存在的一些弱势，在与外资旅行社的抗衡中，会面临严峻的挑战。

1. 管理体制上的挑战

我国的旅行社绝大多数属国有旅行社,近年来,陆续出现了一些股份制旅行社,而到2003年底经批准的中外合资旅行社仅10家。受多级管理、行政干预、用人和激励分配机制不灵活等多种因素影响,还存在着抗风险能力弱、自主性差、效率较低等问题。而外国旅行社一般都是股份制、合伙制或私营,按国际惯例运作,基本不受政府干预,经营管理机制适应市场经济要求,业务操作很少受到非市场因素的干扰,在用人及收入分配上不受限制。由此可见,由于管理体制上有上述差别,加入 WTO 后,我国旅行社将面临挑战,不利于与外国旅行社的竞争。

2. 高利润业务的竞争

从我国目前入境旅游、出境旅游和企业的竞争关键是人才的竞争。外商投资旅行社进入我国旅游市场后,必然要从降低劳动力成本的需要来考虑经营运作的本土化,将会同我国的旅行社争夺旅游人才,从而引起旅游从业人员流向待遇和工资收入较高的外商投资旅行社。应当说,经过改革开放 20 多年的锻炼,我国也已拥有一批高素质的旅行社专业人才。但是,如上所述,由于外国旅行社在用人及收入分配上不受限制,我国加入WTO 后,外国旅行社可能会以高薪、出国培训等诱人条件,吸引高素质的旅行社专业人才,极有可能出现这些优秀人才流向外资旅行社的局面。

3. 经营水平低、效益差的旅行社可能倒闭破产

加入 WTO 后,我国旅行社市场化程度将极大提高,按照市场经济的规则,一些经营管理水平低、经济效益差的旅行社将不可避免地倒闭破产。这种状况的出现,对促进我国旅行社经营整体水平的提高和旅行社结构调整会起到积极的作用。但同时也应看到一些国有旅行社经营将出现难以为继的情形。因为,加入 WTO 后,根据承诺,国外有实力的大旅行社将逐渐进入我国旅游市场,它们将利用雄厚的资金、先进的技术、完善的经营管理机制和优质的服务品质,吸纳优秀人才,这无疑都将对我国那些弱小旅行社产生强大的冲击。

可见,加入 WTO 对于我国旅行社业而言,是机遇与挑战并存。在我国旅行社市场对外开放大势已定的情况下,我国旅行社行业应当加紧对策研究,抓住机遇,迎接挑战,以确保我国旅行社行业的健康和持续发展。

三、我国旅行社业应当采取的对策

面对我国旅行社市场的逐步对外开放,我国旅行社业应采取的对策主要如下:

1. 加速对国际旅行社运行方式和管理方法的研究,做到知己知彼,以期更加有效地迎接挑战

以旅行社的分类制度为例,以欧美为代表的西方发达国家的旅行社大都采用垂直分

工体系,即旅行社划分为旅游批发经营商和旅游零售商两类,旅游批发经营商一般不面向社会公众直接销售他们设计或组装的旅游产品,而是通过旅游零售商进行销售,而旅游零售商则是直接面对旅游者并向旅游者销售旅游产品。旅游零售商可以代理旅游者直接向饭店、航空公司等旅游服务供应者预订零散服务项目,也可以代理旅游批发商向旅游者出售旅游线路和服务。我国旅行社则分为国际旅行社和国内旅行社两类型,即国际旅行社经营入境旅游业务、出境旅游业务和国内旅游业务,而国内旅行社仅经营国内旅游业务,在我国尚无旅游批发和零售商制度。在此需要引起我们注意的是,西方国家的旅游零售商分布极为广泛,他们直接面对广大旅游者,对旅游者的旅游决策,特别是对旅游目的地选择影响巨大。外国旅行社进入中国旅行社市场后,势必采用这一运行方式,与我国旅行社展开竞争。因此,我们应当研究外国旅行社运行机制,采取相应对策,其中最重要的是研究制定旅游批发和零售商的法律规定,明确其法律地位及经营范围,使我国旅行社在加剧的市场竞争中处于不败之地。

2. 加速旅行社行业战略调整,尽快形成实力雄厚的旅行社集团,使其具有有效抗御外来旅行社的力量,并籍此为我国依存于大型旅行社集团的小型旅行社提供生存空间

从目前我国旅行社现状来看,国际旅行社占我国旅行社总数的 20%,国内旅行社占我国旅行社总数的 80%,小规模的旅行社占绝对数量,而且,进入 20 世纪 90 年代以来,我国旅行社行业的平均利润水平,明显低于 80 年代的总体水平并呈逐年下降趋势。90年代初期,我国旅行社行业的平均利润率基本保持在 10% 左右,而近年来,旅行社业的平均利润率只有 2.18% 左右。目前,我国近万家旅行社年营业收入的总和抵不上美国运通公司一年的销售收入的 1/4,也不及日本 JTB 公司的 1/2。而我国最大的旅游企业不及美国运通公司规模的 1%。我国旅行社业现有问题的原因是多方面的,但是,大型旅行社没有实现规模经济,规模优势得不到发挥,中、小型旅行社缺乏明确的市场定位,旅行社业恶性价格竞争盛行,市场秩序混乱等,这些问题的存在,对我国加入 WTO 后,我国旅行社与外国旅行社的竞争中将处于不利地位。因此,应当加速旅行社行业的战略调整,尽快形成实力雄厚的旅行社集团,充分利用本土经营的优势,使我国旅行社在与外国旅行社的竞争中处于不败之地,并为广大的中、小旅行社提供发展空间。

3. 加速企业制度的调整,明晰产权关系,增强旅行社的活力,全面提高旅行社的竞争能力

旅行社作为从事旅游业务的企业,应当加速企业制度的战略调整,我国现有的旅行社绝大多数属国有企业,与其他国有企业一样,程度不同地也存在缺乏适应市场经济需要的"机制",即国有旅行社企业无法解决单一、封闭所有制企业的资本形成机制。萎缩与企业发展存在矛盾,企业"长不大",国有旅行社产权关系模糊,激励与约束"疲软",旅行社企业很难成为真正自主经营、自负盈亏的法人实体和市场主体,企业"活不起";加之旅行社企业实际上的"部门所有"导致"政府责任无限化",即便经营情况十分恶劣,但却"倒闭不了"。实践证明,这种"机制"不可能使国有旅行社真正成为自主经营、自负盈亏

的法人主体和市场主体,更不能具有强大的竞争能力。这种状况的存在,将使旅行社在我国加入WTO后面临极为严峻的挑战。为此,加速旅行社企业制度的调整,明晰产权关系,增强旅行社企业的活力,全面提高旅行社企业的竞争能力乃是当务之急。

4. 为旅行社创造有利的环境

随着我国加入WTO,旅行社将面临更为成熟的竞争者和前所未有的挑战。为此,加速旅行社行业管理制度建设,已成为必然。推动大型旅行社集团的形成,促进中型旅行社专业化和小型旅行社通过代理制实现网络化并对各类旅行社加强管理,这是旅行社行业管理所面临的紧迫课题。我国现行旅行社管理的主要法规制度是1996年10月颁布实施的《旅行社管理条例》,它在旅行社行业管理中发挥着积极的作用。但是,对加入WTO后的旅行社管理,如对外商投资旅行社的管理,对加入WTO后的旅行社市场的管理等,目前仍缺乏制度规定,或者存在管理缺陷。为此,认真研究加入WTO以后旅行社行业管理面临的问题,加速旅行社行业管理制度建设,为加入WTO后各类旅行社公平竞争提供良好的环境,是旅行社行业管理应对加入WTO的紧迫工作。

第二节　旅行社业务的多元化与规模化经营

经历了改革开放以来近20年发展的我国旅行社,无论在行业规模、数量、接待质量,还是作为旅游业龙头地位的确立,均有了长足的进步。特别是20世纪80年代后期,以国旅、中旅、青旅为代表的旅行社集团相继成立,以资产关系为纽带,以业务网络为核心,以高效有序的信息采集、加工和传输为渠道,以集团的统一形象为标识,基本确立了我国三大旅行社在国际国内的地位;之后,康辉、招商旅行社及上海春秋、华运铁路旅游集团的集团化进程均有了实质性的进展。可以说,这种网络化经营和集团化发展为我国旅行社走向国际化、多元化打下了良好的基础。

组建规范的、具有资产纽带联系的旅行社集团,寻求同业联合的优势,是由旅行社行业特征及国际、国内市场经济发展趋势所决定的。首先,旅游业本身是跨区域的,融多种要素于一体的服务性行业,旅行社更具有强烈的依附性和脆弱性,这就要求实现跨区域的集团化和网络化。由核心企业和集团成员形成强大的集体促销能力,信息共享、服务规范,置集团于一个纵横交错的网络下开展经济活动,方能保证服务质量的提高以及规模经济效益的实现。其次,伴随着我国市场经济的纵深发展,为实现服务贸易的系列承诺,我国的旅游市场要向世界开放,国外旅行商会在国内集团立足未稳之际抢占市场份额,一些国外的合作伙伴会成为竞争对手,如果没有具备实力强大的组团－接待能力和全国联网的旅行社集团与之抗衡,其结果可能是国内旅行社市场的彻底丧失。第三,集团化发展也是寻求跨国联合、走向国际化的必由之路。旅行社国际化包含了两层含义:一是旅行社不仅仅满足于单纯的国际接待业务,而要通过派驻国外子公司或办事处等方式开发所在国客源市场,以从根本上解决客源不稳的问题;二是随着国内旅游需求市场的壮大,出境旅游会越来越兴旺,这就要求国内旅行社集团由接待经营型向组团经营型转化。很显然,没有实力强大、海内外信誉好的大型旅行社集团,国际化目标是难以实现的。第四,散客旅游作为 21 世纪国际旅游的一个新趋势,对旅行社的要求越来越高,它不仅要求有灵活的旅游路线和产品组合,更要有合理的时间安排、多样化的服务和多品种的荐举方案,这一需求的实现须建立在便捷、统一的全国性旅游网络之上。由此可见,组建规范的旅行社集团具有重要的现实和长远意义。

应当指出的是,目前我国的旅行社集团尚不规范。与国家关于集团化要求相差甚远,主要表现在:大部分集团存在着结构性缺陷,内部管理与规范的母子公司体制还有差距,集团内部成员联系不紧密,成员之间缺乏资产—利益关系。没有形成利益共同体的基础和资产纽带关系,合作机制不稳固;总社不总,分社不分;集团核心企业投资主体地位难以发挥,核心企业没有雄厚的经济实力,缺乏感召力和产品、资本等优势,对成员企业无约束力,不能成为融资中心、信贷中心、结算中心;国家对旅行社集团化缺乏有效的调控手段等。这表明我国目前的旅行社集团亟待规范。

从旅行社集团化发展的实践看,其内部一般存在着 3 种组织形式,即以实现资产一体化、经营一体化的紧密联合,以资产关系为纽带(合资、参股等)的半紧密联合,和以协议、协作关系为纽带的松散联合。目前我国的旅行社集团联合方式以松散关系为主。由于企业集团是市场经济中企业组织形态的高级形式和市场配置资源的必然产物。这种松散型为主体的联合形式,虽然在旅游客源市场资源共享中具有一定意义。但因集团内部无产权纽带关系。难以形成利益共同体而往往使旅行社集团变得有名无实,集而不团,没有产生相应的集团效益和规模效益,因此组建以紧密联系为主、半紧密联系为辅的集团模式是当前我国旅行社企业的发展方向,具体表现为建立规范的母子公司体制。所谓"母子公司"体制,是指以企业法人控股为主要特征,有一个实力强大的、具有投资中心功能的集团核心(母公司)和一定数量的、与母公司有一资产联结关系的控股或全资子公司以及参股经营的子公司共同组成,母子公司之间既存在"资产-利益"关系,又要有内在的生产、经营联系、共同的战略目标和相对一致的产品目标市场。

按照规范的母子公司体制建立起来的旅行社企业集团,实行股份制改造可能是最有效的组织形式。它对于建立起产权清晰、权责明确、政企分开、管理科学的现代企业制度,优化资金和资源配置、规范集团与成员企业行为、增强集团活力诸方面具有重要意义。根据国内外企业集团股份制实施经验,我国旅行社集团可采取如下组织管理模式:

1. "一司三制,以公为主"的生产资料所有制形式

所谓"一司",是指旅行社股份集团公司,"三制"是指以国有资产入股的国家所有制、以企业成员自有资金入股的集体所有制和以职工个人入股的个人所有制;其中,国家所有制占据资金结构的主导,核心企业(如国旅总社)可直接改组为国有独资公司,而集体和个人入股作为补充,使集团的全资或控股子公司产权多元化,让企业职工收益直接与公司命运挂钩,激发他们爱岗、敬业、爱公司的企业精神。对于不具备组建股东大会的公

司,内部可成立职工持股会,代行管理职工股权。

2. 设置务实、有效的公司法人治理结构

根据《公司法》,在旅行社集团公司内部设立董事会、监事会,由投资主体(一般为上级机关的产权经营机构或授权经营单位)任命董事长和副董事长及董事,并聘任监事,然后由董事会聘任公司总裁。一般由董事长兼任总裁。公司内部组织机构的条件成熟时,应将总社的业务部门改组为事业部或子公司。通过加强二级核算职能,使之由成本中心转变为利润中心;将紧密层企业改组为产权多元化的规范的股份制企业;集团公司总部应加强综合管理功能,使其由生产经营型向资本经营型模式转变。

3. "一业为主,多角经营"的经营战略核心

所谓"一业"是指作为旅行社企业为旅游者提供产品销售中介这一主业,它是旅行社集团的经营战略核心。所谓"多角经营",是指它为减少经营风险,提高市场适应能力而选择在旅行行业内部或其他产业作为自己的发展领域。一般而言,集团成立初、中期,多角经营的重点应放在旅游行业内部或相关产业(如饭店业、票务代理、娱乐业等)上,以内涵式发展为主,外延为辅。为防止资金分散、提高投资回收率和回报率,总社应在宏观上制定不同发展阶段的多角化经营领域,产品方向和目标市场。同时对紧密层企业的多角经营实行宏观控制、微观搞活,充分调动职工积极性和创造性。

第三节　旅行社产品的创新及品牌产品的打造

1997 年前的中国旅行社业因其可观的高利润率曾被视为"暴利"行业,旅行社一度被认为是投资少、见效快的赚钱行业,于是一时间旅行社数量急剧增加,到 2002 年底,全国旅行社已从 1991 年的 1709 家增加到 11 615 家。数量的增加导致越来越激烈的竞争,旅行社纷纷开始把降低价格作为主要的竞争手段,致使旅行社的经营出现了业务规模增长而利润水平下降的局面。以 2002 年为例,当年中国旅行社收入总额 710.67 亿元,同比增长 20.49%,实缴金额 7.97 亿元,同比增长 4.46%,利润总额 11.93 亿元,同比减少 7.16%,首次出现了全行业亏损的局面,旅行社进入"微利"时代似乎成为一个不争的事实。为什么会出现这种状况呢? 旅行社怎么变成"微利"行业了呢? 解答这些问题首先要分析以下导致这种转变的原因。

就旅行社而言,导致由"暴利"转"微利"的原因是多方面的,有来自外部的,也有来自内部的。外部原因主要有竞争的日趋激烈、旅游市场的日趋成熟、旅游者消费心理的日趋理性、消费需求的日趋多元化及旅游法律法规的日趋完善等;内部原因主要有经营理念不成熟、管理体制不完善、产品形态单一、产品内涵贫乏、创新不足等。其中产品形态单一、内涵贫乏、创新不足是目前旅行社陷入低价竞争误区主要的内部原因,也是旅行社迫切需要解决的主要问题。

一、旅行社产品创新的重要性

调查显示,从 2004 年的"五一黄金周"开始,出现了热点景点不热,而许多富有特色的冷僻景点却异常火爆的现象,许多旅行社推出的特色游、主题游、纯玩团、自助游等逐渐成为黄金周的主打。而那些产品单一、缺乏创新的旅行社越来越感觉到举步维艰。这些现象充分说明为了适应市场的变化,为了更好地满足旅游者的需求,同时也为了提高旅行社的竞争力,旅行社产品亟待创新。对旅行社而言,产品创新的重要性主要体现在以下几个方面:

1. 产品创新有助于旅行社更好地适应市场的变化

近年来自助游、自由行的盛行,背包客、自驾游的增多,使旅行社的传统经营方式面临挑战,而特色游的火爆更是充分说明了现在的旅游者需要的是多元化、个性化的旅游产品。为了适应市场的这一变化,旅行社必须发展多元化的产品结构并不断创新,形成能满足旅游者个性化要求的产品。

2. 产品创新有助于旅行社走出低价竞争的误区

在激烈的市场竞争中许多旅行社纷纷把价格作为主要的竞争手段,使中国的旅行社业在低价竞争的误区中徘徊,于是出现了 2002 年的全行业亏损。要想打破这一局面,提高创新意识、品牌意识,形成各自富有特色的产品,把产品创新作为竞争的主要手段,并以此来适应市场的不断变化,才会使旅行社行业更加成熟,并在整个行业形成良性竞争环境。

3. 产品创新有助于提高旅行社的竞争力

"你无我有,你有我变,你变我新"是企业立足市场的法宝,对旅行社而言更是如此,尤其是在外资旅行社已开始逐步进入中国市场的情况下,要想应对更加激烈的市场竞争,必须依靠产品创新。同时,要想提高中国旅行社在国际市场上的竞争实力,也必须依靠产品创新。

二、旅行社产品及其创新的含义

对于旅行社的概念,国内国外、业界理论界有许多不同理解,本文认为比较准确、全面的理解是认为旅行社是为旅游者的空间移动提供便利服务的企业,按照这种理解凡是与旅游者的空间移动有关的各个环节都可以形成旅行社的产品,因而旅行社的产品创新就可以依据旅游者旅行活动的任何一个环节,而旅行社的产品创新既可以是产品形态的创新,也可以是产品内涵的创新。

作为与旅游者的空间移动有关的旅行社产品,只要是有利于旅游者需求和提高旅行社竞争力,任何产品形态都是允许的和可行的。在旅行社的产品创新中,产品形态的创新应该不受任何固有模式的局限,从满足旅游者需求和形成自我品牌的基础上开发丰富多样的产品形态。

产品内涵的确定同样要以旅游者的需要为根本依据,同时还要与产品形态相一致,真正体现出产品的差异性。例如,纯玩团既然是立足于"纯玩",除了在形式上强调"游程无购物,购物随客意"以外,更要从产品内涵上突出深度和针对性,观光游就要突出其文化内涵,度假游就要突出其休憩特征,探险游就要突出其参与功能等。再如在休闲度假游逐步成为主要发展趋势的情况下,有人认为传统的观光游即将成为被淘汰的产品。编者不能认同这个观点,因为旅游活动作为一种文化现象,是为了满足旅游者的精神性需求,而旅游者需求的多元化,使得以文化体验为主的观光游仍然能够满足部分旅游者及特定时期的旅游者的需求,所以观光游不会完全被淘汰,但传统的观光游确实存在着许多有待进一步改善和革新之处,如产品深度不够、缺乏文化内涵、参与功能不足、主题不鲜明等,如果能够对其内涵进行再挖掘、深挖掘,必将使其重放异彩。

三、旅行社如何进行产品创新

对旅行社经营管理的现状进行分析发现,目前旅行社的产品创新主要有以下几种情况:有些旅行社缺乏创新意识,不注重对新产品的开发;有些旅行社虽然开始尝试产品创新,但创新缺乏科学性和针对性;有些旅行社在产品创新遭受挫折的情况下对产品创新失去信心,从而对如何进行产品创新感到迷茫;但也有相当一部分旅行社通过产品科学创新已初获回报。由此可见,目前旅行社产品创新面临的主要问题是创新意识亟待提高,创新操作亟待科学规范。根据以上分析,本文认为旅行社在进行产品创新时要以下几个方面抓起:

1. 树立科学的创新观念

观念是行动的指导,有什么样的观念就会有什么样的行动。旅行社产品创新首先需要科学的创新观念,如只有正确理解旅行社的实质、旅行社产品的实质、旅行社产品创新的实质,才能把产品创新的视野拓宽到与旅游者的旅行活动有关的每一个环节;进行产品创新时才能既注重产品形态的创新又注重产品的内涵创新。

2. 以市场的需求为创新依据

任何一种产品创新都应该是建立在充分的市场调研基础上,基于对目标市场需求的充分了解,旅行社的产品创新也不例外。随着旅游市场的逐渐成熟及旅游者消费心理的逐渐成熟,旅游者已从只关心价格逐渐向追求质价相符过渡,不同的旅游者希望可以有不同的产品供其选择,同时对产品要求不同的质量,付不同的价钱。所以旅行社在产品设计和创新方面,应该设计更多层次的产品,满足不同旅游者的需要。同时对于旅游者提出的个性化要求,可通过让其参与产品的设计和组合,创造出更具个性化的产品。而这种旅游产品往往因为特色突出而具备非常高的竞争实力,也能最大限度地杜绝被复制和模仿。此外，旅行社应通过建立通畅快捷信息沟通渠道，随时获取关于市场需求的信息，随时关注市场需求的变化，并以此作为产品创新的依据，在保持自我品牌和风格的前提下，做到"常变常新"，提高适应市场变化的能力。

3. 在维护品牌的前提下创新

旅行社产品的无形性、综合性、服务性等特点决定了品牌对于旅行社的重要性，而旅行社的品牌往往要依托于旅行社的特色产品，这种特色可以是一些旅游线路、一系列主题旅游，也可以是一种服务的风格或企业文化的某一方面。旅行社在树立品牌和管理品牌的过程中，保持品牌内涵的一致性是十分重要的，旅行社的产品创新要建立在维护和保持品牌的前提下，使产品创新能够有利于维护旅行社在旅游者心目中的形象。在以创新产品开拓新市场和树立新品牌时必须十分慎重，避免出现新品牌不能确立而现有品牌又遭到破坏的情况。

4. 把开发新产品和挖掘已有产品的潜力相结合

目前对旅行社产品创新有许多不全面的认识，最典型的就是把创新仅仅理解为开发新产品，实际上产品创新还应该包括对已有产品进行重新组合或对已有产品的内涵进行再开发。例如 2004 年夏季黄山为满足暑期师生游的需要，精心设计的多种主题产品——"爱国主义教育游"、"师生观光揽胜游"、"沿伟人足迹徒步游"、"黄山地质公园科考、科普游"等，就是对已有产品的重新组合和对产品内涵的再开发。

5. 产品创新要注意把新产品的设计、生产与其他营销手段有机结合

产品创新中新产品的设计、生产只是产品营销的一个环节，决定创新产品效果的应该是产品营销的整个过程，而不仅仅是设计与生产这一个环节。所以在旅行社进行产品创新时，除了要做好产品的设计与生产，还要注意做好产品的市场调研，突出产品的差异化，树立并管理好自己的品牌形象，重视产品的质量管理和售后服务，选择恰当的销售渠道，确定科学的促销策略，充分利用各种促销手段，注重市场的培育和维护等方面，使产品创新能够真正实现它的价值。

此外，创新需要人的不断实践，在旅行社产品创新中要注意使用和培养一批高素质的专业人才，他们拥有科学的创新观念，懂得运用科学的创新手段，能够最大限度地降低产品创新的盲目性，使旅行社产品创新为适应市场需求服务，通过满足旅游者的多元化、个性化的需求而使产品创新取得理想的效果。

综上所述，旅行社产品创新已经成为旅游业全行业面临的紧迫课题，而创新也必将导致旅行社全行业的一次涅槃与重生。旅游产品的创新是旅游行业发展走向成熟的呼唤，也必将给旅游业的未来带来一个充满希望的明天。

四、旅行社产品的品牌化

品牌是产品的形象，价值的体现，是企业所提供产品具有优异品质的象征，也体现顾客

的认同与信任。21 世纪是品牌经济的世纪,产品间的竞争由价格逐渐转向品牌的竞争。

1. 旅行社产品需要品牌

目前我国旅行社大多偏重了企业品牌的建立,而忽视了其产品品牌的推广,这与境外旅行社有很大差距。例如一提起旅游我们会想到国旅、青旅、中旅、康辉、金桥、招商等大型旅行社,而顾客最终选择的还是其推出的产品,旅行社即使再有名如果其产品不适合顾客最终还是无利可图,因此旅行社也应创立自己的品牌赢得巨大的客源市场。

如今旅行社所售出的常规产品几乎相差无几,相互间比的更多的是价格,为了吸引客源,相互大打价格战,相互压价,由此导致恶性竞争,服务标准降低,品质得不到保障,引起顾客投诉,严重影响了企业形象,最终是两败俱伤,谁也不受益。中国加入 WTO 后随着外资旅游企业的进入必将对中国旅行社业带来巨大冲击,因此只顾眼前利益的价格竞争不是长远之计,走品牌化道路才是根本出路。中国的旅行社业也意识到了此问题,近几年许多大型旅行社已经开始创立自己的品牌,但毕竟还是少数,例如广州的"广之旅"、浙江中山国旅的"游遍天下"、深圳国旅的"新景界"、国旅总社的"环球行"、青旅联盟的"东方学子"等。

2. 旅行社产品品牌的优势

(1)提升产品形象、增强竞争力

旅行社出售的是无形的产品,顾客只能亲自去感受体验到,不可能像一般有形产品一样在购买前可以看到触摸到,因此创立产品品牌可以给人以鲜明的形象,对产品产生美好遐想,增强产品魅力,例如"游遍天下"、"环球行"、"开心假期"、"江山万里游"、"豪爽之旅"、"龙行天下"、"喜悦旅游"、"风光无极限"、"深度旅游"等。以上所举品牌体现了产品独特的个性、与众不同的特色,在同行中增强了竞争力。

(2)个性化鲜明的品牌标识具有吸引力、亲和力

我们在大街经常可以看到肯德基醒目的"KFC"标识和麦当劳金色的拱形门"M",这些品牌标识形象容易给人留下深刻印象、易记、醒目;肯德基门口和蔼可亲的山德士上校和身穿小丑服的麦当劳叔叔则拉近了与顾客的距离,有很强的亲和力。同样旅游产品的品牌标识也有如此效果,例如,"广之旅"的标识,灿烂的阳光、怒放的红棉、天边的绿野,勾勒出天地间一个无限风光的旅游世界。浙江中山国旅的"游遍天下",标识主要突出了这 4 个字,特别是红色背景的"遍"字与其他 3 个蓝色字体形成强烈对比,给人无所不到、无处不去、遍及天下的想象。

(3)统一的品牌标识有利于扩大旅行社影响

旅行社不像饭店那样有宏伟的外观让人有直观的感受,一般旅行社门面很小,因此产品的品牌标识也代表了旅行社形象。旅游团队有着流动性的特点,因此无论团队到哪里,帽子、导游旗、胸牌、车辆、员工名片、宣传资料等上面的标识都是在为旅行社做宣传,扩大影响力,提高企业形象。而不是传统的都是千篇一律的"某某某旅行社"的字样,显

得单调乏味。

3. 产品品牌化的战略要点

(1)经营者转变经营观念,树立品牌意识

目前我国众多中小旅行社仍是传统的做团方式,做的是"关系团"、"强价团",而如今已是"做企业不仅是做生意的时代",经营者应有现代企业经营理念,树立品牌意识。

(2)品牌的联合、扩张连锁经营

首先,"散、小、弱、差"是中国中小旅行社的弱点,近年来许多中小旅行社意识到这一弱点走上了联合经营的道路,若干家旅行社联合起来共同经营一个品牌,例如扬州不同的旅行社相互联合组成"天天游"、"轻松假期"、"走四方"联盟,多家社共推一个品牌,多家报名,联合发团,利益共享,形成多赢局面。其次大旅行社可以采用兼并小型旅行社、向其他地区开设分社、特许家盟经营等形式形成品牌旗舰店,走品牌连锁道路,扩大品牌销售网络。

例如,杭州的富阳、临安等五县市目前共同发表旅游合作宣言,建立浙江首个旅游板块联盟。地处浙西的杭州富阳、临安、桐庐、建德、淳安五县(市)是浙江旅游的"黄金地带",共拥有 8 个"AAAA"级旅游景区,并拥有富阳龙门古镇、淳安千岛湖水库、临安天目山等著名景点,跨地区的旅游联合成为大势所趋。为此,五县市近日在富阳成立了浙江首个旅游版块联盟——浙西旅游合作组织,并共同签署了旅游合作宣言。

(3)设计有创意的品牌标识、口号、宣言

有创意的标识是品牌成功的一半,好的品牌设计呢感让人明白易懂、容易记忆、增强产品的吸引力、亲和力、缩短与顾客的距离。另外经典的宣传口号也能让人倍感亲切,例如广之旅——无限风光带给您,游遍天下——旅游以人为本,悦人、悦己等。

(4)标准化操作,保证品质如一

所有产品应有标准的操作规范,如线路、价格、住宿、餐饮、车辆、购物等等都有明确标准,员工严格按标准执行,任何人不可擅自改变接待标准以保证品质的始终如一,维护品牌良好形象。当然旅游产品是无形产品,不可能像肯德基那样标准化,有许多不可抗拒力因素在内,这也要求导游、计调人员等灵活操作,将变化减小到最低,减少客人抱怨。

(5)做好售后服务,让顾客满意

旅游产品和一般商品一样售出后也要做好售后服务,例如,及时反馈客人的投诉;做到每团必访,征询顾客对整个行程的建议意见以便更好的改进;做好客户档案,在重要纪念日向顾客邮寄印有公司品牌标识的贺卡或纪念物,定期邮寄公司最新产品宣传材料等,这一切都是为了能在客人心中树立品牌形象,赢得回头客。

(6)建立产品品牌网站,实施网络营销

互联网能够让顾客全面、具体、快速、便捷地了解旅行社的产品,同时精美的网页也更能展示企业的形象。目前我国许多中大型旅行社都注重了企业网站的建设,专门的品牌产品网站却不多,而随着品牌的深入人心,顾客更容易记住的是产品的品牌而不是某某旅行社。举个例子,这就好像我们知道了"BALENO"这一服装品牌想到网上了解更多这个品牌的信息,我们肯定会在网上搜索这个品牌而不会先去了解他是哪个制衣厂生产的而去搜索厂家的名字。因此我们应有产品品牌的专门网站或者通过品牌的中文实名搜索可以直接链接到其企业网站。对于多家旅行社联合推出的品牌更应有自己的网站。

当然一个知名品牌的创立需要一个过程,中国的旅行社产品品牌在短时期内也很难达到境外超大旅游集团产品的品牌效应,但只要我们意识到了这个问题并积极努力去做相信不久的将来一定出现许许多多的知名品牌。

第四节 信息技术对旅行社业务的影响

信息革命的推进为人们创造出一个虚拟社会,在这个社会里派生出许多新的商业模式、贸易方式以及新的生活方式和理念。它正在不断地改写着这个社会的竞争规则,并迫使所有企业重新设计与架构自己的商业基础。旅行社作为旅游行业的三大支柱之一,它也必须接受信息时代的检验,在信息革命的冲击下怎么样生存得更好? 怎么样利用信息技术为自己的发展铺平道路? 这些问题都值得仔细思考。

一、信息技术在旅行社业务中的应用现状

随着信息化工程的推进,旅游业在利用信息技术方面已抢先一步。从 20 世纪 50 年代开始,美国航空公司就用计算机作为预订系统,短短几十年的发展和应用,在世界发达国家旅行社业务运行中,科技含量越来越高。例如,计算机预订系统(CRC)的拥有率,德国是 100%,法国为 99%,西班牙为 75%,意大利为 75%,英国为 60%。

就我国而言,互联网为我国旅行社提供了一个良好的市场营销手段,一方面,可以通过互联网向网络程度及计算机普及率较高的国家和地区有力地推销我国的旅游形象和旅游产品,它具有成本费用低、涉及面广、信息更新快的特点;另一方面,国际旅行社可以通过互联网进行个体营销,在这一点上,中国国际旅行总社已走出第一步,上海中国国际旅行社有限公司也已经在互联网上建立了自己的主页。

二、信息革命将对旅行社发展产生巨大冲击

1. 将改变传统接待模式,供给市场规模增大,个性化愈益明显

一方面,旅游人数将会空前的增多。这一现象的出现固然有经济社会发展的必然联系,特别是由于全球经济一体化,各国各地区间的贸易壁垒将会进一步打破,国际贸易也将逐渐走向自由化,这将给旅游服务贸易带来广阔的市场和平等竞争的机遇。但是,全球经济一体化、国际贸易自由化本身是以信息技术为基础,也是信息革命向深层次发展的必然;信息革命的进一步推进,网上旅游、网上预订将促成旅游个性化、多极化的进一步盛行;再加上人们可以自由支配时间和收入的增长,计算机技术和网络技术的支撑完

全可形成在办公中旅游、在旅游中办公。

另一方面,散客比例将增大。随着信息技术的广泛应用,特别是互联网的普及,旅游者可以对旅游地进行"网上预游",这样可以了解旅游地食、宿、行、游、购、娱等具体情况,还可以通过网上预订,事先安排好旅游活动。于是,个性化旅游和多极化旅游将得到淋漓尽致的发挥,所以散客比例将会明显增大。正因为旅游市场在信息革命的冲击下逐渐改变,所以传统的接待模式已难于适应这一变化。

2. 将淡化旅行社职能

旅行社作为中间服务商,主要职能是提供咨询服务、票务代理、设计和推销旅游产品。但是随着信息技术的普及,旅行社受到的冲击将最大,它的职能将逐渐淡化,如果它不重新构筑生存的基石,那么它将可能消失。冲击主要表现在以下几个方面:

1)旅行社的咨询服务功能将被互联网的自动查询功能所替代。

随着因特网技术的发展和普及,以及网上资源的丰富和完善,特别是随着信息家电的推出,人们可以"在家观世界",可以很方便地通过网络自动查询功能更具体、更直接、更及时地查询到自己所需的旅游目的地信息。

2)旅行社旅游产品的推销模式和手段将被网上营销方式所替代。

旅行社传统的广告宣传和推销手段,不仅成本高,而且推广面也受到很大的限制,如果利用因特网这样全球性的网络进行产品的营销,不仅覆盖面广,而且成本低、效果好。特别是随着个性化旅游和多样性旅游的发展,很多旅游者通过网上旅游后,他们可能根据自己的个性设计旅游线路,而不使用旅行社为他们安排的旅游线路。

3)旅行社代理票务的收入将会随着旅游预订系统(CRS)和银行付款系统(BSP)的完善和推广逐年下降。

3. 旅游地产品将改变传统的营销方式

在这以前,大部分旅游地产品的营销属于一种"被动"的方式,只是运用传统营销手段进行初步加工和包装并推向市场,主要依靠人为的方式进行信息传播(通过旅行社的图片、旅游交易会等形式,少量产品通过新闻媒介进行宣传)。随着信息技术在旅游业中的广泛运用,人们网上旅游将逐渐成为一种趋势,这就对旅游地产品的营销带来了压力,要变"被动营销"为"主动营销",对产品组合要体现特有的文化内涵,要改变以前营销资料"五十年不变"的状态,及时更新资料和信息,这样才能吸引更多的旅游者。

4. 对从业人员素质提出了更高的要求

作为一个旅游业从业人员,只具备良好的专业知识和职业道德在信息化时代是远远不够的,必须要学会借助计算机进行管理和网络营销。另外,虽然网络的普及增加了每一个企业的销售机会,但与此同时,也加剧了竞争,这就必须提高员工素质,提高服务水平,特别是针对个性化旅游者,怎么样才能服务到位,让旅游者真正感到物有所值,这就要求从业人员必须是专业知识和信息技术管理融合一起的复合型人才。

三、旅行社发展应采取的对策

1. 旅游企业集团化

旅游企业集团化是指两个或两个以上的旅行社企业实现资产重组或联合经营,这样有利于树立更好的旅行社形象和提高国际竞争力。目前世界上有很多的企业为了提高竞争能力,都在走集团化之路,波音公司与麦道公司的联手形成了全球第一飞机制造商,美国马利奥特饭店管理公司与香港新世界集团的合并等是典型的例子。企业集团化是改革开放后经济体制适应市场经济运作客观规律的需求,是顺应全球经济一体化格局形成的结果,是信息革命向更深层次推进的产物,而信息技术是实现集团企业管理无国界、树立企业形象的根本保障。我国旅行社业要发展,实现旅游企业集团化,改变以前多、杂、散、乱现象是刻不容缓的。集团化以后,才能有效适应信息革命冲击下的新一轮旅游企业国际“大搏杀”,才能适应信息时代企业良好形象的创意与完善,才能在信息手段高度先进发达的条件下实现资源共享、对外宣传、开发客源市场和进行组织接待。

2. 管理模式现代化

随着旅游业的发展和旅游企业集团化的形成,强化企业管理这条发展之路必须铺好。在信息浪潮的冲击下,企业管理发生了根本变化。首先,管理功能增强,管理组织改变。随着现代信息网即互联网的发展,它不仅可提高管理效率、改变管理手段和降低管理成本,更重要的是使管理更加科学化、民主化,管理组织结构也从尖顶的“金字塔”型变为扁平的“矩形网络”,原来起上传下达重要作用的中层组织被削弱或走向消亡。其次,信息管理正逐步被知识管理所替代。知识管理就是要促进企业内部、企业与企业之间、企业与顾客之间、企业与高等院校和研究单位之间的联系,加强知识联网,加快知识流动,其目的就是要推动企业的创新,并为创新创造出有利的、良好的环境。

3. 行业竞争规范化

规范行业竞争是传统常规管理内容,但在信息时代被赋予了新的内涵。互联网构建了一个虚拟社会,在竞争规范化的基础上提供了更多的商业机会,如果不共同遵守竞争规则,不仅会使企业出现“鸡飞蛋打”的局面,甚至会危及整个行业的生存。

4. 建立中国旅游信息资源网

为了在互联网上向国外推销中国丰富的旅游产品并树立知名旅游企业形象,同时便于国内外旅游者对旅游信息资源的查询,必须建立中国旅游信息资源网。由国家旅游局牵头,创建中国旅游信息资源的对外窗口(国家旅游局于 1997 年已建成),向外宣传中国有关的旅游政策和旅游法规,推销具有中国特色的旅游资源和旅游产品。

另外,中国旅游信息资源网必须具有比较优秀的查询功能以及网上预订功能,这样更有利于中国旅游业与国际接轨,实现全球查询和预订。如果条件具备的话,也可在全国范围内建立旅行社网上俱乐部、饭店网上俱乐部等,这样有利于统一形象的树立,有利于旅游企业内部团结合作、信息共享、规范竞争等,从而改变现在中国旅游信息网杂、乱、界面不友好、功能单一的局面,为旅游业的发展铺就一条阳光大道。

案 例

旅行社的多元化与规模化经营——广之旅的股份制改造

广之旅国际旅行社股份有限公司1998年整体转制为股份有限公司,是广州地区首家转制的国有大型旅行社企业,注册资本3800万元人民币。由35个股东发起,其中:原广州市旅游公司国有股占41.8%,原广州市旅游公司工会社团法人股占26.9%,其他企业法人股占21%,自然人股东占10.3%。

国有股就是原广州市旅游公司投入股份公司的资产。建立多元化投资主体的复合型经济模式,使企业具有较为灵活的经营机制,带动其中国有资产的保值增值。其他企业法人股,就是部分与旅游相关企业作为发起人共同参股。这些相关行业的投资参股,与股份公司形成了利益共同体,有利于公司的经营。工会法人股由公司职工参股构成,其设立可以增强员工对公司的认同感和关切度、参与度,充分调动职工工作积极性。自然人股东由公司业务骨干构成,通过在股权机构中设置业务骨干以自然人股资参股的自然人股,与股份公司结成共同利益,形成了一种新的企业运作机制。

广之旅在公司转制过程中对企业规模和股权结构从实际出发,既盘活了国有资产,又建立了投资主体多元化的复合型经营模大,形成所有权、决策权、经营权、监督权等四权分离、相互依存、相互制约的法人治理机制。转制后的广之旅,所有权属于全体股东,股东通过股东大会,依《中华人民共和国公司法》和《公司章程》行使所有权和履行股东义务,股东大会是股份公司的最高权力机构。股东大会选举出的董事组成董事会行使决策权。

资料来源:戴斌,杜江.2007.旅行社管理.北京:高等教育出版社

思考与练习

1. 为什么说加入WTO后,我国的旅行社机遇与风险并存?
2. 我国旅行社集团可采取哪些组织管理模式,来应对企业集团化的潮流?
3. 旅行社应当如何进行产品创新?
4. 为适应信息革命,我国旅行社发展应采取的对策有哪些?

参 考 文 献

安红章.2005.企业人力资源管理人员.北京:中国劳动社会保障出版社

曹红月.2005.人力资源管理理论和实务.北京:对外经济贸易大学出版社

陈富钢.2004.中国出境旅游进入新的发展阶段.中国旅游报,5

崔卫华.2000.现代旅行社实务.沈阳:辽宁科学技术出版社

丁力.1998.旅行社经营管理.北京:高等教育出版社

杜江.1997.旅行社管理.天津:南开大学出版社

杜江.1999.旅行社经营管理.北京:旅游教育出版社

杜江,戴斌.2000.旅行社管理比较研究.北京:旅游教育出版社

董观志,白晓亮.2005.旅游管理原理与方法.北京:中国旅游出版社

国家旅游局人事劳动教育司.1999.旅行社经营管理.北京:旅游教育出版社

国家旅游局人事劳动教育司.1997.导游业务.第二版.北京:旅游教育出版社

国家旅游局人教司.1992.旅行社销售部的业务与管理.北京:中国旅游出版社

国家旅游局人教司.1992.旅行社财务部的业务与管理.北京:中国旅游出版社

国家旅游局人教司.1992.旅行社计调部的业务与管理.北京:中国旅游出版社

胡铭.2004.质量管理学.武汉:武汉大学出版社

黄明亮,赵利民.2006.旅行社经营管理.北京:中国人民大学出版社

克里斯托夫·霍洛韦.2006.旅游营销学.修月桢等译.北京:旅游教育出版社

李天元,王连义.1999.旅游学概论(修订本).天津:南开大学出版社

李天顺,张红.1998.旅游业管理.西安:陕西师范大学出版社

林南枝,李天元.1995.旅游市场学.天津:南开大学出版社

梁智.1999.旅行社运行与管理.大连:东北财经大学出版社

黎洁,赵文红.2000.旅游企业经营战略管理.北京:中国旅游出版社

上海春秋国际旅行社.1996.现代旅行社管理.北京:中国旅游出版社

王玉霞,喻玲.2007.旅行社经营管理.重庆:重庆大学出版社

魏小安,韩健民.2003.旅游强国之路——中国旅游产业政策体系研究.北京:中国旅游出版社

吴必虎.2001.区域旅游规划原理.北京:中国旅游出版社,364~381

姚根兴,滕宝红.2004.如何进行质量 ISO 9000 管理.北京:北京大学出版社

张红,席岳婷.2006.旅游业管理.北京:科学出版社

钟晓东,李丽.2007.旅行社经营管理.广州:广东经济出版社